HANS HOPF

Jungen verstehen

Klett-Cotta

Klett-Cotta
www.klett-cotta.de
J. G. Cotta'sche Buchhandlung Nachfolger GmbH
Rotebühlstraße 77, 70178 Stuttgart
Fragen zur Produktsicherheit: produktsicherheit@klett-cotta.de

Cover: Bettina Herrmann, Stuttgart
unter Verwendung eines Fotos von © Jeanette Dietl, Adobe Stock
Gesetzt von Eberl & Koesel Studio, Kempten
Gedruckt und gebunden von Esser printSolutions GmbH, Bretten
ISBN 978-3-608-96191-1

Vierte Auflage, 2026

Bibliografische Information der Deutschen Nationalbibliothek
Die Deutsche Nationalbibliothek verzeichnet diese Publikation in der
Deutschen Nationalbibliografie; detaillierte bibliografische Daten
sind im Internet über http://dnb.d-nb.de abrufbar.

Ich widme dieses Buch meinen Enkeln Vincent, Sophie und Raphael aus Grünwald, Anna-Lena und Julia aus Karlsruhe sowie Penelope aus Singapur

Hans Hopf

Inhalt

1 Einleitung – Die schlimmen, liebenswerten Jungen 11
Die Weisheit des Philosophen Platon 13
Risiken und Stärken des Jungen 16
Die Biologie des Jungen: Hormone und Geschlechtsentwicklung 18

2 Heimliche Miterzieher – gesellschaftliche Einflüsse 23
Eine veränderte Gesellschaft 25
Krippenerziehung für Jungen? 25
Angst vor Aggression 27
Störungen der Symbolisierungsfähigkeit 30
Inzestgrenzen und die Achtung von Generationenunterschieden 33

3 Jungen und die digitale Welt 38
Was können die digitalen Medien bewirken? 38
Exzessiver Gebrauch von Medien und Sucht 43
Pornografie und Sexualisierung 47

4 Mutter und Sohn oder: Die Mutter als Schicksal 51
»Bindung ist ein emotionales Band« 52
Digitale Bindungsstörungen 58
Die psychische Zerrissenheit von Müttern 61
Wenn Eltern ihren Kindern Rollen zuschreiben 63
Das Bild von der Mutter 65

5 Vater und Sohn – der Junge und sein Vater 68
Triangulierung und das unterschiedliche Spiel 71
Identifizierung und Ent-Identifizierung 73
Das »väterliche Gehirn« und der abwesende Vater 74

Gewalt von Vätern in der Erziehung ... 77
Was braucht der Junge vom Vater? ... 78

6 Die Bedeutung von elterlichen Beziehungen ... 81
Das heterosexuelle Elternpaar ... 82
Allein-Erziehen ... 85
Triangulierung bei Alleinerziehenden ... 89
Die elterliche Allianz ... 90
Gleichgeschlechtliche Elternpaare – Regenbogenfamilien ... 91

7 Geschwisterbeziehungen – lebenslang Liebe, Hass und Rivalität ... 94
Die Bedeutung der Geschwisterfolge ... 95
Kinder ohne Geschwister ... 97
Mobbing unter Geschwistern ... 98

8 Macho oder Muttersöhnchen – wie sich Jungen entwickeln können ... 101
Grandios und frauenverachtend ... 101
Der feminine Junge ... 106
Die übergriffige und missbrauchende Mutter ... 108
Zwischen Überheblichkeit und Verachtung von Frauen ... 114

9 Die psychosexuelle Entwicklung des Jungen ... 118
Verselbstständigung, Autonomie und Wiederannäherung ... 121
»Ich will alles selber machen – Ich bekomme Angst, ich brauche dich!« ... 125
Zeigelust und Grandiosität: Die »phallische« Entwicklung ... 127
Was ist »Kastrationsangst«? ... 131
Versuche, die männliche Identitätsentwicklung zu manipulieren ... 133
Ich kann mich verlieben, ich kann verzichten: Der Ödipuskomplex ... 135

10 Die Adoleszenz des Jungen – Wenn der Körper die Seele zur Veränderung zwingt 142
Krise und Gefährdung – Aufbruch und Hoffnung 144
Sonderbare Verhaltensweisen 146
Niemand liebt mich so wie ich – eine narzisstische Zwischenphase 148
Sexualität – der Motor für die Suche einer Partnerin 149
Loslösung und Abschied von den Eltern 152
Jeden gibt's nur einmal! 155

11 Jungen vermeiden Nähe – Mädchen suchen Beziehungen 160
Die Lust an äußeren Welten und unbelebten Dingen 162
Exkurs: Zwei Persönlichkeitstypen 163
Träume von Nähe und weiten Räumen 165
Welche Eigenschaften haben Jungen? 167
Angstlust, Thrill und Risiko 168

12 Aggression 174
Gutartige Aggression und bösartige Destruktivität 175
Wie entsteht die Fähigkeit, Gefühle zu regulieren? 179
Rumpelstilzchen oder: Wenn Wut grenzenlos wird 180
Mobbing und andere seelische Verletzungen 185
Der negative Held 186
Waffen 188
Computerspiele 189

13 Bewegungsunruhe, Aufmerksamkeit und die ADHS-Frage 191
Jungen externalisieren 194
Der Weg zur zielgerichteten Steuerung von Bewegungen 195
Aufmerksamkeit und Aufmerksamkeitsstörungen 198
Vom Umgang mit Reizen 200
Über Lust und Unlust 202
Eine medizinische Diagnose: ADHS 204

14 Kernthesen zum Verständnis von Jungen 214

Literatur 221

Der Autor 223

1

Einleitung – Die schlimmen, liebenswerten Jungen

Seit vielen Jahren befasse ich mich mit der Entstehung von männlicher Identität. 2013 ist mein Fachbuch »Die Psychoanalyse des Jungen« erschienen, das sich mit den Besonderheiten des männlichen Geschlechts befasst. Es ist ein Lehrbuch für Psychotherapeuten. Mit diesem Buch will ich die dortigen Gedanken weiterführen und sie in eine möglichst verständliche Sprache bringen.

Jungen – das schwierige Geschlecht?

Was ist heutzutage mit den Jungen los? Sie haben mittlerweile ein großes Image-Problem und gelten als das ›schwierige Geschlecht‹. Die Bundespsychotherapeutenkammer hat sogar eine Tagung mit dem Titel: »Diagnose Junge! Pathologisierung eines Geschlechts?« veranstaltet. Zeigen Jungen wirklich mehr Probleme als die Mädchen? Oder fallen sie nur deswegen mehr auf, weil sie Sand ins soziale Getriebe tragen? Befinden sie sich in einer Krise?

2017 wurden in Baden-Württemberg 55032 Kinder geboren, 51,24 % waren Jungen und 48,76 % Mädchen. Dieses Verhältnis gilt mit kleinen Abweichungen für alle Bundesländer und ist seit vielen Jahren stabil. Es gibt also mehr Jungen als Mädchen. Eine Forschergruppe in Cambridge (USA) erklärt dazu, dass zwar Mädchen und Jungen im gleichen Verhältnis gezeugt werden, im Verlauf der Schwangerschaft jedoch mehr Mädchen sterben (Süddeutsche Zeitung, 30.3.2015). Jungen schneiden schulisch schlechter ab als Mädchen und haben niedrigere Bildungsabschlüsse: Lediglich 40 % der Jungen werden vorzeitig eingeschult gegenüber 60 % der Mädchen. Von den Jugendlichen ohne Hauptschulabschluss sind

60% Jungen. Die Allgemeine Hochschulreife hingegen besitzen 55% der Mädchen gegenüber 45% der Jungen. Jungen erhalten bis zur Pubertät mehr Förderungen, Nachhilfe, Hilfen und Behandlungen als Mädchen. Auch für den weiteren Entwicklungsverlauf zeigen sie ungünstige Perspektiven: Viele haben sich nicht im Griff, sind unkonzentriert und zappeln, sind laut und bockig, Angeber, Störenfriede, manchmal Versager und im schlimmsten Fall gewalttätig. Eltern wissen häufig nicht weiter, Lehrer resignieren, Ärzte verschreiben Medikamente, viele werden mit Tabletten ruhig gestellt.

Jungen neigen zu Drogenkonsum und Computerabhängigkeit und verfügen wahrscheinlich über eine geringere Empathiefähigkeit. Mädchen sind ihnen mit ihren psychischen Ausstattungen, Durchhaltevermögen, Empathie und Symbolisierungsfähigkeit meist überlegen. Sind Jungen durchweg ein Problem?

Aber jetzt mal Halt! Die meisten Jungen sind besser als ihr Ruf. Sie sind liebenswert und beglücken uns durch ihre Kreativität, ihren Ideenreichtum, Forscherdrang und ihre Technikbegeisterung. Der Soziologe Dornes hat über statistische Vergleiche nachgewiesen, dass psychische Störungen *nicht* zugenommen haben. Er hat wahrscheinlich Recht, vor allem wenn man jene 558000 Jungen nicht dazu rechnet, die bereits – gemäß einer Untersuchung der BARMER EK – die Diagnose »ADHS« (Aufmerksamkeits-Defizit-Syndrom mit Hyperaktivität) erhalten haben. Verändert hat sich jedoch die *Qualität* der Störungsbilder mit den genannten Problemfeldern: Die Störungen der Jungen weisen heute, anders als noch in den 50er-Jahren, sehr lärmende, sehr beunruhigende Symptome auf. Die Mehrzahl der Kinder und Jugendlichen profitiert erkennbar von den positiven Wandlungen in den Erziehungshaltungen ihrer Eltern. Doch liegen bei manchen Jungen Risikofaktoren vor, und bei einer kleinen Gruppe verdichten sie sich in besonderer Weise. Bedauerlicherweise werden die Probleme *einiger* Jungen auf das *gesamte* Geschlecht übertragen, so wie das auch bei den Männern geschehen ist.

Weshalb Jungen problematische Zuschreibungen bekommen

konnten und um welche Schwierigkeiten es sich handelt, darüber will ich in diesem Buch berichten. Dabei berücksichtige ich verschiedene Fragestellungen: Sind es biologische Probleme? Sind es psychische und psychosoziale? Ist es eine veränderte Gesellschaft, die zur Anpassung an neue Verhältnisse zwingt?

Die Weisheit des Philosophen Platon

Ich lausche in einem ICE unbeabsichtigt dem Gespräch zweier junger Frauen über die Geburt eines männlichen Nachkommen. Eine der beiden ist hochschwanger. »Was wird es denn?«, fragt die gegenübersitzende Frau neugierig. Ein Ausdruck von Enttäuschung wandert über das Gesicht der Schwangeren, gepaart mit leichtem Kummer: »Ach«, sagt sie, »es wird ein Junge«. Mitfühlend meint die andere: »Na, da werden Sie es aber nicht leicht haben«. Dass eine werdende Mutter das Verhalten ihres ungeborenen Sohnes bereits als prekär einschätzt, hat mich berührt. Müssen sich Mütter schon vor der Geburt vor ihren Söhnen fürchten? Wir wissen, wie fatal sich unbewusste Motive von Eltern auf ihre Kinder auswirken können. Wie wird erst eine solche *bewusste* Rollenzuschreibung auf die Entwicklung dieses Jungen Einfluss nehmen?

Dass vielleicht doch nicht alles *ganz* schlimm ist, und das meiste schon immer so war, hat mir der Philosoph Platon verdeutlicht. Kurz vor seinem Tod, im Jahr 348/347 v. Chr., verfasste er seine Bücher *Nomoi* über Gesetze innerhalb einer Staatstheorie. Darin heißt es:

> *»Der Knabe ist aber unter allen Geschöpfen das am schwierigsten zu behandelnde; denn je mehr er eine Quelle des Nachdenkens besitzt, die noch nicht die rechte Richtung erhielt, wird er hinterhältig und verschlagen und das übermütigste der Geschöpfe. Darum gilt es, durch mannigfache Zügel ihn zu bändigen.« (Nomoi, 808 de)*

Platon beschreibt anarchische Jungen, grandios agierend und sozial gestört, wie es sie auch heute in vielen Schulen gibt. Wir können uns die »mannigfachen Zügel« vorstellen, die damals zur Verhinderung solcher Verläufe eingesetzt wurden. Nach dem Gesetzeslehrer Drakon heißen sie auch heute noch drakonisch, was mit nachdrücklich und unerbittlich gleichgesetzt werden kann. Gewalt- und Prügelpädagogik fand bis in die 60er-Jahre des 20. Jahrhunderts statt. Kinder wurden dadurch unterwürfig und »verschlagen« und gaben vor allem die erfahrene Gewalt weiter, wenn sie selbst die Macht besaßen. Es ist ein großes Glück, dass die meisten Eltern und Pädagogen heute anders denken und handeln.

Der weise Platon zeigt uns auf, woran das Ausufern und Grenzüberschreiten von Jungen liegen könnte. Er stellt fest: Jungen können schwierig werden, wenn sie nicht angemessen erzogen und begrenzt werden. Ist womöglich unsere Gesellschaft heute nicht ausreichend in der Lage, den Jungen Halt zu geben und ihnen Grenzen zu setzen? Sind wir eine erregte Gesellschaft, die Kinder nicht zur Ruhe kommen lässt? Fehlt es an strukturierender Väterlichkeit? Leben wir in einer grenzenlosen und verwöhnenden Gesellschaft?

Warum die notwendige ›Eingrenzung‹ nicht mit drakonischen Maßnahmen geschehen sollte, sondern mit Verständnis, Beziehung und Erziehung und ohne Medikation, darüber schreibe ich in diesem Buch. Meine Erkenntnisse beziehe ich vor allem aus praktischer Anschauung und Erleben. Seit mehr als fünfzig Jahren befasse ich mich mit Kindern als Vater, Großvater, als Pädagoge und Kinderpsychoanalytiker. Ich habe viele problematische Kinder behandelt und war therapeutischer Leiter in einem psychotherapeutischen Heim. Mit diesem Buch will ich aufzeigen, warum es Jungen heutzutage so schwer haben, anders als früher und schwerer als Mädchen, eine sichere Identität zu entwickeln und unbeschädigt durch das Leben zu kommen. Und ich möchte herausarbeiten, was dagegen, vor allem aber was unterstützend dafür getan werden kann.

Zu Beginn will ich über die Ursprünge nachdenken, die jene offensichtlichen Risikofaktoren beim männlichen Geschlecht bewirken. Der erste Bereich wird sich mit den biologischen, physiologischen und hormonellen Auswirkungen befassen, denn Geschlecht wird nicht nur durch Beziehung »konstruiert« und erschaffen, wie es oft unterstellt wird.

Es können auch Verursacher aus der Stammesgeschichte angenommen werden, die weit in die Vergangenheit des Menschen zurückreichen. Und wir kennen auch die Auswirkungen eines kollektiven Unbewussten. In ihm sind alle Menschheitserfahrungen angesiedelt, und es wird von den so genannten Archetypen strukturiert; Archetypen des Mannes werden in Märchen und Mythen beschrieben. Da gibt es etwa den Trickser, im Mythos ist es der Loki, in der Literatur der Eulenspiegel. Solche Archetypen deuten das Verhalten des Jungen aus einer besonderen Perspektive. Die entscheidenden Faktoren, die männliche Identität entstehen lassen, sind jedoch die Beziehungen zu Mutter, Vater und den Geschwistern und deren Einfluss auf die innerseelische Entwicklung mit allen zwischenmenschlichen Folgen. Die Entwicklung jeder Persönlichkeit ist ein Produkt sozialer Beziehungen – vor dem Hintergrund der physiologischen Bedingungen. Die »Anatomie« ist kein unausweichliches Schicksal, wie es Sigmund Freud bezeichnet hat, im Gegenteil, das, was ein Junge aus ihr machen kann, wird ausschlaggebend für das Schicksal seiner Männlichkeit sein.

Beziehungen finden jedoch nicht in einem abgegrenzten familiären Bereich statt, vielmehr dringen in diesen Raum unaufhörlich Einflüsse der Gesellschaft. Die Beschreibung der Folgen von Beziehungen wird den größten Teil des Buches bestimmen. Über die veränderten gesellschaftlichen Rahmenbedingungen werde ich in einem gesonderten Kapitel berichten.

Es besteht ein ständiges Wechselspiel zwischen Leib und Seele sowie einer fördernden oder störenden Umwelt. Eine explizite Trennung einzelner Faktoren wie Biologie, hormonelle Wirkungen, den Chromosomen sowie dem psychischen Erleben ist somit nicht möglich. Diese Grundlagen will ich hier in Kürze beschreiben.

Risiken und Stärken des Jungen

Mag es noch so klischeehaft klingen: Jungen sind anders als Mädchen. Jungen besitzen Schwächen und Stärken, die sie von Mädchen unterscheiden. Ihr Verhalten kann nur dann verstanden werden, wenn davon ausgegangen wird, dass die Persönlichkeit von Wechselbeziehungen zwischen Körper und Geist im sozialen Kontext geprägt wird.

Die Risikobereiche:

- Alle körperlichen Geschlechtsunterschiede sind auf Androgene, die männlichen Sexualhormone, insbesondere das Testosteron zurückzuführen. Es beeinflusst im Gehirn Verhaltensweisen wie etwa Aggressivität, und es fördert die Kampfeslust, macht risikobereit und schärft die Wahrnehmung – und es macht unruhiger. Diese Besonderheiten können für Jungen zum Problem werden.
- Jungen müssen mehr Aggression und andere Spannungen als Mädchen verarbeiten, was ihnen oft misslingt. Sie »externalisieren«, richten ihre Spannungen nach außen. Sie denken weniger und handeln schneller. Darum fallen sie wegen ihrer sozialen Störungen auf. Vor der Pubertät kommen viermal so viele Jungen wie Mädchen in psychotherapeutische Behandlung. Verkürzt kann gesagt werden: Jungen machen den Schulhof zum Kampfplatz und Mädchen den eigenen Körper!
- Spannungen führen sie auch über Bewegungsunruhe ab. Ihre Aufmerksamkeitsspanne ist geringer, und sie können sich nur schwer beherrschen. Damit können sie der Umwelt zur Last fallen. Dieses Verhalten wird oft als eine hirnorganische Störung, die so genannte ADHS diagnostiziert. Etwa 75 % von allen ADHS-Diagnosen betreffen Jungen und ungefähr 12 % aller zehnjährigen Jungen erhalten diese Diagnose – jeder achte Junge.
- Die Lust der Jungen an Bewegung kann direkt in eine fatale Risikobereitschaft führen, die auch eigene Schädigung in Kauf

nimmt. Diese Tatsache ist besonders während der Adoleszenz folgenreich.

- Jungen tendieren zu einer eher *narzisstischen Haltung*, also zu einer stärkeren Selbstliebe. Sie meiden Nähe und Beziehungen. Darum neigen sie dazu, mit wenig oder gar keiner Hilfe von anderen Menschen auszukommen und idealisieren eigenes Können. Einige glauben, alles aus sich selbst aufgrund ihrer überragenden Fähigkeiten bewältigen zu können.
- Mütter können Jungen gegenüber zwiespältig sein. Manche bringen ihnen weniger emotionale Zuwendung entgegen als ihren Töchtern.
- Die Grenzen setzende Funktion des Vaters ist von größter Bedeutung für den Sohn. Leider sind Männer in der Erziehung mittlerweile eine rare Spezies geworden. Häufig fehlt es nicht nur an leiblichen Vätern, sondern auch an öffentlichen Vätern in den Institutionen. Sichere Bindungsbeziehungen der Erzieherinnen zu Jungen sind *weltweit* seltener als bei Mädchen der gleichen Kindergruppe. In der frühen Erziehung ist oft das Mädchen das Maß aller Dinge!

Die Stärken:

Aus vielen ihrer Schwächen machen Jungen im besten Sinne eine Tugend:

- Sie lieben das Risiko, die Angstlust und das Abenteuer.
- Sie haben Freude an Entdeckungen. Schon in früher Kindheit begeistern sie sich für Schatzsuche und ferne Welten, auch für die Weiten des Weltalls, für Science Fiction und ferne Galaxien.
- Von klein auf sind Jungen von technischem Spielzeug begeistert, von Autos, Baggern und Traktoren. Jungen sind Konstrukteure, Tüftler und Erfinder. Angefangen von Lego, über Baukästen hin zur Elektronik und Informatik. Ihre Lust am Experimentieren ist grenzenlos. Aus den gleichen Gründen sammeln sie. Waren es früher Briefmarken, Bücher oder Kunstwerke, sind es heute Spielkarten, Lego und Playmobil, Filme und Musikstücke auf dem iPod oder Smartphone.

- Darum sind sie auch von den digitalen Welten fasziniert. Sie tauchen darin ein, wie in eine Galaxis und haben Spaß am Programmieren und Spielen.
- Während des zweiten bis dritten Lebensjahrs lernen Jungen – zumeist – sich durchzusetzen. Sie rivalisieren, konkurrieren und entwickeln Ehrgeiz.
- Jungen lieben die Bewegung, mit dem ganzen Körper, später auch mit dem Fahrrad, mit Motorrad, Skateboard und Surfbrett. Bewegen ist höchste Lust.
- Denken wir an Jungen, so stehen ihre Stärken im Vordergrund: der spätere Erfinder, der Abenteurer, der Entdecker, der kreative Künstler. Diese herausragenden Eigenschaften sollen nicht aus dem Blickwinkel geraten, wenn wir im Buch auch die Schattenseiten der Jungen betrachten. Keineswegs sind Jungen ein problematisches Geschlecht!

Die gesellschaftlichen Verhältnisse ändern sich fortwährend, Jungen wachsen heute anders auf als vor 50 Jahren. Am Anfang des Buches will ich darum über die heutige Gesellschaft berichten, und über die vielfältigen digitalen Reize, die Kinder heute bewältigen müssen. Jungen sind psychisch weniger flexibel als Mädchen, ihnen fällt die Anpassung an die gesellschaftlichen Herausforderungen nicht leicht.

Die Biologie des Jungen: Hormone und Geschlechtsentwicklung

Bei der Befruchtung einer Eizelle wird das chromosale Geschlecht des Menschen, beim Mann: XY, bei der Frau: XX durch ein Y- oder X-tragendes Spermatozoon festgelegt: Von der Mutter kann nur ein X-Chromosom weitergegeben werden, vom Vater ein X- *oder* ein Y-Chromosom. Kommt also während der Zeugung die Geninformation aus dem Y-Chromosom hinzu, so entsteht ein Junge. Bei genauer Betrachtung starten also Männer schon mit einem Defizit ins Leben: Ihnen fehlt ein zweites vollständiges X-Chromosom, dafür haben sie lediglich ein Y-Chromosom, ein Bruchstück, so dass ihnen letztlich das Ersatzteillager fehlt. (Betrachten wir die Chromosomen unter einem Elektronen-Mikroskop, so zeigt sich ein Chromosom, das einem X ähnelt und eines dem Y. Entferne ich einen Teil des X, so entsteht ein Y. Das Y ist ein defizitäres X, es fehlt ein Teil.) Ist ihr X-Chromosom beschädigt, haben Jungen und Männer keine Reserven und können Beschädigungen nicht kompensieren.

Etwa 30 000 Gene sind bei Frauen und Männern übrigens identisch, lediglich 20 auf dem Y-Chromosom sind anders. Etwa ein Drittel der *vermeintlich gleichen* Gene kann jedoch unterschiedlich aktiviert werden. So sind etwa Gene, welche die Körperbehaarung fördern, beim Mann aktiver, solche für Fettspeicheranlagen bei Frauen. Für die Entwicklung von Männlichkeit ist etwas anderes viel bedeutsamer.

Im Artikel eines sehr populären Kinder- und Jugendpsychiaters zur Entstehung von psychischen Störungen habe ich gelesen, dass es bei der Diagnose ADHS einen Überhang bei den Jungen gebe, verursacht durch die Gene. Aber die sind es gerade nicht! Männer und Jungen bekommen nicht deshalb einen anderen Körper als Mädchen und Frauen, weil sie andere Gene oder ein anderes Gehirn haben, sondern weil die Keimdrüsen andere Hormone produzieren und in den Blutkreislauf ausschütten. Hormone sind Boten- oder Signalstoffe, ihre Zielzellen erreichen sie über die Blutbahn. In den ersten Schwangerschaftswochen entwickelt sich der Fötus bisexuell, also geschlechtsindifferent. Bei Vorhandensein eines X- *und* eines Y-Chromosoms werden ab der 6.–7. Woche Hodenwachstum, Androgenproduktion und damit die Maskulinisierung von Körper und Gehirn eingeleitet. Androgen ist der Oberbegriff für jede natürliche oder synthetische Substanz, welche die Entwicklung und Erhaltung der männlichen Merkmale stimuliert oder kontrolliert. Androgene, vor allem das Testosteron, haben in der Zeit vor und kurz nach der Geburt den entscheidenden organisierenden Effekt für die Gehirnentwicklung. In der Pubertät und danach üben sie einen primär aktivierenden Effekt auf das Sexualverhalten aus. Bei Männern ist der Testosteronspiegel etwa fünfzehnmal höher als bei Frauen.

Ohne Androgene bleibt der sich entwickelnde Organismus weiblich. Insofern scheint der biblische Mythos, Eva sei aus der Rippe des Mannes geprägt, von patriarchalen Fantasien geprägt: Nach neueren physiologischen Erkenntnissen ist es genau umgekehrt. Das erste Geschlecht ist ein weibliches, Männlichkeit ist lediglich eine sekundäre Bildung. Wie schon erwähnt, wirken die Androgene auf die männliche Geschlechtsdifferenzierung, auf die Spermienbildung sowie auf Wachstum und Funktion der Genitalien, Prostata und Samenbläschen. Zudem steuert Testosteron die Ausbildung der sekundären männlichen Geschlechtsmerkmale sowie die Stärke der Libido. Testosteron wirkt auch Gewebe aufbauend, was zu der stärker entwickelten Muskulatur des Jungen führt. Kurz gesagt: Fast alle körperlichen Geschlechtsunterschiede sind auf die Androgene zurückzuführen. Testosteron beeinflusst gemäß den Physiologen Silbernagl und Despopoulos im Gehirn aber auch Verhaltensweisen wie etwa Aggressivität. Damit fördert es die Kampfeslust, macht risikobereiter und schärft die Wahrnehmung. Zwar korreliert der Testosteronspiegel nicht generell mit Aggressivität, doch steht er vor allem im Zusammenhang mit Wettbewerbsorientierung für Leistungsbereitschaft und Kräftemessen. Es ist das Hormon, das den Jungen männlich werden lässt.

Darum bewegen sich Jungen bereits im Mutterleib mehr als Mädchen. Von Geburt an sind sie impulsiver, aber auch störbarer. Sie geraten emotional rascher in Fahrt, sie streiten ständig herum und zeigen ein krawalliges Hahnenkampf- und Imponiergehabe, besonders in Gruppen. Alles machen sie etwas aufgeregter, etwas überschießender, immer mit Vollgas und einem hochtourigen Motor.

Gleichzeitig sollten wir nicht vergessen, dass Jungen eine große Lust an der Bewegung verspüren und Bewegung auch zur Spannungs- und weiteren Affektabfuhr nutzen. Das macht sie ebenfalls zu Störenfrieden. Von früher Kindheit an ist Bewegung also für Jungen ein Vehikel für rivalisierendes Lusterleben, für Risiko,

Kräftemessen und Rivalitäten – darum fasziniert der männliche Fußballsport fast die ganze Welt – obwohl Frauen eleganter und rücksichtsvoller spielen. In ihren Bewegungen spiegeln sich ihre Emotionen.

Stammesgeschichtliche Faktoren

Eine Bekannte erzählt von ihrem Urlaub in den Fjorden Norwegens. Sie und ihr Mann seien mit einem befreundeten Ehepaar gereist. Die Frau erzählt, dass die Männer fast jeden Tag mit dem Boot zum Fischen hinausgefahren seien. Die Frauen konnten nicht verstehen, wie man daran so große Freude finden konnte. Sie seien lieber jeden Tag in die Natur hinausgewandert, hätten die Pflanzenwelt bewundert und Beeren gesammelt.

Während sie das erzählt, überlege ich, was sich denn seit grauer Vorzeit verändert hat, als unsere Vorfahren noch Jäger und Sammler waren. Die Evolution, die stammesgeschichtliche Entwicklung des Menschen, hat Eigenschaften hervorgebracht, die als männlich bezeichnet werden können. Die Psychologin Doris Bischof-Köhler betont, dass die Gesellschaft immer die anlagebedingten geschlechtstypischen Neigungen aufgegriffen hat. Sie wurden Teil von Inszenierungen der Geschlechtsrolle. Risikobereitschaft, Unternehmungslust, die Freude sich in Gefahr zu begeben und sich im Kampf zu messen einerseits und Kooperationsbereitschaft andererseits sind für die spezifischen Aufgaben des Mannes bei der Daseinsbewältigung sicherlich von Vorteil gewesen. Wem dies leichter fiel, der war nicht nur als Jäger erfolgreich und ein tapferer Krieger, sondern auch als Ehepartner begehrt – das ist sicherlich auch heute noch so. Notwendig waren dabei eine fürsorgliche Haltung und eine Bindungsbereitschaft an Frau und Kinder. So waren wahrscheinlich schon Väter der Vorzeit in vielen Fällen ›aufmerksame Beschützer‹.

Diese Neigung des Mannes rührt aus der biologischen Vergangenheit des Männchens, die bei ihren Weibchen bleiben, sie bei der Brutpflege unterstützen, sich an der Ernährung, vor allem an der Verteidigung der Jungen beteiligen. Es existiert jedoch noch eine andere Variante von Männchen, denen es genügt, eine paarungsbereite Partnerin zu finden und mit dieser zur Zeugung zu kommen. Am erfolgreichsten ist, wer sich danach möglichst schnell auf die Suche nach der nächsten macht und es dem trächtigen Weibchen überlässt, für sich und die Nachkommenschaft zu sorgen. Männer können die Strategie verfolgen, sich auf möglichst viele sexuelle Begegnungen einzulassen, ohne die Folgelasten auf sich zu nehmen (Bischof-Köhler, S. 146).

Ich war immer von der Tatsache beeindruckt, dass es Männer gibt, die ihre Gefährtinnen und Ehefrauen bereits während der Schwangerschaft oder während des ersten Lebensjahres des Kindes verlassen haben. Es wiederholt sich damit das beschriebene biologische Verhalten. Diese Männer wollten (oder konnten) ganz offensichtlich nicht die Verantwortung übernehmen, Vater zu sein. Sie suchten den Geschlechtsakt mit der Frau, wollten aber nicht zum aufmerksamen Beschützer eines Kindes werden.

2

Heimliche Miterzieher – gesellschaftliche Einflüsse

Genervt ermahnt eine Mutter ihren achtjährigen Sohn, der schon wieder auf seinem Nintendo »daddelt«, obwohl er Hausaufgaben machen soll.

Ein 14-jähriger Jugendlicher spielt bis spät in die Nacht Counter-Strike, ein bei vielen Erwachsenen berüchtigtes Ballerspiel. Auf einmal wird der Bildschirm schwarz, das Licht geht aus. Der wütende Vater hat die Sicherung ausgeschaltet, um dem Sohn einen Denkzettel zu verpassen.

Ist es bei den Mädchen anders? Laura, 13 Jahre alt, hat wie viele ihrer Altersgenossinnen regelmäßig die Sendung Germany's Next Topmodel gesehen. Sie kündigt ihren Eltern an, die Mädchen ihrer Klasse hätten beschlossen, gemeinsam abzunehmen, weil sie zu dick seien. Germany's Next Topmodel ist eine Fernsehsendung, die vorwiegend adoleszente Mädchen anspricht. Die Sendung steht im Verdacht, dass weibliche Jugendliche, die für Magersucht anfällig sind, in der falschen Wahrnehmung ihres Körpers bestätigt werden. Es ist ein Fernsehbeitrag, der eine Frau auf ihr Aussehen und Schlanksein reduziert, voller flacher Klischees. So bejahen etwa Mädchen, die Germany's Next Topmodel ansehen, deutlich häufiger, dass sie sich zu dick fühlen als eine Vergleichsgruppe. Die Eltern sind über das Vorhaben der Tochter entsetzt.

Einen dreizehnjährigen Jungen überkommen plötzlich Angstzustände. Weinend gesteht er seinen Eltern, er habe über Monate mit einem anderen Jungen Pornoseiten im Internet angesehen. Die Bilder würden ihn in den Schlaf verfolgen, und er habe ein schlechtes Gewissen.

Das sind nur einige Berichte von hilflosen Eltern aus meiner Sprechstunde.

Erziehung findet nie ausschließlich im abgegrenzten familiären Bereich statt. Deshalb entstehen zu verschiedenen Zeiten unterschiedliche Persönlichkeitsstrukturen. Auch die Störungsbilder passen sich den jeweiligen gesellschaftlichen Einflüssen an. So herrschten noch in den 60er-Jahren des 20. Jahrhunderts strenge Moralvorstellungen, die zu vielen charakteristischen Störungen führen konnten. Es waren vor allem Depressionen, Angstkrankheiten, Zwänge, auch religiöse Störungen, die ein Ergebnis von großen Gewissensängsten waren. Überwiegend waren es Konflikte, die nach innen gerichtete Störungen verursachten. Aber Verzicht und Strenge haben auch positive Auswirkungen auf menschliche Entwicklungen. Die Moralvorstellungen, die damals zur Unterdrückung des Triebhaften im Menschen führten, produzierten andererseits ein klar strukturiertes Individuum mit moralischen Prinzipien und der Fähigkeit zur Triebbeherrschung. So bringt jede Gesellschaftsordnung, wie ein gutes Medikament, positive Kräfte und Wirkungen, aber auch manche schädlichen Nebenwirkungen mit sich.

Nie sind Kinder und Jugendliche in Deutschland so sicher, umsorgt, gesund und zufrieden, gebildet und wohlhabend aufgewachsen wie heute. Wahrscheinlich hat es für junge Menschen zu keiner Zeit derart viele Freiheiten und Möglichkeiten gegeben, um eine gefestigte Persönlichkeit zu entwickeln, mit deren Hilfe sie das Leben meistern könnten. Aus dem autoritären Erziehungsstil früherer Zeiten ist im Lauf der vergangenen dreißig bis vierzig Jahre ein partnerschaftlicher geworden. Die Prügelstrafe wurde geächtet und ist mittlerweile gesetzlich verboten. Die Erziehungsvorstellungen sind mittlerweile nicht mehr Gehorsam und Unterordnung, sondern Selbstständigkeit und freier Wille. Wir haben eine Fülle junger Leute, die ihr Leben sehr individuell und selbstbewusst gestalten.

Eine veränderte Gesellschaft

Ich beschreibe vereinfacht die Unterschiede an den äußeren Polen. Früher gab es zu viel Strenge und körperliche Gewalt, gelegentlich zu wenig Einfühlung, die Leistungsanforderungen waren hoch und Kinder waren keine autonomen Wesen. Heute wird zumeist viel verwöhnt, es werden zu wenig Grenzen gesetzt, zu wenige Einschränkungen gefordert. Heutige Kinder wachsen mit vielen Freiheiten auf, die sie früh selbstständig werden lassen. Das Elixier Freiheit birgt jedoch manche Nebenwirkungen. Zu frühe Selbstständigkeit kann Kinder überfordern, verunsichern, sogar ängstigen. Kinder haben Abhängigkeitsbedürfnisse und Bindungswünsche, die gestillt werden müssen. Heute stehen Autonomie, Freiheit und Leistungsoptimierung im Vordergrund, doch fehlt es gelegentlich an ausreichender schützender Aufmerksamkeit von Eltern. Wie sind beispielsweise die folgenden Veränderungen zu verstehen? Etwa 60–65 % aller Kinder entwickelten vor 20 Jahren in den ersten Lebensjahren eine sichere Bindung zu ihrer Mutter. Eine Forschergruppe um Verhage hat festgestellt, dass es mittlerweile nur noch 48 % sind. Welche Ursachen sind für diesen Rückgang anzunehmen? Berücksichtigen heutige Eltern mit ihren eigenen Interessen und Lebenszielen, mit ihren Freiheiten und beruflichen Ambitionen, immer die notwendigen Bedürfnisse von Kindern? Sind Eltern gelegentlich damit überfordert, Kinder und Beruf auszubalancieren? Wer schon einmal den morgendlichen Stress in jungen Familien miterlebt hat, bis Kinder und Eltern angekleidet sind, gefrühstückt haben und alle termingerecht das Haus verlassen, wird kaum daran zweifeln.

Krippenerziehung für Jungen?

Kinderkrippen sind aus der Gesellschaft nicht wegzudenken. Erziehung in der Familie und Krippenerziehung können einander hilfreich ergänzen. Nachdenklich macht eine Analyse von 40 Studien: Sichere Bindungsbeziehungen der Erzieherinnen traten danach *weltweit* häufiger zu den Mädchen auf als zu den Jungen der gleichen Kindergruppe. Hauptursache dafür ist, dass sich bereits Kleinkinder an Verhaltensweisen des eigenen Geschlechts orientieren und ihr Verhalten danach ausrichten. Häufig zerfällt die Großgruppe in Jungen- und Mädchengruppen. Jungen rivalisieren und balgen sich, sie sind aktiv und risikobereit, vornehmlich aggressiv und unbeherrscht. Sie profitieren auch mehr von der Aktivierung des Erkundungssystems, für dessen Förderung traditionell Männer, Väter zuständig sind. Aber in den Kitas kommen Männer nur im Promillebereich vor.

Mädchen sind partnerschaftlicher und gehen bereits im Kleinkindalter einfühlsam miteinander um. Das Verhalten der Jungen veranlasst Erzieherinnen zu Maßnahmen, die tendenziell reglementierend und einschränkend sind. Damit sehen die Jungen ihre Bedürfnisse und Interessen verkannt, und sie verankern sich noch intensiver in ihren Jungengruppen. Deren Einfluss nimmt immer mehr zu, was zur Eskalation führen kann. Es ist nicht auszuschließen, dass langfristige Folgen von unsicheren Bindungsentwicklungen bei den Jungen bis ins Schulalter reichen können. Wahrscheinlich werden Mädchen in Kinderkrippen auch besser gefördert als Jungen. Hier setzt meine Sorge um die Jungen in Kinderkrippen ein, weil Männer, auch später in der Pädagogik, Psychologie und Psychotherapie kaum vorhanden sind. Kann der Junge bei Erzieherinnen und Lehrerinnen mit den ruhigen, introvertierten und anhänglichen kleinen Mädchen konkurrieren? Besitzt er ausreichende Fähigkeiten für eine weiblich geprägte Welt voller Nähe, mit Trinkfläschchen, Kuschelecken – und ohne Vaterfiguren, mit denen er sich identifizieren kann? Wie können mehr Männer für die Vorschul- und Grundschulpädagogik begeistert werden?

Angst vor Aggression

Der Psychoanalytiker Erich Fromm hat einen »autoritären Charakter« beschrieben. Mit diesem Begriff hat er ein Muster von Persönlichkeitseigenschaften zusammengefasst, die das Sozialverhalten negativ prägen. Eine solche Persönlichkeit neigt zur übermäßigen Anpassung, zum extremen Gehorsam und zur Ablehnung von Minderheiten. Die 1968er-Bewegung hat ihn in Frage gestellt und die Ursachen, die zu seiner Entstehung beigetragen haben, aufgedeckt oder beseitigt. Damit begann ein Erosionsprozess, der alles *vermeintlich* Autoritäre betraf. Seit den 70er-Jahren entfernten sich Eltern immer weiter von den ehemaligen Erziehungszielen »Gehorsam und Unterordnung« hin zu Vorstellungen von »Selbstständigkeit und freiem Willen«. Kultur baut jedoch darauf, dass der einzelne Mensch auf ein ständiges Ausleben von Trieben verzichten lernt und zur Leistung bereit ist. Indem sich der Einfluss des Gewissens verringerte, nahm der *Zwang zum Triebverzicht* immer mehr ab: Triebwünsche aller Art, Aggression, Sexualität und anderes Lusterleben durften immer ungehemmter ausgelebt werden. Grenzen und Verbote wurden zunehmend als wenig förderlich für eine gelungene Erziehung gesehen. Damit geriet die unentbehrliche Balance zwischen Gewissen und Triebwünschen ins Wanken. Denn Gesetze, Regeln und Grenzen sind für das Gelingen eines effektiven Zusammenlebens unentbehrlich.

Die Mehrzahl von Kindern und Jugendlichen profitieren von den zuvor genannten positiven Wandlungen in den Erziehungshaltungen ihrer Eltern. Sie zeigen Einfühlung, ein prosoziales Verhalten und Lernwillen. Bei einer kleineren Gruppe mit überforderten, desorientierten, desolaten – manchmal auch vaterlosen – Elternhäusern werden jedoch vielerlei Fehlentwicklungen deutlich. Zwar existieren Hinweise, dass sich die Anzahl der seelischen Störungen nicht vergrößert hat. Doch nicht die Anzahl der Störungen im Vergleich zu vergangenen Zeiten ist entscheidend. Fachleute sind sich einig, dass sich die *Qualität* der Störungen bei den Jungen extrem verändert hat. Seit Platon wissen wir, dass Jungen liebevoll eingegrenzt werden müssen, zumeist von Vätern. Eltern haben inzwischen jedoch Angst, im guten Sinn »autoritär«, also eine Autorität zu sein.

Ein Fallbeispiel: Ein sechsjähriger Junge wird eingeschult. Nach wenigen Tagen kommt es zu ersten Schwierigkeiten. Daniel bleibt nicht auf seinem Platz sitzen, wirkt getrieben und unruhig, kann sich nicht auf das Gesagte konzentrieren und weigert sich, Arbeitsanweisungen zu folgen. Er beginnt herumzukaspern und sich vor seinen Mitschülern aufzuspielen: Daniel steckt Stifte in seine Ohren, grimassiert, hüpft herum. In den Pausen kommt es zu aggressiven Auseinandersetzungen mit Mitschülern und aufsichtführenden Lehrern. Bitten und Ermahnungen ignoriert er, und Strafen führen zu keinen Veränderungen: Leistungen werden weiterhin verweigert, Hausaufgaben nicht gemacht. Die Mutter wird schließlich in die Schule bestellt. Sie lebt von Daniels Vater getrennt, ist alleinerziehend. Unter Tränen gibt sie zu verstehen, dass es zu Hause nicht anders sei. Täglich gebe es »Krieg«, weil Daniel keine Hausaufgaben machen wolle. Mit der älteren Schwester habe er immerzu Streit. Er müsse ständig ermahnt werden, und immer häufiger reagiere er auf Anweisungen und Strafen mit heftiger Wut. In letzter Zeit habe er begonnen, Sachen zu zerstören oder blindwütig auf die Schwester einzuschlagen. Die Mutter könne sich das Verhalten des Jungen nicht erklären, es habe ihm doch nie an Liebe gefehlt. Immer sei sie bei ihm gewesen und habe sich allezeit um ihn gekümmert. Andererseits sei es so, dass sich Daniel nicht von ihr trennen könne, nachts Angst habe, allein zu schlafen, und sie immer in der Nähe wissen wolle. Neulich habe es zum Mittagessen Spaghetti gegeben. Er habe sie mit den Händen aus dem Teller genommen und herumgeworfen. Hier unterbreche ich und frage, was sie denn da unternommen hätte. »Natürlich nichts«, meint die Mutter, »ich habe es so hingenommen. Würde ich schimpfen, dann wäre das doch Liebesentzug.«

> Es ist nicht schwer, zu erkennen, dass der Junge nach diesem Nein geradezu lechzt. Er lebt alle Fantasien, alle Lust direkt aus, ihm bleibt keine Energie für zweckdienliches Handeln. Seine Ängste machen andererseits deutlich, mit welchen unbewussten Schuldgefühlen er wahrscheinlich lebt.

Befriedigungen müssen immer im Wechsel mit Frustrationen erfolgen. Kinder müssen lernen, Veränderungen hinzunehmen, Unlust auszuhalten sowie Befriedigungen aufzuschieben. Sie müssen es lernen, Hindernisse zu überwinden, um selbstständig zu werden. Das verlangt die Umwelt von ihnen. Daniel zeigt bereits die verheerenden Ergebnisse einer elterlichen Haltung, die kein »Nein« und keine Grenzen kennt. Er kann seine Affekte nicht regulieren, kennt keine Einfühlung und ist extrem selbstbezogen. Fortwährend trägt er Sand ins soziale Getriebe, weil er innere Spannungen nach außen trägt.

Die Angst, autoritär zu sein, sitzt bei vielen Eltern tief. ›Auctoritas‹ bedeutet Ansehen und Einfluss, das sind Eigenschaften, die für Eltern letztendlich wünschenswert sind. Seit längerer Zeit beobachte ich bei Eltern eine große Angst vor dem »Nein«. Aggression wird in ihren Vorstellungen mit zerstörerischem Tun gleichgesetzt. Dabei bedeutet Aggression Selbstbehauptung und Durchsetzung, was bekanntlich für jeden Menschen überlebenswichtig ist. In vielen Familien dominieren inzwischen aggressive Hemmungen. Oft wird bereits mit kleinen, dabei völlig überforderten Kindern über *selbstverständliche* Rahmenbedingungen stundenlang diskutiert: Ob Hausaufgaben gemacht werden sollen, warum man in die Schule gehen müsse, warum sie nicht so lange wie die Erwachsenen fernsehen dürften, warum sie nicht so lange mit dem Computer spielen dürften, wie sie es wollten. Ich halte Aussprachen immer für wichtig. Aber gelegentlich erlebe ich bei Eltern eine Hemmung, einfach zu sagen, dass sie wissen, was für Kinder richtig ist. In einer Diskussion hat mir ein Kinder- und Jugendpsychiater vorgeworfen, ich wolle wohl wieder autoritäre Zeiten einführen. Ich hatte geäußert, dass Jungen rechtzeitig begrenzt werden sollten, nicht erst wenn soziale Störungen aufgetreten sind. Der Kinderpsychiater fand es besser, später Ritalin zu verordnen.

Der Affektforscher Rainer Krause hat betont, dass ein zeitweiliges Ertragen negativer Gefühle und ein klares »Nein« der Eltern wesentliche Grundlagen für eine gut strukturierte Persönlichkeit seien. Auf diese Weise entstünde eine ausreichende Aufmerksamkeitsspanne und Gefühle könnten im Zaum gehalten werden. Eltern würden heute versuchen, alles Unangenehme, alle schwierigen Gefühle ihrer Kinder ängstlich zu vermeiden. Krause sieht darin den Anfang für die heutige Maßlosigkeit und das Fundament für eine spätere Suchtkultur. In ähnlicher Weise spricht der Soziologe Götz Eisenberg von einer elterlichen Haltung, die er als »Feigheit vor dem Kind« bezeichnet. Viele Eltern wollen mit dem Kind befreundet sein und von ihm grenzenlos geliebt werden. Sie scheuen jeden Konflikt, aus Angst, das Kind könnte ihnen etwas verübeln und sich zurückziehen.

Störungen der Symbolisierungsfähigkeit

Ein Symbol ist, einfach gesagt, ein Zeichen, das nicht nur für sich selber, sondern gleichzeitig auch für etwas anderes steht. Unter Symbolisierung verstehen wir den zunehmenden Aufbau von inneren Bildern. Mit dem Erwerb der Sprache bilden Kinder auch Vorstellungen, die immer komplexer werden. Erste Fantasien und Symbole entstehen bereits bei frühen Trennungen von der Mutter. Ein Kind ist bei ihrer Abwesenheit gezwungen, sich diese vorzustellen. Die Symbolisierungsfähigkeit macht es dem Kind möglich, Trennungen mit dabei entstehenden Unlustgefühlen während einer immer längeren Zeit auszuhalten. Dabei kann es zu ersten Störungen kommen, wenn eine Mutter sich selbst nur schwer trennen kann oder unzuverlässig ist.

Ein Beispiel: Der neunjährige Sven hatte kaum Fähigkeiten entwickelt, Trennungen auszuhalten, es fehlten ihm innere Vorstellungen und Symbole. In einer stationären Therapie bildete sich zunehmend Symbolisierungsfähigkeit und Sven konnte Trennungen immer besser ertragen. Dies zeigte eine kleine Episode mit dem Jungen. Er kam in mein Therapiezimmer, weil er mir etwas schenken wollte. Es war die Hälfte eines Steines. Er hatte einen Kieselstein so auseinandergeschlagen, dass er in der Mitte zerbrochen war. Eine Hälfte behielt er, die andere Hälfte bekam ich. Sven konnte sich sicher sein, dass ein Teil bei ihm und der andere bei mir blieb. Trennung war also in seinen Vorstellungen nicht mehr unmittelbar mit dem Verschwinden des anderen Menschen verknüpft. Er konnte sich in seiner Fantasie vorstellen, dass es den anderen noch gab, auch wenn er aus dem Blickfeld verschwunden war. Damit wiederholte der Junge genau den Vorgang, aus welchem der Begriff »Symbol« hervorgegangen ist: Unter griechischen Gastfreunden wurde beim Abschied ein Gefäß oder ein Würfel zerbrochen und jeder bekam ein Stück zum Zweck des späteren Wiedererkennens.

Ich will eine persönliche Erinnerung einfügen: Nach dem Zweiten Weltkrieg, in den Jahren ab 1945 gab es für Kinder so gut wie kein Spielzeug. Selbst einfache Dinge musste ich mir damals erfinden. So erinnere ich, wie ich alle Küchengeräte, die es immerhin in geringer Zahl gab, zusammentrug und sie mit meiner Fantasie zu Gegenständen und Menschen erweckte. Mir wurde es von da an immer besser möglich, eigene Gedanken und Gefühle als Einstellungen zur Wirklichkeit zu erkennen. Ich lernte zunehmend, mit meinen Gedanken zu *spielen,* also im Geist das zu tun, was ich außen mit dem Spiel getan hatte. Auch im Flüchtlingslager, in dem ich später lebte, hatten wir fast keine Spielsachen, lediglich ein paar Bälle und Reifen. Trotzdem spielten wir Kinder unaufhörlich, vor allem Ball- und Rollenspiele und bewegten uns in unterschiedlichen Gruppen. Alle damaligen Erfahrungen hatten einen großen

Einfluss auf die Bildung meiner Fantasien und Tagträume. Das geschah aus Mangel an anderen Spielobjekten. Es waren meine eigenen Fantasieobjekte, aus der Not geboren. Ich musste sie nehmen, weil ich nichts Besseres hatte. Wahrscheinlich wären mir damals ein Teddy oder ein Feuerwehrauto lieber gewesen. Aber Mangel kann die Fantasie anregen. Der Überfluss kann sie zum Verstummen bringen, so wie etwa ununterbrochenes Spielen am Computer.

Jungen heute sollten nicht mit Spielsachen überhäuft werden. Ihre Spielzeuge sollten immer den jeweiligen Entwicklungsphasen angepasst sein, darüber hat die Entwicklungspsychologie viele Erkenntnisse. Es sollten überwiegend Spiele sein, die den kreativen Zugang zur Realität verbessern. Elektronische Geräte und Computerspiele sind für den Geist, aber auch für Eltern überaus bequem. Sie sind Lustprinzip pur, weil das Kind allen Anstrengungen aus dem Weg gehen und jede dialogische Herausforderung meiden kann.

Doch über sein Spielen erobert ein Kind die Welt. Im Spiel eröffnet sich ein gemeinsamer Raum für Wahrnehmungen der Realität und der Fantasie, bis es dem Kind etwa ab dem vierten Lebensjahr möglich ist, »als ob«, also symbolisch zu denken.

Die Fähigkeit von Kindern zur Symbolisierung ist geringer geworden. Fachleute führen viele Störungsbilder darauf zurück. Sehe ich mit Spielsachen überladene Kinderzimmer, beobachte ich den frühen monologischen Umgang mit Nintendo, Rechner und Smartphone, so mache ich mir Sorgen um die Fantasieentwicklung der heutigen Jungen. Bei aller Fortschrittlichkeit sehe ich allenthalben auch Ursachen für die zunehmenden Symbolisierungsstörungen.

Inzestgrenzen und die Achtung von Generationenunterschieden

Die fruchtbare Auseinandersetzung mit dem autoritären Charakter veränderte auch die Sicht auf Werte, die bis dahin als Tugenden gegolten hatten. Zu den Begleiterscheinungen einer Erziehung, die Druck ausübte, gehörte ein Übermaß an Scham. Scham kann quälend werden, wie Schuldgefühle, auch zerstörerisch. Doch sie ist lebenswichtig, sie schützt den Menschen vor Bloßstellung. Aber der gleiche Erosionsprozess, der das Autoritäre aufgelöst hat, erfasste auch die Scham. Im Lauf der Jahre schlug das Pendel zur anderen Seite aus, zu Schamlosigkeit und Zeigelust. Normale Schamgefühle scheinen nicht selten verloren gegangen zu sein. Um das bestätigt zu sehen, muss man nur die Diskussionskultur in den sozialen Medien und bei öffentlichen Diskussionen beobachten, eine grenzenlose Unterhaltungskultur und ausufernde Pornografie. In einem Diskussionsforum im SPIEGEL (13/2018, S.72) stellt sich eine Frau so vor: »Ich lese viel, ich schreibe viel, mache Mode, und ich masturbiere regelmäßig«. Das ist eine neue Kommunikationsmethode und wird radikale Ehrlichkeit genannt. Sie berücksichtigt allerdings nicht den anderen, das Gegenüber, der das vielleicht gar nicht wissen möchte. Schamgefühle gibt es anscheinend nicht mehr.

Scham stellt eine wichtige Grenze dar, die Rücksicht von egoistischer Dreistigkeit trennt. Ein Schulleiter einer Gesamtschule: »Viele Jugendliche wissen nicht mehr, wo die Grenze liegt und was passiert, wenn sie überschritten wird. Das wird in den Familien nicht mehr gelernt. Viele Eltern sind alleinerziehend, es fehlen Bezugspersonen für die Kinder. Man bekommt zu Hause nicht mehr beigebracht, Konflikte in Gesprächen zu lösen. Im Freundeskreis wird immer mehr über soziale Medien kommuniziert. Wie sich Schüler dort beleidigen, ist schlimm. Aggressionen und Gewalt entstehen nicht unbedingt in der Schule, sie werden aber importiert. Lehrer werden zum Teil derb beschimpft, sie hören Beleidigungen wie ›Du Wichser!‹« (DER SPIEGEL, 13/2018, S.44)

Es ist zu erkennen, dass sich der »Anstand« zurückgebildet hat, der unser Zusammenleben möglich und erträglich machen kann. Der Anstand gebietet, wie wir uns miteinander arrangieren, uns aufeinander einlassen und aneinander wachsen.

In seinem Buch »Über den Anstand in schwierigen Zeiten und die Frage, wie wir miteinander umgehen« stellt der Autor Axel Hacke fest, dass Anstand dabei hilft, auf Gewalt zu verzichten. Im Umkehrschluss bedeutet Verzicht auf Anstand auch mehr Grobheit, mehr Aggression und Gewalt. Hacke beschreibt, dass im Umgang miteinander, in Mails und Kommentaren, eine gewisse Rohheit und eine blanke unverhüllte Mitleidlosigkeit zu erkennen sind. Diese Entwicklung sehe ich auch bei manchen Jungen.

Mit der folgenden Klage hat sich eine Lehrerin an mich gewandt und Hilfe gesucht: »So eine furchtbare erste Klasse habe ich noch nie gesehen. Die Jungs sind lauter kleine Machos, Lieblinge ihrer Mütter, und glauben, die Größten zu sein. Andererseits haben sie kein Sozialverhalten und fangen bei jeder Kleinigkeit an zu heulen. So gut wie alle Mädchen sind unauffällig und lernwillig. Unsere neue Lehramtsanwärterin war sprachlos und meinte, so etwas hätte sie noch nie erlebt. Einer der Jungen haute ihr auf den Hintern, ein anderer grabschte ihr an den Busen und ein weiterer meinte, mit Brille sehe sie beschissen aus, und sie solle sie sofort absetzen«.

Die beschriebenen Jungen schwanken zwischen Minderwert und großsprecherischer Angeberei. Sie scheinen keine Scham zu verspüren, sind distanzlos und grenzüberschreitend, sie sind sexualisiert und verspüren keine Furcht vor Strafe. Dazu sind sie unruhig, unkonzentriert und unbeherrscht. Sie schaffen es nicht, Affekte in ihrem inneren Raum zu halten, sie setzen alles in Szene. Alle Risiken, von denen ich bislang gesprochen habe, sind zu erkennen.

Mit dem Abbau der Autoritäten ist es auch zur Zerstörung von Generationengrenzen gekommen. Eltern sind die »Älteren« und keine Kumpel. Freundschaft mit Kindern ist ein erstrebenswertes Ideal. Aber sie kann – zumindest vor der Adoleszenz – nicht auf

Augenhöhe stattfinden, denn Eltern sind erfahrener und tragen die Verantwortung. Von Psychoanalytikern wird die Missachtung von Generationenunterschieden für viele Schwierigkeiten verantwortlich gemacht. Entwertungen, vor allem von Frauen, Distanzlosigkeiten und Übergriffigkeiten aller Art werden nicht selten gebilligt, weil sich die Erwachsenen hilflos fühlen. Eine Lehrerin ermahnt einen siebenjährigen Jungen sorgfältig zu schreiben, darauf sagt dieser zu ihr: »Fick Dich mit Deinem Kugelschreiber!« Ein 13-Jähriger sagt zu seiner alleinerziehenden Mutter, sie sei eine alte Hure. Spätestens in solchen Momenten werden die Folgen einer unheilvollen Entwicklung deutlich.

Der Staat hat einst in höchst rigoroser Weise Triebverzicht eingefordert. Homosexuelle Handlungen wurden bis zum 11. Juni 1994 nach § 175 mit Gefängnis bestraft. Erwachsene Menschen, die nicht verheiratet waren, durften nicht gemeinsam übernachten. Noch vor etwa 40 Jahren drohte ihnen ansonsten eine Anklage wegen Kuppelei. Erst in den siebziger Jahren wurde diese potentielle Straftat ›entkriminalisiert‹. Solche Einmischungen des Staates in das Leben erwachsener Menschen sollten nie mehr sein. Ein Individuum soll mit seinem Gewissen über sein Handeln entscheiden. Aber auch in diesem Bereich schlug das Pendel in die extrem andere Richtung aus.

Mit der emotionalen Annäherung von Eltern an ihre Kinder schwanden auch in der Familie Grenzen für die Sexualität. Sie sollte offen ausgelebt werden, ansonsten galt man als prüde, reaktionär, vor allem nicht progressiv. Ein unverkrampfter Umgang mit Sexualität ist die eine Seite, Einhaltung von Inzestgrenzen die andere. Ich denke, dass deutlich geworden ist, welche Schäden entstehen können, wenn jene Grenzen verletzt werden. Ist der Vater nicht ausreichend präsent, so kann die Mutter dem Sohn zu nahe kommen. Ich beobachte eine zunehmende Laxheit, etwa wenn 10–16-jährige Jungen noch im Bett bei der Mutter schlafen. Ich bin hochaggressiven männlichen Jugendlichen begegnet, die jede Nacht im Bett ihrer Mutter schliefen. In manchen Fällen wurde mir von den Müttern beschämt mitgeteilt, dass sie ihre Söhne beim Masturbieren beobachtet hatten; in diesen Fällen wurde die inzestuöse Situation manifest.

Erschreckend finde ich, dass eine solche intime Nähe oft gar nicht als problematisch erkannt wird. Das gilt auch für Geschwister. Eine geschiedene Frau mit einem 15-jährigen Sohn und ein geschiedener Mann mit einer 14-jährigen Tochter heiraten und gründen einen gemeinsamen Hausstand. Wenig später beginnen der 15-Jährige und die 14-Jährige eine sexuelle Beziehung. Das neue elterliche Paar findet das höchst amüsant, die beiden bekommen ein gemeinsames Schlafzimmer. Kinder, die nicht blutsverwandt sind, aber in einer gemeinsamen Familie aufwachsen, sind Stiefgeschwister, sie werden auch »Milchgeschwister« genannt. Eine Frau meinte in einer Diskussion, dass das Ganze doch in Ordnung sei, schließlich seien die beiden Jugendlichen nicht blutsverwandt. Aber ist das entscheidend? Ich sehe Stiefgeschwister auf dem Weg der adoleszenten Reifung. Selbst wenn sie nicht verwandt sind, ist für mich entscheidend, dass damit Inzestgrenzen überschritten werden und eine höchst schwierige familiäre Entwicklung droht. Kinder können nur seelisch ungestört heranwachsen, wenn sie in der Familie vor sexuellen Übergriffen geschützt werden. Dies gilt auch für Geschwister, ob Halbgeschwister oder wie hier Stiefgeschwister. Inzest hat immer Folgen für die seelische Entwicklung und für eine spätere Partnerwahl, auch wenn die sexuellen Kontakte unter Geschwistern einvernehmlich sein mögen. Denn wir müssen davon ausgehen, dass die Beziehung dieser beiden Geschwister während der Adoleszenz nicht von Dauer sein wird. Welche familiendynamischen Belastungen sind dann zu erwarten? Susann Sitzler schreibt 2017 in ihrem Buch »Geschwister«, dass für Stiefgeschwister sowohl im Islam als auch in der griechisch-orthodoxen Kirche das Inzesttabu gilt. Wir brauchen nicht Regeln und Gesetze, das Problem besteht darin, dass in unserer Gesellschaft das Gespür dafür verlorengegangen ist, was richtig ist.

Das Wichtigste auf einen Blick:

- Die Familienstrukturen haben sich verändert, viele Formen existieren nebeneinander: traditionelle Familien, homosexuelle Paare, auch mit Kindern, Einelternfamilien, Patchwork-Familien.
- Viele Jungen leiden an Vaterentbehrung und Vaterhunger.
- Die gesamte Gesellschaft leidet unter einem Rückgang von väterlicher Struktur, von Symbolen und Ritualen.
- Computer und Medien haben Spielen und Lernen grundlegend verändert.
- In der Erziehung, vor allem im Hinblick auf Autorität, Trieb und Scham, zeigen sich schwere Defizite. Erziehung sollte ein ausgeglichenes Verhältnis von Gewissensinstanzen, Umgang mit Triebhaftem und den Anforderungen des Lebens herstellen.
- Jungen müssen früh lernen, dass auch sie unvollkommene Wesen sind; ihre Selbstliebe und ihre Höhenflüge müssen begrenzt werden. Feinfühlige und liebevolle Eltern werden ein Gleichgewicht zwischen Befriedigung und Frustration herstellen.

3

Jungen und die digitale Welt

In den vergangenen vierzig Jahren hat sich die menschliche Kommunikation epochal gewandelt. Es ist nicht übertrieben zu sagen, dass Computer, Handy & Co. die meisten Kinder und Jugendlichen – bis auf einige wenige verweigernde Exoten – im festen Griff haben. Wikipedia und Google haben den Brockhaus entbehrlich werden lassen, das Internetversandhaus »Amazon« hat den Buchhandel niedergerungen, die Musik- und Filmindustrie muss sich vor Ausbeutung und Diebstahl schützen – und nicht nur bei Jugendlichen kommt es inzwischen sogar zu »On-Off-Beziehungen«. Diese gesellschaftlichen Entwicklungen sind keineswegs abgeschlossen, wir müssen lernen, Ungewissheiten zu ertragen.

Der Computer hat die Welt verändert. Ich erinnere mich an meine ersten Begegnungen mit einem Universitäts-Computer in den 80er-Jahren. Mühelos konnten von jetzt an Berechnungen durchgeführt werden, die zuvor nur mit einem hohen Zeitaufwand bewältigt werden konnten. In vielen weiteren Bereichen hat der PC das Leben erleichtert, beispielsweise ist das Verfassen und Verarbeiten von Texten eine wesentlich leichtere Arbeit geworden. Solche Erleichterungen gibt es auch für Kinder und Jugendliche. Der Computer kann beim Lernen Motivation und Leistungsbereitschaft unterstützen, auch bei schwächeren Schülern.

Was können die digitalen Medien bewirken?

Kinder wachsen mittlerweile in digitalen Welten auf, und Computer vermitteln vielerlei Kompetenzen: Kinder und Jugendliche, die mit Computer, Internet und anderen digitalen Medien aufgewachsen sind, können besser mit Bildern und Symbolen umgehen, können Dinge besser visualisieren und sich räumlich besser orientieren. Älteren Menschen, aber auch manchen Pädagogen und Psychologen, erscheinen die Computerwelten oft wenig vertraut und unheimlich. In der Vergangenheit hat das Auftauchen neuer Medien, vom Buchdruck bis zum Radio, immer wieder irrationale Ängste ausgelöst. Viele fürchten ausschließlich negative Folgen für Kinder und Jugendliche. Verbale Rundumschläge hinsichtlich des Computers, etwa mit Titeln wie ›Digitale Demenz‹ oder ›Vorsicht Bildschirm‹ und der Befürchtung einer kollektiven Verdummung sind jedoch einseitig und wenig hilfreich. Berechtigte Sorgen müssen von irrationalen Ängsten getrennt und in Diskussionen artikuliert werden.

Es kommt auf *Inhalt und Dosis* an, bekanntlich kann ein Mensch *alles* missbrauchen, er kann von allem abhängig werden und eine Sucht entwickeln. Die digitalen Medien haben Stärken und Schwächen, Vor- und Nachteile. Manche kognitiven Fähigkeiten werden wahrscheinlich vom Computergebrauch verstärkt – aber nur wer als Kind und Jugendlicher liest, entfaltet langfristig ein kreatives Potential. Der Familientherapeut Bergmann geht davon aus, dass die Liebe der Kinder zum Computer gleichbedeutend ist mit ihrer Liebe zum Fantastischen, zum puren gegenwärtigen Spiel, zur Auflösung aller Ordnungen (S. 188). Damit beschreibt er das Lustprinzip in seiner ausgeprägtesten Form. Die Wesen können erzeugt, vollständig beherrscht und emotionslos vernichtet werden. Per Mausklick kann eine Kreatur mit allen Qualitäten und Eigenschaften erschaffen werden, die das Menü zur Verfügung stellt und genauso rasch mit einem weiteren Klick wieder ausgelöscht werden. Die Macht, die über alle Wesen ausgeübt werden kann, ist somit eine vollkommene.

Ich habe darüber berichtet, dass Jungen freundliche, grenzenlose Weiten lieben. Gerne setzen sie sich einer Angstlust aus, sie wollen Gefahren durchstehen und jede Situation beherrschen. In den digitalen Welten können Jungen ihre Neigungen zu weiten Räumen und zum Größendenken vollständig ausleben und rauschartig befriedigen. Freundliche Weiten können sich aber auch in mächtige regressive Räume wandeln, die die Wirklichkeit vergessen lassen und nicht mehr verlassen werden können. Genau das kann für die Entwicklung von Fantasien und Symbolen so problematisch werden. Darum müssen wir uns in einem Buch über Jungen auch mit solchen Risiken und Gefahren beschäftigen.

Wir begegnen Menschen, die unentwegt auf ihr Smartphone gucken, kaum mehr nach rechts oder links sehen. Sie können es nicht mehr aus der Hand legen, das Gerät begleitet sie über den Tag, und selbst nachts wird bei jedem Erwachen darauf geschaut. Smartphones sind so entwickelt worden, dass sie Kinder und Jugendliche rasch abhängig werden lassen. In der Tat sind bereits viele süchtig danach. Zwar sind die sozialen Medien frei zugänglich, doch werden die Teilnehmer durch die Werbung beeinflusst und mitunter sogar politisch gesteuert. Vielnutzer zeigen eine ängstliche und depressive Struktur, nicht erkennbar ist jedoch, was Ursache und was Wirkung ist. Ängste und Depressionen können durch Sucht beschwichtigt werden, durch Alkohol und andere Drogen, durch Pornografie und digitale Medien. Die größte Gefahr liegt darin, dass langfristig reale Kontakte vermieden werden, und dass Kinder durch die moderne Technik Trennungen nicht mehr aushalten müssen.

Manche Jugendliche haben ständig Kopfhörer auf den Ohren, der sie mit der Musik ihres iPods verbindet. Einige alltägliche Szenen: Vier Jugendliche steigen mit lauten Sprüchen in ein Zugabteil und setzen sich. Schlagartig wird es ruhig. Die vier schauen auf ihre Smartphones und tippen in der nächsten Stunde Nachrichten in ihre Geräte. Sie wechseln kaum mehr ein Wort. – Im Frühstücksraum eines Hotels quengelt ein Geschwisterpaar. Ohne großen Kommentar klappt der Vater sein Handy auf und schaltet Trickfilme ein. – Kinder toben im Wohnzimmer herum, und die Mutter scheucht sie zum Fernseher. Ihr Interesse bleibt jedoch gering. Nach kurzer Zeit turnen die Kinder auf der Couch, machen Hand- und Kopfstände. Eigentlich bräuchten sie jetzt die Zuwendung der Eltern, um ihre inneren Spannungen abzuführen – doch diese entziehen sich.

Versagung und Mangel müssen Kinder von Anfang des Lebens an erfahren, diese Erkenntnis zieht sich durch alle Kapitel meines Buches. Durch das Spiel, allein und mit anderen, und darauf aufbauend durch Symbolisierung, können unlustvolle Spannungen bewältigt werden. Das Kind lernt, Versagungen immer besser zu ertragen und wird zum Aushalten bereit. Sofortige Befriedigungen mit einem Beharren auf dem Lustprinzip, so wie das beim Computerspiel, beim Smartphone und beim Ansehen von Filmen geschieht, verhindern solche Entwicklungen.

ADHS tritt, neben anderen Ursachen, die im Kapitel 12 diskutiert werden, häufig mit einer übermäßigen Nutzung von digitalen Medien auf. Aufkommende Gefühle von Unzufriedenheit, Langeweile, schlechte Selbstwertregulationsmöglichkeiten, schwach ausgeprägte Introspektionsfähigkeit und Sehnsucht nach Empathie können auf diese Weise, so der Psychotherapeut Jan van Loh, kurzzeitig gestillt werden. Dies ist nicht erstaunlich, denn das wesentliche Charakteristikum von ADHS und anderen externalisierenden Störungen ist ein Mangel an Spielfähigkeit und an Symbolisierung. Natürlich ist der übermäßige Gebrauch von digitalen Medien nicht alleiniger Verursacher, aber er kann Weiterentwicklungen entscheidend verhindern. Im wirklichen Leben zappeln diese Jungen hektisch und scheitern mit ihren Fähigkeiten. In den digitalen Welten gleiten sie dahin wie der Fisch im Wasser: Jungen mit Aufmerksamkeitsstörungen und Störungen ihrer Impulskontrolle können sich bei Computerspielen stundenlang konzentrieren.

Damit findet die von familiären Nöten und gesellschaftlichen Verhältnissen geschaffene Hyperaktivität dieser Jungen einen paradiesischen Raum. In ihm sind sie, die ununterbrochen alles nur falsch machen, endlich vollkommen. Sie, die dauernd irgendwo »anecken«, haben sich freundliche Weiten geschaffen, für die sie nicht nur die notwendige Ausrüstung besitzen und in denen sie darum elegant dahinschweben, sondern in denen sie auch omnipotent sind. Umso schwieriger ist es, Veränderungen in der realen Welt zu erreichen, denen sie sich auf diese Weise permanent entziehen können. Sie haben sich mit dem Computer einen Fluchtraum aus einer überwiegend weiblich determinierten Welt geschaffen. Das macht den Computer für Jungen gefährlich.

Die Hirnforscherin Susan Greenfield hat etwas Wichtiges hinzugefügt: »Mir geht es nicht so sehr um den Bildschirm, sondern darum, dass jede Stunde, die wir vor ihm verbringen, auch eine Stunde ist, die wir nicht damit verbringen, die Sonne auf dem Gesicht zu spüren oder jemanden zu umarmen« (Süddeutsche Zeitung 2012). Die ZEIT Nr. 23 vom 30. Mai 2018 berichtet über ein erschreckendes Phänomen. Weltweit nimmt Kurzsichtigkeit bei Kindern und Erwachsenen zu. In vielen Ländern Asiens sind bereits bis zu 95 % aller Menschen kurzsichtig. Langfristig drohen schwere Sehbehinderungen bis zur Erblindung. Inzwischen sind die Ursachen bekannt: Kurzsichtigkeit entwickelt sich, »wenn das Auge zu selten hellem Tageslicht ausgesetzt und zu oft auf Nahsicht fokussiert wird«. Die Zeit, die Kinder im Freien im Sonnenlicht verbringen, nimmt ab. Also: Nicht langes Lesen und Starren auf Bildschirme allein macht kurzsichtig, sondern der Umstand, dass man es drinnen tut – bei künstlicher Beleuchtung. Nicht nur darum sollten sich Kinder möglichst häufig im Freien aufhalten.

Dennoch ist es keine Frage, dass der Computer die Welt in erster Linie bereichert hat. Nur dürfen die geistigen Errungenschaften unserer Kultur nicht ins Hintertreffen geraten, sie sollten von den digitalen Medien hilfreich ergänzt werden. Eltern haben die Aufgabe, vorhandene negative Wirkungen im Einvernehmen mit ihren Kindern zu begrenzen. Eine der wichtigsten Leistungen menschlicher Geistesgeschichte ist das Lesen, das weiterhin von größter Wichtigkeit ist, ob in einem Buch oder auf dem »Kindle«, ob mit raschelnder Zeitung oder auf einem Blog. Bei übermäßigem Handy- und Computergebrauch wird nicht mehr ausreichend Zeit für Lesen, Üben und Hausaufgabengestaltung zur Verfügung stehen. Lesen ist ein Vorgang, der unentwegt Fantasien erzeugt. Worte verwandeln sich in Bilder und farbige Szenen. Zwei Vorgänge finden dabei statt, die Vorstellungskraft wird geübt, und es entwickelt sich zunehmend eine Aufmerksamkeitsspanne. Sprache und Lesen sind, wie das Spielen, notwendige Grundsubstanzen für eine gelungene Fantasiebildung mit der Fähigkeit zum »Als-ob-Denken«. Diese befähigt uns, Innenwelten des anderen und eigene Gefühle zu verstehen, andere Meinungen aufzunehmen, sie in vorhandene Ideen einzubauen oder über Vergangenheit und Zukunft nachzudenken und zu fantasieren. Das Kind besitzt – im Idealfall – einen inneren Raum für Nachdenken und Fantasieren und muss Spannungen nicht nach außen abführen. Im Kapitel über die Aufmerksamkeit wird darüber ausführlich berichtet. Kurz gesagt: Während des Lesens kommuniziere ich mit meinen Innenwelten, wie innerhalb eines Dialogs mit anderen Menschen. Der Blick auf den Bildschirm bleibt jedoch immer ein Monolog, Fragen bekommen hier keine Antworten. Bezeichnenderweise lesen Mädchen häufiger als Jungen (52% zu 29%), sie haben bessere Schulleistungen und seltener ADHS.

Exzessiver Gebrauch von Medien und Sucht

Ein vierzehnjähriger Jugendlicher verbrachte seine gesamte ihm zur Verfügung stehende Freizeit im Internet oder mit der Spielekonsole. Entweder machte er Spiele, surfte im Internet oder er chattete in diversen Foren. Er kam, so wurde das später rekonstruiert, auf etwa siebzig Stunden pro Woche, die er mit seinem Computer verbrachte. Vermutlich wäre dieses Leben noch eine Weile so weiter gegangen, zumal die Eltern sich nicht einmischten, wie das leider nicht selten ist. Dann musste der Jugendliche mit seiner Klasse für zwei Wochen ins Schullandheim. Ihm graute davor, weil er wusste, dass er während dieser Zeit keinen Internetzugang haben würde, aber er konnte nicht einfach wegbleiben. Bereits am ersten Tag ergriff ihn zunehmend Unruhe, die sich zu immer heftigeren Ängsten steigerte. Er bettelte, an einen Computer zu dürfen, was sich jedoch nicht realisieren ließ. Binnen kurzem wandelten sich seine Ängste zu panikartigen Zuständen. Der Jugendliche wurde in eine Kinder- und Jugendpsychiatrie gebracht, wo er, so wurde diagnostiziert, wegen seiner »schweren Entzugserscheinungen« behandelt werden musste.

Dieser Jugendliche hat sein eigenes Leben aufgegeben und mit einem alternativen in der virtuellen Welt begonnen. Er leidet unter Kontrollverlust, er kann sich nicht mehr selbst begrenzen. Bei Entzug leidet er unter Unruhe, Nervosität und Stimmungsschwankungen. Darum spürt er ständig ein Verlangen, Computer zu spielen, der Rechner ist seine Beruhigungspille geworden. Alle Merkmale einer Sucht sind zu erkennen. Ohne einen stationären Entzug kann sie nicht überwunden werden.

Wegen der beschriebenen Neigungen von Jungen, in digitale Welten einzutauchen, geht von diesen ein hohes Suchtpotential aus. Die meisten der angebotenen Computerspiele sind auf Kämpfen, Siegen, Erobern oder Überwinden von Gegnern ausgerichtet, was Jungen besonders fasziniert. Der erwähnte Wolfgang Bergmann hat das vorherrschende »grandiose« Denken wie folgt beschrieben: »Ich erschaffe, ich vernichte – zwischen beiden liegt eine kaum spürbare Unterscheidung. Dies ist nichts anderes als die Vervollkommnung eines omnipotenten Traumes«. Wegen dieser psychischen, aber auch neurophysiologischen Gründe ist gemäß der Kinderpsychiater Jan Frölich und Gerd Lehmkuhl die Suchtgefahr bei Jungen weitaus größer als bei den Mädchen. Ein rechtzeitiges und drastisches »Nein« der Eltern wird oft unumgänglich. Entscheidend ist aber vor allem ihr Vorbild, ihr Umgang mit medialen Verführungen.

Wie allen Abhängigkeiten können auch bei Computer- und Smartphone-Sucht depressive Störungen zugrunde liegen. Diese werden fast immer von einem Rückzugsverhalten begleitet. Eine süchtige Mediennutzung kann darum das depressive Vermeidungs- und Rückzugsverhalten perfekt ergänzen. Der Kinder- und Jugendpsychiater Barth weist darauf hin, dass das Jugendalter darum besonders anfällig ist, seine Entwicklungsaufgaben nicht mehr zu erfüllen, weil es entwicklungspsychologisch und biologisch nur eingeschränkte Ressourcen zur Affektregulierung aufweist (2017, S. 85). Barth unterstreicht, dass therapeutische Interventionen nicht bestrafend und verfolgend sein sollten (das gilt letztendlich für die gesamte Erziehung), was leider nicht immer befolgt wird. Ermutigend ist, dass Mediensucht gut behandelt werden kann und sich Jugendliche nach Etablierung von Alternativen in vielen Fällen aus der Abhängigkeit lösen können.

Gewalthaltige Videospiele

Ich war überrascht, wie viele erwachsene Männer und Familienväter, auch aus akademischem Milieu, Videospiele durchführen, alleine oder vernetzt. Computerspieler, Gamer und Zocker sind verschworene Gemeinschaften, die sogar eine eigene Sprache entwickelt haben. Computerspiele sind schon längst gesellschaftsfähig geworden. Von einigen Gamern habe ich mir wiederholt sagen lassen, dass negative Folgen von Computerspielen keineswegs nachgewiesen seien. Es herrsche eine einseitige Neigung vor, diese zu diskriminieren.

Ich schreibe im Folgenden über die Auswirkungen auf Kinder und Jugendliche. Ich gehe davon aus, dass erwachsene Nutzer sich selbst informieren können, wissen was sie tun und keine Belehrungen brauchen. Ich bin aber sehr wohl der Auffassung, dass Eltern im Bereich Computernutzung Verantwortung für ihre Kinder übernehmen müssen.

1996 habe ich mit dem Psychologen und Medienforscher Rudolf Weiß sprachinhaltsanalytische Untersuchungen von Sprachtexten Jugendlicher durchgeführt. Dabei stellten wir fest: Männliche Konsumenten von Filmen mit extrem gewalttätigen Inhalten haben eine aggressivere Sprache als jene, die nur selten solche Filme sehen. Bei Mädchen konnten wir diese Unterschiede nicht feststellen, zumal die Anzahl der Konsumentinnen von Filmen mit aggressiven Inhalten gering war. Wir gingen damals davon aus, dass bei entsprechend vorgeschädigten und strukturschwachen Jungen schon die Neigung zum Betrachten von Filmen mit gewalttätigen Inhalten größer ist (Hopf & Weiß 1996). Wir vermuteten jedoch, dass die aggressivere Sprache auch auf einen zunehmenden aggressionsfördernden Effekt bei den männlichen Konsumenten hinwies, denn Sprache und Denken stehen in einem unmittelbaren Zusammenhang.

Daran hegt mittlerweile im Bereich der Psychologie niemand Zweifel. Wenn schon das simple Betrachten von Filmen eine stimulierende Wirkung zeigt, dann wird diese bei regelmäßiger Nutzung gewalthaltiger Computerspiele noch ausgeprägter sein. Landläufig werden solche Spiele auch Ego-Shooter-Spiele, einst Killerspiele genannt. Im Spiel »Counter-Strike« wird beispielsweise ein Kampf zwischen Terroristen und einer Terroreinheit durchgeführt. Im Computerspiel Grand Theft Auto strebt ein männlicher Protagonist mit einer kriminellen Vorgeschichte in einer amerikanischen Großstadt eine Verbrecherkarriere an, etc. Die Kinder- und Jugendpsychiater Frölich und Lehmkuhl weisen 2012 in ihrem Buch darauf hin, dass Computerspiele ein aktives Engagement des Spielers erfordern, wodurch er im Spiel selbst zum Aggressor wird. Er lernt, seine Interessen mit Gewalt durchzusetzen, und er wird für das Töten belohnt, ein Kopfschuss erzielt beispielsweise mehr Punkte als ein Schuss in jeden anderen Körperteil. Ein weiterer Unterschied zur Betrachtung von gewalthaltigen Filmen besteht darin, dass bei den Computerspielen ein hoher seelisch-körperlicher Erregungszustand eintritt, schon deren Erinnerung Wiederholung wünscht und Suchtverhalten unterstützen kann. Frölich und Lehmkuhl weisen zusammenfassend darauf hin, dass die wiederholte und dauerhafte Beschäftigung mit gewalthaltigen Computerspielen bereits bestehende aggressionsbezogene Einstellungen durch Übung und Belohnung verstärken kann.

Auf weitere Gefahren weist der Medienpsychologe Rudolf Weiß hin. Ich werde im Kapitel über die Pubertät/Adoleszenz darüber berichten, dass während dieser Phase zwischen 12–15 Jahren eine grundlegende Neugestaltung des Gehirns geschieht. Besonders spät etablieren sich dabei Hirnregionen, die mit Planung, Impulsivität und sozialer Bindung zu tun haben. Doch gerade während dieser Zeit spielen viele männliche Jugendliche gewalthaltige Spiele aller Art, Jungen fünfmal häufiger als Mädchen. Zwar existiert eine altersgestufte Freigabe, erfahrungsgemäß kursieren jedoch viele Raubkopien, so dass der Jugendschutz nicht ausreichend wirkt. Weiß verweist auf die extreme Neuroplastizität im frühen Jugendalter, das Gehirn ist veränderbar. Nachgewiesen wurde in Studien, dass sich bei exzessiver Nutzung bestimmte Bahnungen im Gehirn verstärken, während andere zurückgebildet, ja abgebaut werden können. Weiß fasst zusammen: »Dieses Spielverhalten führt bei den Jungen – neben einem Zeitverlust für andere kreative Tätigkeiten – sowohl zu mentalen Deformierungen als auch zu Verhaltensänderungen. Mittels vieler Untersuchungen konnten wir Empathieverluste, Zunahme von aggressiven Einstellungen und eine fortschreitende rücksichtslose, ›aggressive Ichdurchsetzung‹ feststellen«. Die Folgen für den Alltag mancher männlicher Jugendlicher sind absehbar. Am 2.5.18 berichtete etwa die Zeitschrift Focus von einer aktuellen Untersuchung des Verbandes Bildung und Erziehung: Deutsche Klassenzimmer sind Schauplätze von Mobbing, Drohungen und körperlicher Gewalt gegen Lehrer. Wo liegen die Ursachen bei solchen sprachlichen und körperlichen Verrohungen?

Pornografie und Sexualisierung

Mit Latenz wird die Zeit der Kindheit, etwa zwischen dem 6. und 12. Lebensjahr bezeichnet. Der Schuleintritt ist erfolgt, sexuelle Interessen schlummern von jetzt an und intellektuelle Wissbegier steht im Vordergrund. Aber nicht bei allen Kindern. Im vorherigen Kapitel habe ich darüber berichtet, dass es heutzutage auch Jungen gibt, die bereits im Grundschulalter sexualisiert und schamlos erscheinen. Eine Ursache kann eine zu große Nähe zur Mutter bei abwesenden Vätern sein. Ein anderer Grund liegt an den insgesamt mangelnden gesellschaftlichen Begrenzungen. Der Medienwissenschaftler Neil Postman hat bereits in den achtziger Jahren die These vertreten, dass die Idee der Kindheit in der abendländischen Zivilisation im Verschwinden begriffen sei. Er hat die elektronischen Medien als mächtige Beschleuniger dieser Entwicklung erkannt. Wir müssen feststellen, dass Postman leider recht hatte: Kindheit verschwindet generell, sie ist kein geschützter Raum mehr.

Pornografie hat es schon immer gegeben, aber sie war für Kinder kaum zugänglich. Über das Internet hat inzwischen jedes Kind kostenlosen und anonymen Zugang zu Pornografie jeder Art, auch zu allen Darstellungen von Perversionen. Der § 184 StGB stellt zwar jegliches Zugänglichmachen von pornografischem Material an Jugendliche unter 18 Jahren unter Strafe. Die meisten Seiten können jedoch unproblematisch abgerufen werden, gelegentlich wird verlangt, einen Button anzuklicken, mit dem man bestätigt, dass man bereits 18 Jahre alt sei. Dies hat zur Folge, dass gemäß Christian Weber von der Süddeutschen Zeitung (Nr. 243/2012) rund ein Drittel der Mädchen und Jungen im Alter von elf Jahren solche einschlägigen Seiten gesehen haben, bis zum 17. Lebensjahr sind es 93 % der Jungen und 80 % der Mädchen.

Ein sexualisiertes Kind kann auch anderen sexuellen Überstimulationen ausgesetzt gewesen sein wie ungewünschte Nacktheit der Eltern vor dem Kind, zufälliges Miterleben des elterlichen Geschlechtsverkehrs, sexuelle Übergriffe durch Verwandte oder andere Erwachsene. Das passiv Erlittene kann auf aktive Weise im Spiel oder möglicherweise in exzessiver Onanie wiederholt werden. Eine andere Hypothese besagt, Sexualisierung diene der Abwehr von depressiven Affekten, denn im Zustand von sexueller Erregung sei Depression nicht möglich (umgekehrt ebenso). Sowohl die vermehrte Bewegungsunruhe als auch die Sexualisierungen können Zustände von Depression und innerer Leere bei jenen Kindern manisch abwehren.

Innerhalb der Pornografie besteht eine – zunächst – erschreckende Trennung von Liebe, Erotik und Sexualität. Zur Aufspaltung von Beziehung und Sexualität waren Männer allerdings schon immer fähig, warum sonst gab es Prostitution und Bordelle. Frauen werden in der Internet-Pornografie als stets verfügbare und erregte Wesen dargestellt, die nichts anderes wollen als Männer in jeder von ihnen gewünschten Form befriedigen. Es ist nachvollziehbar, wenn Eltern sich sorgen, dass sich bei ständiger Wahrnehmung dieser realitätsfernen Sexwelt eine höchst prekäre Sexualität bei ihren Söhnen herausbilden könnte: Heute kann per Mausklick jede Frau ausgesucht und zu sexuellen Handlungen veranlasst werden. Damit werden die Konsumenten in ihren Fantasien zu sexuell höchst potenten Männern und können gleichzeitig ihre unbewusste Angst vor Frauen hinter grandiosen Fantasien verbergen. Bei regelmäßigem Pornografiekonsum können »aufwendige« Kontaktaufnahmen zu realen Mädchen also unterbleiben. Es ist der sichere Weg, um reale Beziehungen zu vermeiden. Die zwischenmenschliche Sexualität wird durch Masturbation ersetzt. Freud hat jedoch bereits darauf hingewiesen, der wohl schädlichste Anteil von Masturbation sei es, dass sich der Junge/der Mann nicht mehr um ein Mädchen/eine Frau bemühen muss. Cybersex ist Lustprinzip pur und kann in der Sucht enden.

Schaut man sich die Pornografie-Angebote unbefangen an, so kann man auch eine relativ normale Sexualität zwischen Mann und Frau wiederfinden. Gelegentlich ist bei manchen Amateurseiten eine gewisse Zuneigung zu erkennen. Doch gibt es auch Seiten mit jeder erdenklichen Form von Perversion, angefangen bei sadomasochistischen Szenen, Fetischismus, Vergewaltigungen bis zu den ekelerregendsten ausgelebten Fantasien. Jeder Junge durchlebt eine Phase mit erotischen Fantasien in Bezug auf seine Mutter. Wenn wir davon ausgehen, dass perverse Fantasien immer einen Versuch darstellen, die sexuelle Fantasie von der Mutter nicht aufgeben zu müssen, dann können wir uns leicht vorstellen, dass solche Jungen/Männer in eine Abhängigkeit von solch speziellen Seiten geraten können. Auf vielen Pornografie-Seiten sind überraschend reife Frauen, sogenannte »Moms« und sogar noch ältere Frauen in Aktion. Die Häufigkeit solcher Seiten macht deutlich, wie viele Männer es gibt, die ihre Fantasien hinsichtlich der Mutter auf diese Weise ausleben. Eine der wichtigsten Aufgaben der Adoleszenz ist, dass der Jugendliche seine individuelle Sexualität entwickelt und sich die erotischen Fantasien hinsichtlich der Mutter zurückbilden. Das geschieht ganz von selbst, wenn der Jugendliche ein einander zugewandtes Elternpaar erlebt. Es wird dort schwierig, wo er bereits Partner der Mutter geworden ist.

Für die meisten Jungen stellt Internetpornografie keine größere Gefahr dar. Keineswegs stehen sie den Einflüssen schutzlos gegenüber, denn diese trifft in der Regel auf eine bereits gefestigte Struktur. Schrittweise waren sie als Kinder in die Geheimnisse der Sexualität eingeführt worden. Im besten Fall konnten sie eine liebevolle Beziehung ihrer Eltern erleben und verinnerlichen. Erotische Fantasien sind ein wichtiger Bestandteil menschlicher Fantasien, sie können von Internetpornografie sogar zeitweise angeregt werden. Auf diese Weise können auch unverhüllte sexuelle Darstellungen positiv für eine produktive psychosexuelle Weiterentwicklung genutzt werden. Dann wird Pornografiekonsum keine süchtigen Konsumenten hervorbringen, sondern bleibt ein – vielleicht unvermeidbarer – Teil einer adoleszenten Durchgangsphase.

4

Mutter und Sohn oder: Die Mutter als Schicksal

Der Stuttgarter Psychoanalytiker Felix Schottlaender hat schon vor vielen Jahren ein Buch mit dem Titel »Die Mutter als Schicksal« geschrieben. Als einer der ersten hat er schlüssig aufgezeigt, wie die Mutter unseren seelischen Entwicklungsweg prägt und mitbestimmt. Sie kann ängstlich oder depressiv sein, hart und wenig einfühlsam oder – glücklicherweise – meistens seelisch gesund und stabil. Es gibt aber auch Kinder, die von der leiblichen Mutter nicht angenommen und verstoßen werden und dann in eine Pflegefamilie vermittelt werden müssen.

In jenem Heim, in dem ich therapeutischer Leiter war, führte ich mit der Mutter des vierjährigen Antons ein Gespräch. Sie war laut und sehr aufgebracht. Anton sei unruhig und störend, höre weder auf sie noch auf seine Erzieherinnen, sei letztendlich ein ähnliches Ekel wie sein Vater. Außerdem habe sie einen neuen Freund, der keine Kinder möge. Sie wolle, im Einvernehmen mit dem Jugendamt, dass Anton bei uns aufgenommen und in eine Pflegefamilie vermittelt würde. Wir gingen vors Haus, wo Anton inzwischen mit der Erziehungsleiterin eingetroffen war. Ein brauner, abgeschabter Koffer stand da. Er enthielt die gesamten Habseligkeiten aus Antons kurzem Leben. Alles war unglaublich traurig. Ich setzte Anton auf ein Bobby Car, das in einer Ecke stand. Ein Leuchten flog über sein Gesicht, er freute sich so, wie das ein Junge tut, wenn er mit einem Auto zu tun hat. »Bobby Car« sagte er, immer wieder »Bobby Car«. Während er darauf saß, verschwand die Mutter ohne Abschied. Sie schlich sich einfach aus seinem Leben. Nach einer Weile hob Anton sein Gesicht, blickte in jene Ecke, wo die Mutter gestanden hatte und sagte: »Mama«. Dann schaute er wieder auf sein Auto.

Man könnte fragen, ob eine leibliche Mutter ihre Verantwortung einfach so abgeben kann, als sei ihr Kind irgendein lebloser Gegenstand. Aber würde man diese Mutter zwingen, Anton zu versorgen, so wäre die Gefahr groß, dass das Kind misshandelt werden würde. Einen weiteren Risikofaktor stellt auch der »Lebensgefährte« dar, der Kinder nicht mag und wahrscheinlich keine Spannungen aushalten kann und nicht angemessen mit ihnen umgehen würde. Zwar wollte die Mutter sich einfach aus ihrer Verantwortung stehlen, ich bestand jedoch auf einem letzten Kontakt, damit sie sich von ihrem Kind verabschieden könnte. Das würde Anton die Möglichkeit geben, um den Verlust seiner Mutter trauern zu können. Anton konnte recht schnell in eine Pflegefamilie vermittelt werden, die den liebenswerten Jungen später adoptierte.

Eine Mutter, die ihren Sohn nicht lieben und annehmen kann, wird eine lebenslange Wunde hinterlassen. Der Psychoanalytiker Karl Haag beschreibt in seinem Buch »Wenn Mütter zu sehr lieben« die Kehrseite von Ablehnung. Was geschieht, wenn Mütter übergriffig sind, wenn sie nicht loslassen können und den Sohn zum Partner machen?

»Bindung ist ein emotionales Band«

Entscheidend für die Entwicklung eines stabilen Selbstwertes in den Mutter-Kind-Dialogen ist der liebevolle und aufwertende Blick der Mutter.

Was ist Liebe? Liebe sucht symbolische Verschmelzung, sie sucht ein harmonisches Aufgehen in den Blicken des anderen. Der Psychoanalytiker Heinz Kohut hat in seinem Buch »Narzissmus«

(1973) einen wunderbaren Satz formuliert, der trotz häufigen Zitierens nichts von seiner Eindringlichkeit verloren hat. Er spricht vom »Glanz in den Augen der Mutter« und meint damit jenen Stolz und das Glück, welche diese im Anblick ihres Kindes empfindet. Der mütterliche Blick sorgt für die Entwicklung eines gesunden Selbstwertgefühls oder Selbstbewusstseins, führt zu Selbstachtung und Selbstvertrauen. Natürlich ist auch der Blick des Vaters von gleicher Bedeutung. Mit ihm wird sich der Sohn einmal identifizieren. Dieses Kind kann seine Interessen später verfolgen, es kann sich – im guten Sinn – auch durchsetzen. Es besitzt eine gesunde Selbstliebe.

In jedem Kind ist angelegt, dass es sich eine Bindungsperson sucht, die es schützt, pflegt, bei der es sich geborgen fühlt und die es in eine große, kalte Welt begleitet. Um diese Bindungsperson wirbt der Säugling mit vielen angeborenen Fähigkeiten, mit Schreien, mit Klammern, mit freundlichem, gewinnendem Lächeln. Natürlich ist die erste Bindungsperson so gut wie immer die Mutter oder eine Pflege-/Adoptivmutter. Die Sehnsucht nach ihr wird von heftigen Gefühlen begleitet. Ihre Ankunft wird mit Lachen und Jauchzen, mit großer Freude begrüßt. Aber auch andere Bindungspersonen, Vater, Geschwister und Großeltern können die Zuneigung eines Kindes erfahren.

Geht die Mutter auch nur kurz weg, so ist das Entsetzen groß, und es erfolgt unstillbares Schreien: Benedikt ist neun Monate alt. Seine Mutter ist derzeit von vielen Sorgen belastet. Sie ist froh darüber, dass die Großmutter den kleinen Jungen mitversorgt und hat sich in ihr Arbeitszimmer zurückgezogen. Benedikt kennt seine Oma gut, sie hat ihn schon oft gehütet und bespielt. Er ist sicher an sie gebunden. Gerade haben sie mit großem Vergnügen, Lachen und Quieken »Dududada« gespielt. Da kommt die Mutter kurz herein, zerstreut sucht sie etwas, beachtet weder Benedikt noch die Oma und ist auch schon wieder weg. Aber Benedikt hat sie sofort gesehen. Als sie das Zimmer verlassen hat, reißt er die Augen weit auf. Entsetzen ist in seinem Gesicht zu erkennen. Sichtlich gerät er in Panik und schreit voller Angst. In Sekundenschnelle mischt sich sein angstvolles Schreien mit heftiger Wut. Er zappelt auf den Armen der Oma, will nicht mehr bleiben, will nur noch zu seiner Mama.

Etwas anderes ist an diesem Beispiel ebenfalls zu erkennen: Angst und Aggression sind Ausdruck der gleichen inneren Erregung und können stets ineinander übergehen. Wenn Babys nach der Mutter schreien, vermischen sich fast immer Angst und Wut, bei vielen Kindern bleibt diese Mischung noch lange Zeit erhalten.

Wenn Säuglinge ihre Bindungsperson vermissen, so lassen sie sich nicht einfach von anderen trösten. Aber in vielen Familien gibt es nachgeordnete Bindungspersonen, Vater, Großeltern, Tagesmütter, welche die Bindungsbedürfnisse eines Kindes ebenfalls stillen können.

Der Bindungsprozess beginnt gemäß dem Psychoanalytiker und Säuglingsforscher Daniel N. Stern im Verlauf der Schwangerschaft damit, dass die werdende Mutter an ihr Kind denkt und Vorstellungen über ihr Kind entwickelt. Hat ihre Identität als Mutter an irgendeinen Punkt der Schwangerschaft begonnen, so entfaltet sie sich nach der Geburt des Babys und entwickelt sich zur vollen Blüte, wenn sie mehrere Monate lang ihr Baby zu Hause betreut und sich selbst als Mutter erkennt. Es ist eine Zeit höchster Sensibilität, fast ein Entrücktsein, das der Psychoanalytiker Winnicott auch als »primäre Mütterlichkeit« bezeichnet.

Mütter erfassen die Bindungsbedürfnisse ihres Kindes mit ihrer Feinfühligkeit. Eine feinfühlige Bindungsperson kann die Signale eines Kindes nicht nur wahrnehmen. Sie wird sie richtig interpretieren, und sie wird sie angemessen und rasch befriedigen. Hören wir ein fremdes Kind schreien, so kann es Unterschiedliches in uns auslösen. Sitzen wir am Tisch eines Speiselokals und nebenan ist ein Paar mit einem brüllenden Säugling, der sich nicht beruhigen lässt, dann kann uns sein schrilles Schreien stören und quälen, sogar ärgern. In einer anderen Situation werden wir Mitleid mit dem wimmernden Säugling empfinden. So geht es auch Müttern, sie empfinden Mitgefühl, gelegentlich aber auch Ärger. Nur hören sie noch genauer hin und empfinden sensibler. Eine feinfühlige Mutter erfasst die Signale ihres Kindes: Hat das Baby Hunger oder Durst? Fühlt sich das Kind nicht wohl, weil es eingenässt oder eingekotet hat? Schreit das Kind, weil es müde ist, sich gestört fühlt und wütend ist? Will es einfach Spannungen loswerden? Fürchtet es sich, weil es Ängste empfindet? Hat es Ängste vor Trennung, weil die Mutter gelegentlich unzuverlässig ist? Gleichzeitig beginnt ein ganz intensiver Dialog mit dem Kind. Die Mutter nimmt alle Gefühle ihres Kindes, die positiven wie die negativen, in sich auf und spiegelt sie dem Kind mittels ihrer Mimik, aber auch mit all ihren Lauten und Worten. Ganz unbewusst tun Mütter das in einer übertriebenen Weise, sie stellen die Stimmungen intensiver dar als es das Kind getan hat, so dass der Säugling langsam erfährt, dass er nicht den inneren Zustand seiner Mutter gespiegelt bekommt, sondern den *eigenen*. Der Säugling wird sich so seiner eigenen Gefühle bewusst, indem er die Reaktionen seiner Mutter auf sich wahrnimmt und lernt, sich auf diese Weise in ihr zu erkennen. Eine solche ›mentale‹ Tätigkeit verbindet Gedanken miteinander, Gedanken mit Sprache sowie Gedanken und Sprache mit Handlungen. Mit ihr lernt ein Kind, eigene innere Zustände von denen anderer Menschen zu unterscheiden. Damit erfährt es, dass andere Menschen auch anders denken und handeln, dass sie ein eigenes Seelenleben besitzen. Damit ist die Grundlage des Einfühlens in andere Menschen, das wir auch Empathie nennen, entstanden.

Wenn eine Mutter ihrem Säugling ungeteilte Aufmerksamkeit schenkt und seine Bedürfnisse stillt, dann wird sie ihn niemals verwöhnen. Aufgrund ihrer eigenen Bedürfnisse wird es notgedrungen auch zu Frustrationen kommen. Zu einer feinfühligempathischen Pflegeperson wird der Säugling bald eine sichere Bindung entwickeln. Das emotionale Band zur Mutter bleibt in der Regel lebenslang bestehen.

Das hört sich alles unkompliziert an. Doch Kinder können auch schwierig sein, unaufhörlich schreien, verweigern, brüllen und mit grässlichem Kreischen quälen. Es gibt sogenannte Schreikinder, das ist eine Regulationsstörung im Säuglingsalter, die unaufhörlich schreien und nicht zu beruhigen sind. Die Mutter kann entsetzlich wütend werden, sie kann Rachegefühle entwickeln, sogar sadistische Fantasien. Darf eine Mutter überhaupt wütend auf ihr Kind sein? Die Frage ist rhetorisch, denn wir können unsere Gefühle nur bedingt steuern.

Der englische Psychoanalytiker Donald Winnicott hat von einer Mutter berichtet, die »gut genug« ist. Damit meint er eine Mutter, die bei ihrem Baby ein Gleichgewicht zwischen Befriedigung und Enttäuschung herstellen kann. Sie achtet auf alle Bedürfnisse des Kindes, aber auch auf die eigenen. Dann wird sich ein Kind nicht als ausschließlich grandios begreifen. Es wird sich als ein Mensch mit Fehlern, mit Wünschen und Bedürfnissen wahrnehmen, die es selbst nicht stillen kann. Dann wird ihm bewusst werden, dass es andere Menschen braucht. Ein Kind muss lernen, dafür dankbar zu werden.

Ein Kind lieben und versorgen, hört sich unproblematisch an, kann im Einzelfall allerdings schwer sein. In dem Flüchtlingslager, in dem ich zwischen 1949 und 1954 gewohnt habe, lebte ein Junge, ein wenig jünger als ich. Er hatte dicke, schwarze Haare und asiatische Gesichtszüge. Seine Mutter war eine hochgewachsene blonde Frau, aus Ostpreußen stammend, einen Vater gab es nicht. Man munkelte im Lager, der Junge sei aus der Vergewaltigung der Mutter durch einen russischen Soldaten entstanden. Ich erinnere mich daran, dass die Mutter immer höchst liebevoll mit ihrem Sohn umgegangen ist, so wie umgekehrt auch. Später habe ich mir überlegt, welche seelische Leistung dieser Mutter abverlangt wurde. Sie musste ein Kind lieben, das dem Vergewaltiger von Jahr zu Jahr immer ähnlicher wurde. Welche widersprechenden Gefühle wurden dadurch mobilisiert?

Ähnliches geschieht, wenn sich Eltern im unerbittlichen Streit und Kampf getrennt haben, wenn der Sohn dem gehassten Vater immer ähnlicher wird. Vielen Müttern gelang es in gemeinsamen

Gesprächen, über dieses Dilemma zu sprechen. Nicht wenige spürten, dass sie nicht nur das Äußere des Vaters ablehnten, sondern im Sohn auch dessen Eigenschaften wiederfanden, vor allem die ungeliebten.

Ein besonders tragischer Fall von Ablehnung eines Kindes: Eine 28-jährige Frau kam mit ihrem fünfjährigen Sohn in eine kinderanalytische Praxis, weil sie fürchtete, »ihren Sohn nicht gut zu behandeln«. Sie könne ihn nicht ertragen und habe den Eindruck, dass er alles nur falsch mache. Sie halte seine Gegenwart kaum mehr aus, und sie fühle sich von dem Jungen ständig gereizt und genervt. Gelegentlich nehme sie sogar sadistische Impulse bei sich wahr, ihn bestrafen oder ihm sogar wehtun zu wollen. Dies sei kürzlich in einem Impuls spürbar geworden, dass sie ihm »so eine klatschen wolle, dass er nicht mehr aufstünde«.
Am meisten mache ihr jedoch die Tatsache zu schaffen, dass er ein Junge sei. Das ekle sie geradezu, und sie könne ihn nur mit größter Überwindung anfassen. Der Anblick seines nackten Körpers beim Waschen oder Baden stoße sie ab. Seinen kleinen Penis fände sie abscheulich. Sie habe eine zwei Jahre jüngere Tochter, mit der es ihr ganz anders ergehe. Dabei suche der Junge ständig ihre Nähe, auch wolle er mit ihr kuscheln, was sie nur widerlich fände. Er sei zudem ungelenk, tollpatschig und reize sie durch viele Ungeschicklichkeiten, die er verursache. Ihr schlechtes Gewissen verfolge sie schon regelrecht, und sie versuche alle möglichen Wiedergutmachungen, aber immer wieder gerate sie in das alte Fahrwasser von Ablehnung.
Die Mutter des Jungen hatte einen Vater, der in der Familie eine inzestuös-missbräuchliche Atmosphäre verbreitet hatte. Einmal hatte sie ihn mit Pornoheften beim Onanieren ertappt, ein anderes Mal, da war sie dreizehn Jahre alt, hatte er versucht, ihr einen Zungenkuss zu geben. Ob es zu anderen manifesten Übergriffen gekommen ist, kann die Frau nicht mehr erinnern, es ist aber wahrscheinlich.

Bekannt ist, dass Väter, die sich ihrer eigenen Männlichkeit unsicher sind, dazu neigen können, besonders verführerisch zu sein oder sogar inzestuöse Grenzen zu überschreiten.

Das Bild vom männlichen Geschlecht ist bei dieser Mutter mittlerweile überwiegend negativ besetzt: Der Mann ist ein bedrohlicher Verfolger, gefährlich und abstoßend. Dass sie dieses Bild auf ihren Sohn überträgt, ist augenfällig. Mit dem Vater des Jungen hat sie keine intimen Kontakte mehr, lässt ihn aber auch nicht als Vater in die hochaggressive Beziehung zum Sohn.

Natürlich ist bei diesem Kind nicht nur die Entwicklung einer gesunden Männlichkeit gefährdet, sondern seine gesamte Persönlichkeit. Erst ein Spiegeln all seiner Gefühle schafft beim Kind ein Gleichgewicht. Die intuitiven und empathischen Fähigkeiten einer Mutter können jedoch von unzureichender Versorgung und schweren Traumatisierungen geschädigt oder zerstört werden. Es ist bereits darauf hingewiesen worden, dass Mütter, die in ihrer Kindheit sexuell missbraucht oder körperlich misshandelt worden sind, häufiger dazu neigen, ihre Kinder selbst zu missbrauchen oder sie zum Täter zu machen. Sexuelle Traumatisierungen einer Mutter können aber auch – wie hier – zu Ablehnung und offener Feindseligkeit gegenüber dem Sohn führen, denn unterschwellige, auch unbewusste Ängste vor einem Mann, aber auch Hass und Wut können die Beziehung einer Mutter zum Sohn massiv beeinflussen. All das bisher Gesagte macht deutlich, wie stark Misshandlungen und Missbrauch eine Seele verletzen können, so dass nicht nur das eigene Leben gestört wird, sondern auch das der späteren Kinder.

Digitale Bindungsstörungen

Damit ein Säugling eine sichere Bindung an seine Bezugsperson entwickeln kann, muss er seine vorhandenen Mittel zielgerichtet einsetzen, um seine Bedürfnisse zu befriedigen. Wird das Kind dabei behindert, kann es eine Bindungsstörung entwickeln. Dies kann in vielfacher Weise geschehen. Vielleicht ist eine Mutter unzuverlässig, dann entwickelt das Kind die Angst, sie werde nicht mehr zurückkehren. Möglicherweise sind Trennungen von der Mutter zu früh oder zu langanhaltend. Dann werden die frühen Bindungsbedürfnisse nicht ausreichend gestillt.

Ein Säugling muss außerdem lernen, seine eigenen Gefühle zu erkennen. Er nimmt die Reaktionen der Mutter und anderer auf sich wahr und lernt so, sich im Gegenüber zu erkennen. Wir bezeichnen einen solchen Vorgang auch als »Affektspiegelung«. Säuglinge zeigen lustvolle und unlustvolle Gefühle, Angst, Freude, Ärger oder Traurig sein über ihr Mienenspiel, ihr Schreien und über eine zappelige Bewegung. Hierauf reagiert die Mutter ebenfalls mit mimischen und stimmlichen Äußerungen. Affektspiegelung ist ein zentraler Vorgang, über den in einem späteren Kapitel ausführlich berichtet wird. Die Kommunikation zwischen Baby und Mutter wird im Lauf der Entwicklung immer mehr über Sprache verlaufen, und der beiderseitige Austausch führt zur Entstehung von Intelligenz, vor allem aber dazu, den Blickwinkel des anderen einnehmen zu können, was die Grundlage von Einfühlung ist. Das Kind lernt auf diese Weise, auch die Gefühle anderer zu lesen. Der Soziologe Götz Eisenberg schreibt in seinem Buch »Zwischen Amok und Alzheimer«: »Der Säugling erfährt sich selber über das Gesicht der Mutter, das sein erster Spiegel ist. Die Mutter leiht ihm ihre Augen. Wenn das Kind seinen Blick um sich schweifen lässt, spiegeln ihm die Dinge den mütterlichen Blick wider. Der Augenkontakt der Mutter zu ihrem Baby stellt die intersubjektive Urform bereit, eine Art Matrix für alle späteren Beziehungen und Kommunikationen.« (S. 149)

Es existiert ein aufsehenerregender Versuch, den der Psychologe Edward Tronick entwickelt hat. Ein Säugling zeigt große Freude, weil er seine Mama sieht. Er hat die Erfahrung gemacht, dass sie ihm in der Vergangenheit über ihr Mienenspiel und ihre Worte stets Zuneigung vermittelt hat. Doch diese Mutter hat die Anweisung bekommen, ausnahmsweise anders zu sein. Sie zeigt keinerlei mimische Bewegung, ihr Gesicht ist völlig erstarrt, es ist ein »Still

Face«. Das Baby gerät in Unruhe, es versucht mit seiner Mimik die Mutter zu beleben. Als das nicht gelingt, gerät es in sichtliche Unruhe. Schließlich beginnt es zu weinen, denn es versteht nicht, was da los ist. Bindungslosigkeit und Leere versetzen das Kind in große Ängste. Als auch eine erneute Kontaktaufnahme misslingt, hört das Kind auf zu weinen. Sein Köpfchen sinkt nach links. Erkennbar ist es in tiefe Depression gefallen, wie sie bei Kindern beobachtet wurde, die auf Dauer nur unzureichend emotional versorgt worden sind. In diesem Moment nimmt die Mutter wieder Kontakt auf, glücklich reagiert das Kind mit heftiger Mimik. Der emotionale Austausch wird wieder aufgenommen.

Wir können uns vorstellen, was bei einer angstkranken oder einer depressiven Mutter geschehen kann, deren Gesicht auf Dauer erstarrt ist. Das Kind wird eine leblose Mutter in sich aufnehmen und später möglicherweise selbst ängstlich oder depressiv werden.

Es gibt noch andere Barrieren, die sich zwischen ein Kind und seine Mutter schieben können. Das sind die digitalen Medien, vor allem das Smartphone. Wegen seiner vielfältigen Anwendungsmöglichkeiten ist es bestens geeignet, unentbehrlich zu werden. Ich habe in den vergangenen Jahren viele Mütter beobachtet, die während des Stillens ihrer Kinder unentwegt in ihr Smartphone geschaut haben. Viele Mütter oder Väter schieben ihre Sportwagen vor sich her und schauen unentwegt in ihr Smartphone.

Kürzlich in einem Biergarten: Eine junge Mutter sitzt auf einer Bank, vor ihr steht ein schnittiger Sportwagen, darin liegt ein etwa fünf Monate altes Kind. Die Mutter ist intensiv mit ihrem Smartphone befasst, in das sie endlose Nachrichten eintippt. Das kleine Kind kann aus seinem Sportwagen heraus nicht viel sehen, ihm wird sichtlich langweilig. Es beginnt zu quengeln. Vielleicht hat es auch Durst und Hunger, vielleicht ist die Windel voll. Das Schreien beginnt die Mutter zu stören. Mit ihrem Fuß tritt sie gegen den Wagen und beginnt, das Kind zu schaukeln. Sie will aber sichtlich nicht von ihrem Smartphone lassen. Kurze Zeit ist das Kind ruhig, beginnt aber wenig später umso heftiger zu schreien. Das Gesicht der Mutter zeigt eine ärgerliche Mimik, sie schaukelt den Wagen immer heftiger, um ihre Ruhe zu bekommen. Schließlich ist das Kind nicht mehr zu beruhigen. Die ersten umhersitzenden Leute schauen schon herüber. Genervt legt die Mutter das Smartphone auf den Tisch. Mit zorniger Miene holt sie das schreiende Kind aus dem Wagen. Und wiegt es, sichtlich wütend, weil sie gestört wurde.

Es ist keine Frage, dass ein Kind sukzessiv lernen muss, mit Frustrationen umzugehen. Doch die medialen Störungen lassen Kinder in einem Maß allein, wie es das früher so nicht gegeben hat. Untersuchungen haben ergeben, dass das Verhalten von Kindern schlagartig eskaliert, wenn sie von Eltern, die in ihr Smartphone weggetaucht sind, nicht beachtet werden. Besonders frustriert reagieren Kinder, wenn Eltern ihre Aufmerksamkeit plötzlich und ohne Erklärung auf ihr Gerät richten. Eltern sollen sich selbstverständlich zurückziehen und nicht ununterbrochen ihr Kind bespielen, aber alles zu seiner Zeit und nicht dauerhaft. Das Absurde ist, dass Eltern heute mehr Zeit denn je mit ihren Kindern verbringen – aber oft nur körperlich, nicht emotional.

Die psychische Zerrissenheit von Müttern

Mütter können ihren Kindern zwiespältig begegnen. Jungen sind – wie schon erwähnt – auch darum anders, weil in ihnen das Hormon Testosteron fünfzehnmal so stark wirkt wie bei Mädchen. Das formt bereits im Mutterleib ihr Gehirn und ihr Denken, das sich früh augenscheinlich mehr mit den leblosen Dingen befasst. Mit ihrem für Mütter befremdlichen Verhalten, so ist zu vermuten, lösen Jungen von Anfang an andere Fantasien bei ihren Müttern aus als es die Mädchen tun. Damit können Jungen ihren Müttern wegen ihrer Andersartigkeit sowohl faszinierend als auch fremd und bedrohlich erscheinen. Das Mädchen hingegen ist der Mutter vertraut: Zwischen Mutter und Tochter entwickelt sich ein wechselseitiger Prozess, bei dem beide für den Gefühlszustand der anderen sehr empfänglich werden. Auf diese Weise wird die Grundlage für die weibliche Fähigkeit von Mädchen und Frauen zur Einfühlung geschaffen. Mädchen entwickeln zudem mehr Sinn für symbolisches Verständnis und Fantasie.

Wie stark sich gegenüber Söhnen eine zwiespältige Haltung manifestieren kann, hängt von den lebensgeschichtlichen Erfahrungen einer Mutter ab, vor allem mit ihrem Vater und dem Erleben seiner Männlichkeit, aber auch mit ihrem Selbstwert und anderen Persönlichkeitsmerkmalen. Ich nehme an, dass dieser Prozess beginnt, sobald die Mutter um das Geschlecht des Embryos weiß und sich darum erste Fantasien ranken. Stellen wir also fest: Der Junge zeigt von Geburt an andere Verhaltensweisen als das Mädchen. Er löst vermutlich andere Fantasien bei der Mutter aus, die von deren lebensgeschichtlichen Prägungen mit Vater und Männlichkeit abhängen. Die Beziehung kann ambivalent werden, denn der Junge ist ihr fremd, aber gleichzeitig faszinierend. Dies hat wahrscheinlich auch Folgen für die Fantasien des Jungen.

In einer Untersuchung zu Geschlechtsunterschieden in der Beziehung von Müttern zu Söhnen oder Töchtern von Mößle und anderen Wissenschaftlern aus dem Jahr 2014 wurde das Folgende empirisch festgestellt, was meine eigenen Beobachtungen von Jungen unterstützt:

- Schon im Alter von sechs Monaten waren erhebliche Unterschiede festzustellen. Die Mütter von Jungen fühlten sich wesentlich häufiger am Ende ihrer Kräfte als die Mütter von Mädchen, bei Müttern aus unteren Schichten fiel das noch drastischer aus.
- Töchter wurden als ausgeglichener empfunden als Jungen und bereiteten der Mutter mehr Freude. Mit Heranwachsen des Kindes verstärkten sich diese Unterschiede.
- Mit den Mädchen wurden mehr kognitiv förderliche Tätigkeiten durchgeführt, es wurde ihnen zum Beispiel öfter vorgelesen, Mädchen profitierten auch mehr hiervon. Diese Unterschiede

manifestierten sich am stärksten in mittleren und höheren Gesellschaftsschichten.

- Mädchen wird von ihren Müttern mehr emotionale Zuwendung entgegengebracht als Jungen.
- Mädchen werden in ihrem Verhalten stärker beaufsichtigt und kontrolliert als die Jungen. Sie erzielen bessere Schulleistungen und üben später weniger Gewalt aus (Mößle et al., 2014).

Jungen üben auf ihre Mütter auch deshalb eine gewisse Faszination aus, weil sie ein anderes Geschlecht haben. Sigmund Freud ist davon ausgegangen, dass der Sexualtrieb beim Kind ausgelöst wird, wenn bereits vorhandene erogene Zonen von der Mutter oder anderen Pflegepersonen von deren Zärtlichkeiten stimuliert werden.

Die Psychoanalyse ist heute davon überzeugt, dass auf diese Weise die infantile Sexualität im Säugling entsteht. Somit wird die Mutter auch zum ersten Liebesobjekt des Säuglings, gleichzeitig zur ersten Verführerin ihres Kindes, speziell des Sohnes. Damit ist jedes Kind dem Begehren seiner Mutter ausgesetzt. Ein Kind, das in einer Familie heranwächst, muss jedoch vor manifester Sexualität von Erwachsenen geschützt werden, damit es eine psychisch gesunde Entwicklung nehmen kann. Also ist die Einrichtung eines Inzestverbotes zwingend. Ein so genanntes väterliches Gesetz verhindert eine dauerhafte Verschmolzenheit zwischen Mutter und Kind. Ist die elterliche Beziehung intakt, nimmt der Vater einen Platz in einem Beziehungsdreieck ein.

Wenn Eltern ihren Kindern Rollen zuschreiben

Die genannten Unterschiede von Müttern in der Beziehung zu Jungen und Mädchen werden besonders dort wirken, wo der Vater fehlt und ein Junge sich nicht ausreichend mit Männlichem identifizieren kann. Der Zustand von psychischer Zerrissenheit der Mutter kann dazu führen, dass der Junge früher als das Mädchen in eine Selbstständigkeit entlassen wird, der er noch nicht gewachsen ist. Im Extremfall kann bei der Mutter unverhüllte Ablehnung vorherrschen, wie im vorherigen Beispiel.

Die Mutter und der Vater können nicht nur gute und schlechte Erfahrungen mit ihren Eltern und Geschwistern auf ihre Kinder übertragen, sondern auch eigene Persönlichkeitsanteile in sie verlagern. Der Psychoanalytiker Horst Eberhard Richter hat solche unbewussten Einstellungen und Haltungen beschrieben, mit denen Kindern von ihren Eltern regelrechte Rollen zugeschrieben werden können. Möglicherweise soll es unbewusste Idealvorstellungen erfüllen, oder es kann unbewusst zum Sündenbock werden. Das wird besonders dort wirken, wo die Eltern unter eigenen, nicht gelösten Konflikten leiden.

Am häufigsten kommt es vor, dass Mutter oder Vater eigene ungeliebte Anteile in den Sohn »hineinsehen« und dort bekämpfen. Das ist fast immer ein unbewusster Vorgang.

Noah, 10 Jahre alt, ging noch in die Grundschule. Seine Leistungen, insbesondere im Rechnen, waren schlecht, so dass wenig Hoffnung bestand, dass er eine höhere Schule besuchen könnte. Darum war Noah das »schwarze Schaf« der Familie – allerdings nicht nur, weil er in der Schule versagte. Noah hatte darüber hinaus kaum Freunde, und auch die älteren Brüder hatten Schwierigkeiten mit ihm. Er galt als streitsüchtig, konnte schlecht verlieren und neigte zu impulsiven Wutausbrüchen.

Immer wollte er alles haben, konnte nie zurückstecken und wollte auf nichts verzichten. Andererseits fühlte er sich ständig benachteiligt und zu kurz gekommen, was sich in einem ständigen quengelnden und fordernden Ton bemerkbar machte.

Noahs Mutter fühlte sich von ihrem jüngeren Sohn enttäuscht. Sie war bekümmert darüber, einen Versager als Sohn zu haben. Dabei war es eigentlich nicht das Schulversagen, was sie in erster Linie störte. Es waren die *negativen* Charaktereigenschaften des Jungen, von denen die Mutter glaubte, dass

sie sie regelrecht abstießen. Mit allen Mitteln hatte sie versucht, Noah zu beeinflussen, mit Güte und Liebe zuerst, dann mit Strenge und Strafen. Inzwischen hatte sie resigniert.
Dabei hatte sie insgeheim schon länger gespürt, warum sie die Art des Jungen so reizte. Es waren die eigenen Fehler, die sie in Noah wiedererkannte. Sie war jähzornig, unduldsam, rechthaberisch und konnte auf nichts verzichten. In ihrer Herkunftsfamilie war jeder so gewesen, und sie hatte es kaum bei anderen ertragen. Zwar gelang es ihr jetzt, diese Seiten meist recht gut zu tarnen; sie hatte sich nach außen eine unbewegliche Haltung zugelegt, die sie ruhig und gefasst erscheinen ließ. Doch darunter brodelte es, und Noahs Mutter spürte, dass es für sie immer schwieriger wurde, sich zu beherrschen. Deswegen war sie über die Entwicklung des Jungen erschrocken und hatte versucht, diese Eigenschaften mit allen Mitteln in ihm zu unterdrücken.

Das Bild von der Mutter

Ich denke, dass die bisherigen Beschreibungen verdeutlicht haben, dass ein wesentliches Merkmal der Mütter von Söhnen ihre Zwiespältigkeit ist. Die Liebe der Mutter zum Kind wird in der Kunst, vor allem in der Literatur bis zum Sentimentalen und Kitschigen verklärt, mystifiziert und ideologisiert. Umso heftiger wird eine Kindsmörderin – nicht erst seit dem Gretchen im Faust – verdammt und verachtet. Auch die meisten Darstellungen innerhalb der psychoanalytischen Theorien bewegen sich zwischen den Polen einer guten und einer bösen Mutter. Der Psychotherapeut C.G. Jung hat die Gegensätzlichkeit einer liebenden und einer zerstörerischen Mutter herausgearbeitet. Sie vertritt das »Gütige, Hegende, Tragende, Wachstum, Fruchtbarkeit und Nahrung spendende« – aber auch »das Geheime, Verborgene, das Finstere, den Abgrund, die Totenwelt, das Verschlingende, Verführende und Vergiftende, das Angsterregende«. Sie ist die gute Mutter – wird aber auch als Hexe, Drache, Fisch und Schlange symbolisch dargestellt. Die meisten Menschen erinnern ihre Mutter als das liebenswerteste Wesen, das ihnen je begegnet ist. Doch kann die Mutter auch als grausame, kalte Hexe erinnert werden, als verführerische Loreley, die übergriffig und festhaltend ist oder sogar emotional und sexuell missbrauchend.

Was eine Mutter jenseits aller Theorien sein kann, konnte ich bei einem zwanzig Monate alten Mädchen beobachten. Anna-Lena war im 6. Monat der Schwangerschaft mit 660g geboren und dank der herausragenden medizinischen und psychologischen Betreuung zu einem gesunden kleinen Mädchen gediehen. 14 Wochen lang war sie in einer Frühchenstation versorgt worden, während dieser Zeit war ihre Mutter – unter Einsatz aller Kräfte – ununterbrochen anwesend gewesen; wenn es möglich war, auch der Vater. Anna-Lena ist auf dem Arm ihrer Mutter, mustert aufmerksam ihre Umgebung, als sich ihr jemand nähert. Sie dreht sich um, deutet mit ihrem kleinen Finger auf die Mutter und sagt unglaublich liebevoll nur: ›Mama‹! In diesem einzigen Wort klingen Schutz und Sicherheit, Zufriedenheit und Glück, vor allem jedoch unerschütterliches Vertrauen in eine Welt an, die einst so bedrohlich war! »Auf ihrem Arm muss ich nichts fürchten, da wird die Welt heller!«, sagt sie uns. Auch das ist eine Mutter aus der Sicht eines kleinen Kindes. In meinem Therapeutenleben habe ich viele wunderbare Mütter kennengelernt.

Das Wichtigste auf einen Blick:

- Die Mutter ist die erste Bindungsperson eines Kindes. Sie erreicht eine gute, sichere Bindung zu ihm, wenn sie ausreichend feinfühlig ist. Eine solche Mutter nimmt nicht nur alle Signale eines Kindes wahr, sie interpretiert sie richtig und befriedigt sie angemessen. Sie spiegelt und beantwortet alle Gefühle eines Kindes. Hieraus entwickelt sich die Fähigkeit zur Einfühlung in andere Menschen.
- Eine Mutter, »die gut genug ist«, wird ein stabiles Gleichgewicht zwischen Befriedigung und Enttäuschung herstellen.
- Jungen sind von Anfang an anders, weil in ihnen das Hormon Testosteron fünfzehnmal so häufig wirkt wie bei Mädchen. Ihr Denken befasst sich mehr mit den leblosen Dingen befasst. Mit ihrem für Mütter befremdlichen Verhalten, so ist zu vermuten, können Jungen von Anfang an auch andere Fantasien bei ihren Müttern auslösen als es die Mädchen tun. Damit können Jungen ihren Müttern wegen ihrer Andersartigkeit sowohl faszinierend, als auch fremd und bedrohlich erscheinen. Wie stark sich das auswirkt, hängt von den guten oder schlechten Erfahrungen einer Mutter mit dem Vater und mit Männlichem ab.
- Empirische Untersuchungen haben ergeben, dass Jungen weniger beaufsichtigt und kontrolliert werden als die Mädchen. Jungen können von der Mutter unbewusst abgelehnt werden und zu früh in eine Selbstständigkeit geraten, der sie nicht gewachsen sind.
- Wegen ihres anderen Geschlechts sind Jungen aber auch dem Begehren der Mütter ausgesetzt. Fehlt ein psychisch präsenter Vater, der die Inzestgrenzen aufrechterhält, so kann es zu Übergriffigkeiten, zu emotionalem und sexuellem Missbrauch des Sohnes kommen.

5

Vater und Sohn – der Junge und sein Vater

Früher war der Vater das uneingeschränkte Familienüberhaupt und es soll sogar Gesellschaften gegeben haben, in denen er über Leben und Tod seiner Nachkommen entscheiden konnte. Über viele Epochen war das Bild des Vaters eher durch Autorität, strenge Disziplinierungen, Gewalt und von wenig Liebe und Zuneigung geprägt. Seit dem 19. Jahrhundert begann die absolute väterliche Macht zu schwinden. Zunehmend waren Mann und Frau im Zeitalter der Industrialisierung gezwungen, ihre Rollen in der Familie den neuen Verhältnissen anzupassen. Wegen vieler gesellschaftlicher Veränderungen, vor allem durch die Emanzipation der Frauen, hat sich in den vergangenen Jahrzehnten sowohl das Bild des Mannes als auch des Vaters grundlegend gewandelt.

Gleichlaufend damit haben sich Paarbeziehungen und Ehen verändert. Durch die zunehmende Berufstätigkeit von Frauen musste sich die ehemalige eindeutige Rollenverteilung verändern. Auch wurden außerfamiliäre Einrichtungen für die Versorgung der Kinder wichtiger. Es wurde zentrales Ziel, alle Verantwortungen innerhalb einer Familie gerecht auf Mutter und Vater zu verteilen. Dies galt natürlich für die Erziehung im Besonderen, aber bei Berufstätigkeit beider Eltern sollte auch die Hausarbeit gerecht aufgeteilt werden. Als neue Väter wird heutzutage jene Gruppe bezeichnet, die nicht nur die Erziehung ihrer Kinder, sondern auch eine partnerschaftliche Aufteilung *aller* Familienpflichten anstrebt. Offensichtlich ergeben sich entsprechend den meisten Untersuchungen die größten Konflikte und Probleme bei der gemeinsamen Bewältigung der Hausarbeiten, so dass die neuen Väter nur eine kleine Gruppe von etwa 7–13 % ausmachen. Die Entwicklungspsychologin und Vaterforscherin Inge Seiffge-Krenke hat die berechtigte Frage gestellt, ob ein vollständiger Rollentausch oder eine strikte partnerschaftlich aufgeteilte Kindererziehung sinnvoll bzw. unbedingt besser sind als eine eher traditionelle Rollentrennung, da die Mutter für die erste Lebensphase eines Kindes die stimmigeren Angebote bereitstellt. Ich meine, keine noch so überzeugende Ideologie sollte Wunschbild sein, sondern die Zufriedenheit eines Paares und der späteren Familie.

Die Frage, was männlich ist, wurde innerhalb der emanzipatorischen Bewegung gestellt und neu zu definieren versucht. Mit der Erschütterung der bisherigen patriarchalischen männlichen Identität wurde auch das Bild des Vaters hinterfragt, denn Vaterschaft ist Teil der männlichen Identität. Gemäß dem Psychoanalytiker Hans-Geert Metzger hat die Auflösung des Patriarchats zu keinem neuen väterlichen Leitbild geführt, sondern zu »Fragmenten von Vaterschaften«, die unverbunden nebeneinander her bestehen. Wir haben heute eine Fülle von unterschiedlichen Vaterrollen.

Viele Männer können sich überhaupt keine Vaterschaft vorstellen. Manche verabscheuen kleine Kinder und deren Bedürfnisse. Andere fürchten die gewaltigen Ansprüche an lebenslange Vaterschaft, und sie wollen sich nicht materiell einschränken. Wieder andere werden Väter, trennen sich aber früh von der Restfamilie und verschwinden – scheinbar – spurlos aus dem Leben der Kinder. Es ist festzustellen, dass die Fähigkeit zu langanhaltenden Bindungen generell nachlässt. Daneben gibt es glücklicherweise auch solche Väter, die eine intensive Beziehung zu ihren Kindern eingehen und das mit großer Überzeugung tun. Denn sie fühlen, was der Vaterforscher Diamond in seinem Buch »Söhne und Väter« so schön formuliert hat: »Weil der Vater ein Mann ist, übt er auf sein Kind einen spezifischen Einfluss aus, beginnend mit dem Tag der Empfängnis und über seinen Tod hinaus bis zu dem Tag, an dem sein Kind stirbt. Selbst Kinder, die ohne Vater aufwachsen, konstruieren ein inneres Vaterbild, das auf Realität, Fantasie, familiärer und kultureller Tradition beruht und sie lebenslang beeinflusst«. (S. 15) Als wesentliches Motiv zum Wunsch auf Elternschaft wird fast immer genannt, in einem Kind weiterleben zu wollen.

Nach wie vor existiert Gewalt in Familien, die überwiegend von Vätern ausgeübt wird. Sie ist besonders in Familien mit hierarchischer Struktur anzutreffen.

Es existiert aber auch eine Tendenz zur Rivalität mit der Mutter am Wickeltisch, eine Bereitschaft zum *mütterlichen Vater*, zu einer etwas einseitigen Mütterlichkeit. Es ist jedoch von großer Wichtigkeit, dass sich der Vater in seinem Verhalten von der Mutter unterscheidet, beispielsweise hinsichtlich Aktivität, Körperlichkeit, Spiele und Regeln. Warum das so wichtig ist, wird im Kapitel über das Beziehungsdreieck erörtert.

Wie sieht ein liebevoller Vater aus? Er sollte ein liebevoller Versorger und aufmerksamer, auch grenzsetzender Beschützer sein. Die frühe Beziehung des Vaters zum Kind sollte durch Nähe und Zärtlichkeit ausgezeichnet sein, aber er muss zunehmend auch die Distanz eines Dritten einnehmen und darf Grenzsetzungen nicht vermeiden. Dies sollte allerdings nicht in die emotionale Unnahbarkeit eines Patriarchen entarten, aber diese Gefahr ist heute – zumindest in mittleren Schichten – eher gering. Heutige Väter sind hinsichtlich ihrer Aufgaben verunsichert. Überzeugend weist Metzger auch darauf hin, dass Männlichkeit und Väterlichkeit erst dann eine größere Tiefe erlangen, wenn auch Unsicherheit, Angst oder Hilflosigkeit zugelassen und in die psychische Struktur integriert werden können.

Drei Bereiche bilden nach Metzger die Voraussetzung für eine erfüllte Väterlichkeit:

- die Bereitschaft, eine *lebenslange* Bindung einzugehen,
- die Bereitschaft, eine lebenslange Verantwortung für das Kind zu übernehmen und
- die Bereitschaft, Konflikte einzugehen und Aggressivität produktiv zu gestalten.

Vaterlosigkeit kann ein erheblicher Risikofaktor für die Entwicklung von Jungen sein. Die Rolle des Vaters schwankt während der Entwicklung des Kindes zwischen einfühlsamer Anteilnahme und fordernder Konsequenz. Eine ganz wesentliche Bedeutung liegt jedoch in seiner grenzsetzenden Funktion als ein symbolischer Vater. Damit wird gleichzeitig deutlich, dass Väter kein *Mutterimitat* oder gar die bessere Mutter sein sollten. Väter sollten sich fühlbar von der Mutter unterscheiden.

Robert Bly, der amerikanische Lyriker, hat 1997 geschrieben: »Wir können sagen, dass der Sohn die Männlichkeit zuallererst in seinem Vater lieben lernt; keinen Vater zu haben bedeutet, dass eine Hälfte seiner Liebesenergie nicht angeregt und entwickelt wird …«.

Triangulierung und das unterschiedliche Spiel

Triangulierung meint den Bezug zu etwas Drittem, ohne die Zweierbeziehung aufzugeben. Mit Triangulierung ist allerdings nicht die soziale Dreierbeziehung, sondern eine *innerseelische* Struktur zwischen Mutter, Vater und Kind gemeint. Eine gelungene Triangulierung ist entscheidend von der Fähigkeit einer Mutter abhängig, das Kind nicht als alleinigen Besitz für sich in Anspruch zu nehmen. Zunächst hat die Mutter das Kind in sich getragen, von der Eizelle bis zur Geburt. Das ist das intimste Verhältnis, das vorstellbar ist. Es besteht darum die Gefahr, dass der kleine Junge auch zum Liebhaber der Mutter werden kann und der Vater ausgeschlossen wird. Der amerikanische Vaterforscher James Herzog rät darum jungen Eltern, möglichst früh wieder mit dem Intimleben zu beginnen, um weiterhin als Paar zu existieren. Denn im Zentrum der Familie steht das elterliche Paar.

Ist die elterliche Paar-Beziehung intakt, nimmt der Vater seinen Platz in einem Beziehungsdreieck ein. Von Anfang an ist dann der mütterliche Bezug zu einem Dritten präsent. Die frühe Beziehung des Vaters zum Kind wird durch Nähe und Zärtlichkeit bestimmt, und er muss sich mit dem, was er tut, zunächst kaum von der Mutter unterscheiden. Langsam taucht er jedoch im Bewusstsein des Kleinkinds als ein anderer auf. Damit fördert der Vater die Erkundung der nichtmütterlichen Welt und unterstützt das Kind gegen ein Verbleiben in einer zu engen Beziehung mit der Mutter. James Herzog hat beobachtet, dass jeder Elternteil unterschiedliche Rollen im Spiel mit dem Kind übernimmt. Die Mütter tendierten dazu, sich sanft einzustimmen und sich dem Kind anzupassen. Väter hingegen brachten sich sehr wechselhaft ein – heftiger und lautstark. Sie machten Bewegungsspiele, wirbelten den Jungen durch die Luft und passten sich gerade nicht an. So kann ein Kind die Erfahrung sammeln, dass sich mal die Umgebung ihm anpasst und auch, dass es sich im Spiel anderen anpassen muss.

Ich habe einmal beobachtet, wie eine Mutter mit ihrem zweieinhalbjährigen Sohn in einem Hallenbad schwamm. Sie hatte ihn an seinen Händchen gefasst, fast tänzerisch zog sie den Kleinen mit seinen Schwimmflügeln in Kreisen umher. Mit einem Kopfsprung von der Seite war der Vater nachgefolgt. Unvermittelt packte er den kleinen Jungen, hob ihn hoch und ließ ihn ins Wasser plumpsen. Dieser klatschte aufs Wasser, ging kurz unter, kreischte laut und schrie: ›Nochmal‹! So ging das wilde Spiel der beiden mit Johlen und Schreien eine ganze Weile, bis die Mutter es unterbrach. Es war ihr zu viel geworden: Man müsse doch auch an die anderen Badegäste denken! Wie wichtig ist es doch, dass ein Kind ein unterschiedliches Elternpaar erlebt.

Jungen mit einem zugewandten Vater zeigen eine größere Fähigkeit im Umgang mit ihren Triebimpulsen und Gefühlen als Kinder ohne Vater: Insbesondere die Fähigkeit, die eigenen Aggressionsimpulse kontrollieren und positiv zur Erreichung von Zielen einsetzen zu können, wird durch das motorisch wilde Spiel mit einem männlichen Dritten befördert. Jungen lernen dadurch, Affekte zu organisieren und zu modulieren sowie Aggressionen für positive Ziele einzusetzen. Die Entwicklungspsychologin Inge Seiffge-Krenke hat die spezifischen Funktionen und Rollen des Vaters (die sie *distinktiv* nennt) aus einer Vielzahl von Studien herausgearbeitet:

- Der Vater betont und trainiert Aktivitäten, die eine autonome Entwicklung, Bewegung und effiziente Kontrolle über den Körper erlauben. Er betont das Geschlecht des Kindes. Besonders fördert er Loslösung und die Autonomieentwicklung. Er strukturiert und ist besonders zuständig für Regeln, etwa bei Spiel und Sport. Und er lehrt sehr stark. Dabei wird er gelegentlich in seine Grenzen verwiesen. Ich habe das einmal deutlich zur Kenntnis nehmen müssen, als einer meiner Söhne während eines kleinen Vortrags von mir meinte »Vater klugscheißert schon wieder …«

- Der Vater ist ein »entwicklungsfördernder Störenfried« der Mutter-Kind Beziehung, ein Befreier aus der engen Beziehung mit der Mutter, später wird er zum Rivalen. Damit formt und organisiert er auch ein intensives System von Gefühlen. *Bevaterte* Kinder können besser mit ihren Triebimpulsen und Gefühlen umgehen als Kinder ohne Vater. Insbesondere die Fähigkeit, die eigenen Aggressionsimpulse zu kontrollieren und sie positiv zur Erreichung von Zielen einzusetzen, wird durch das motorisch heftige Spiel mit dem männlichen Dritten befördert.

Identifizierung und Ent-Identifizierung

Jungen brauchen den Vater nicht nur für ihre Entwicklung zur Dreisamkeit, sie müssen sich auch mit ihm *identifizieren* können. Der Begriff der Identifizierung kennzeichnet die Aneignung von Merkmalen oder Funktionen eines Menschen durch einen anderen. »Wie er räuspert und wie er spuckt, das habt ihr ihm glücklich abgeguckt«, lässt Friedrich Schiller den Jäger im Wallenstein sagen. Aber es geht nicht nur um äußere Qualitäten, sondern vor allem um innere, meist unbewusste – positive wie negative – Neigungen.

Jungen haben es dabei schwerer als Mädchen. Sie müssen von der Mutter der frühen Kindheit hinüber zum Vater wechseln, von einer Frau zum Mann. Früher dachte man innerhalb der Psychoanalyse, ein Junge müsse die Identifizierungen mit der Mutter absolut hinter sich lassen, um männlich zu werden. Dann hätten wir den Jungen aus Kruppstahl, ohne Gefühle und Einfühlung. Voraussetzung für die Entwicklung einer stabilen Männlichkeit bleibt eine *sichere Bindung* an die Mutter und eine Bewältigung der wesentlichen Konflikte mit ihr. Um die männliche Identifizierung ihres Sohnes zu fördern, müssen beide Eltern einander in ihrer ›Andersheit‹ respektieren und akzeptieren. Ein sicheres männliches Identitätsgefühl entwickelt sich also keineswegs aus der *Loslösung* von der Mutter, sondern aus der *Bindung* des Jungen an die Mutter. Der Junge wird vor allem dann ein einfühlsamer Mann, wenn er die Identifizierungen mit seiner Mutter nicht aufgibt. In den meisten Fällen bleibt die Mutter lebenslang das Liebenswerteste für ihn und in ihm. Zugleich macht der Junge die Erfahrung, dass ›Mutters Schürzenbänder‹ elastisch genug sind und ihm genügend Freiheit lassen, um sich dem Vater, der ihn in die Welt der Männer begleiten wird, anzunähern. Dieser Übergang wird durch einen engagierten Vater erleichtert: Je sicherer sich dieser seiner eigenen Männlichkeit ist, desto wirkungsvoller kann er seinem Sohn dabei helfen, den Übergang von der mütterlichen Geborgenheit zur männlichen Identifizierung zu bewältigen. Entscheidend ist jedoch, dass der Sohn einen Vater zum Vorbild hat, der das Weibliche schätzt, liebt. Ein Aphorismus von Henry Ward Beecher aus dem 19. Jahrhundert enthält einen zentralen Gedanken für eine gelungene Triangulierung: »Das Wichtigste, das ein Vater für seine Kinder tun kann, ist, ihre Mutter zu lieben«. Und ich ergänze: Wenn er Glück hat, ein ganzes Leben lang! Jungen und Männer werden also dann einfühlsam mit Frauen liebevoll umgehen, wenn sie eine gute Mutter verinnerlichen konnten. Und wenn sie ein Paar erlebt haben, das einander respektierte – im besten Fall sich liebte.

Das »väterliche Gehirn« und der abwesende Vater

Es ist erstaunlich, wie viele Männer ihre Gefährtinnen und Ehefrauen bereits während der Schwangerschaft oder noch während des ersten Lebensjahres des Kindes verlassen: Diese Männer wollten (oder konnten) ganz offensichtlich nicht die Verantwortung übernehmen, Vater zu sein.

Der Hirnforscher Gerald Hüther und die Psychotherapeutin Inge Krens haben festgestellt: Nicht nur die schwangere Frau reagiert auf die Schwangerschaft mit hormonellen Veränderungen, auch der werdende Vater ist betroffen. Der Grund für diese einander angleichenden hormonellen Veränderungen von Mann und Frau liegt vermutlich in der räumlichen und emotionalen Intimität der werdenden Eltern. Die Übertragung erfolgt wahrscheinlich über sogenannte Pheromene, Geruchsstoffe. Die Männer fühlen, dass sie zunehmend empathischer werden, verwundbarer und vertrauensvoller, was sie zu fürsorglichen Vätern werden lässt. Denn auch der Vater braucht »Mutterinstinkte«, die es ihm ermöglichen, liebevoll und feinfühlig zu handeln: Eigenschaften, die in unserer Kultur als »typisch weiblich« gelten. Dieser Moment birgt für *manche* Männer Gefahren. Seine neue, »weiche« und damit weibliche Seite mag mancher werdende Vater als bedrohlich erleben und abwehren, vor allem dann, wenn sie ihm mit seiner männlichen Identität nicht vereinbar erscheint. Dies gilt für jene Männer, die ein unsicheres Männlichkeitsgefühl haben und zu frauenverachtendem, hyperphallischem Verhalten neigen. Beim Versuch, diesen inneren Konflikt durch Stimulierung ihrer Testosteronproduktion zu bekämpfen, gehen solche Männer während der Schwangerschaft fremd oder sie zeigen dem Kind gegenüber eine ablehnende Haltung oder werden sogar gewalttätig. Das zeigt, wie stark sich biologische und sozialpsychologische Prozesse durchdringen und wie sich Biologie in Fantasien niederschlägt.

Der Psychiater und Psychoanalytiker Tilo Held beschreibt, dass eine engagierte Vaterschaft Veränderungen in der hormonellen Steuerung von Psyche und Körper auslösen kann. Unser Gehirn ist plastisch, es kann sich verändern und neuen Gegebenheiten anpassen. Diese »Plastizität« stellt sich auch in den Dienst der Bedürfnisse des Babys und seiner psychischen und sozialen Entwicklung, aus einem männlichen bildet sich ein »väterliches Gehirn«. Dies bringt in den ersten Lebensjahren des Babys auch Risiken für die jungen Väter mit sich, von einer erhöhten Anfälligkeit für stressbedingte Erkrankungen bis hin zur postpartalen Depression. Eine engagierte Vaterschaft bedeutet nach Held, die Glücksgefühle einer Mutter in ähnlicher Weise zu erleben, aber ebenso ihre Risiken zu teilen.

Väter können ihren Söhnen *Rollen* zuweisen, wie das zuvor für die Mutter beschrieben worden ist. Eine Angst, die viele werdende Väter kennen, ist die Angst vor dem Verlust des Platzes als wichtigste Person im Leben der Frau und Partnerin. Diese Angst kann aus der Erfahrung herrühren, einst selbst von der Mutter dem Partner bzw. dem Vater vorgezogen worden zu sein. Der werdende Vater kann dasselbe Schicksal fürchten. Auch eine frühere Geschwisterrivalität kann sich in der Angst vor dem heranwachsenden Kind spiegeln. Ein anderer möglicher Grund für Angst vor dem Sohn ist, dass werdende Väter unbewusst fürchten, eines Tages von ihren Söhnen überholt und »in den Schatten« gestellt zu werden. Es kann zur unerbittlichen Konkurrenz zwischen den beiden kommen. Und: Söhne erinnern an die Endlichkeit des Lebens.

Wie viele Jungen ohne Vater aufwachsen, lässt sich nicht erfassen, aber es sind viele. Und das stellt ein erhebliches Risiko dar. Wenn der Junge keinen seelisch zugewandten Vater oder einen anderen männlichen Dritten erlebt, wird er gezwungen, grandiose Vorstellungen von Männlichkeit zu entwickeln, um die Erfahrung von Geschlechtsunterschieden zu bearbeiten. Die Qualität der elterlichen Beziehung liefert eine Atmosphäre zugewandter Verbundenheit. An der Seite seines Vaters und im Spiegel seiner Mutter kann ein Junge männliche und weibliche Anteile in sein Selbst integrieren. Ich zitiere hier den Pädagogen Marian Kratz, der das Differenzerleben von Jungen eingehend untersucht hat: »Sind Mutter und Vater, männliche und weibliche Bezugspersonen mitsamt ihrer Beziehung zueinander, konkret verfügbar, zugewandt und somit körperlich und psychisch erlebbar, wird der psychosoziale Erfahrungsraum des Jungen facettenreich.« Der Vater am Mittagstisch verhindert also eine irreale Vorstellung von männlicher Größe und Überlegenheit.

Ich habe einen zweijährigen Enkelsohn. Er hat keinen Vater mehr, am Tage seines ersten Geburtstags wurde er beerdigt. In seiner Familie ist jetzt sein Bruder das einzige männliche Wesen. Auch in seinem Hort begegnet er keinem Mann. Bei einem Besuch lag ich auf der Couch, er kam und betrachtete mich von oben bis unten. Dann sagte er, so liebevoll, wie das ein zweijähriger Junge nur kann: »Opa!« Und wenig später noch einmal.

Gewalt von Vätern in der Erziehung

Viele Untersuchungen kommen zu dem Ergebnis, dass unter gewalttätigen Jugendlichen ein hoher Anteil keinen Vater erlebt hat oder mit Vätern aufgewachsen ist, die kaum erzieherischen Einfluss ausgeübt haben. Dies bestätigt eine repräsentative Untersuchung des Kriminologischen Forschungsinstituts Niedersachsen aus dem Jahr 2009, die auf einer Repräsentativbefragung von 44 610 Schülern der neunten Jahrgangstufe sowie 8000 Schülern der vierten Jahrgangsstufe beruht. Von zentraler Bedeutung für spätere Gewalttäterschaft ist innerfamiliäre Gewalt. Von ihren Eltern brutal und häufig geschlagene Jungen werden später fünfmal häufiger zu Mehrfachtätern im Gewaltbereich als gewaltfrei erzogene Menschen. Sie demonstrieren zudem dreimal häufiger rechtsextreme Überzeugungen und Verhaltensweisen. Dabei geht der stärkste Einfluss von der Zahl der delinquenten Freunde aus, mit denen die Jugendlichen in ihrem sozialen Netzwerk verbunden sind. Einen weiteren hohen Risikofaktor stellt der Konsum von Alkohol und illegalen Drogen dar. Eine bessere schulische Bildung wirkt sich hingegen präventiv aus.

Die Süddeutsche Zeitung vom 19.2.18 konstatiert, dass körperliche Gewalt auch von Frauen ausgehen kann. Kinder werden häufig auch von ihren Müttern geschlagen. Doch die Dunkelziffer bei Misshandlungen ist ebenso groß wie bei Missbrauch. Seit 2007 ist die Gewalt durch Minderjährige um die Hälfte gesunken, die Forschung führt dies auf ein verändertes Erziehungsverhalten zurück. Kinder müssen gewaltfrei und vor allem ohne Schläge erzogen werden. Die Sätze »Ein Klaps hat noch niemandem geschadet« und »Bei mir haben Schläge auch keinen Schaden angerichtet« sind verheerend. Sie lockern Grenzen und können direkt in eine gewalttätige Erziehung führen. Kinder werden durch Schläge unterwürfig, »verschlagen«, und sie geben die Gewalt weiter, wenn sie selbst Macht besitzen.

Was braucht der Junge vom Vater?

Die Rollen und Aufgaben des Vaters verändern sich in den unterschiedlichen Entwicklungsstufen seines Sohnes. Während der Schwangerschaft und in den ersten Lebenswochen des Babys übernimmt der Vater die Rolle eines *Wächters*, indem er eine aufmerksame, schützende Präsenz verkörpert. Um eine sichere Bindungsperson wie die Mutter zu werden, sollte der Vater aber auch alles genau so gut können wie die Mutter. Er sollte den Babyjungen füttern, wickeln, ihn in den Schlaf singen. Dann kann sich die Mutter sogar tagelang entfernen. Ich erinnere mich an eine wunderbare Zeit, die ich mit meiner sieben Monate alten Tochter verbracht habe, mit Spielen, Singen am Klavier, Turnen und stolzem Schieben des Kinderwagens durchs Dorf, weil meine Frau für mehrere Tage verreisen musste.

Im Lauf der nächsten Jahre wird der Vater für das Kleinkind zum *zweiten Anderen*, zu einer Verbindungsperson, die es aus der Symbiose herauslockt und in eine größere Welt hineingeleitet. Väter initiieren lebhaftere Spiele als die Mutter, tollen mit den Kindern herum und überraschen sie mit neuen unvorhersehbaren Verhaltensweisen.

Eine ständig wiederholte allgemeine Annahme lautet, Jungen würden dann keine stereotypen Rollenbilder entwickeln, wenn sie angehalten werden, auch oder überwiegend *mädchenspezifische* Spiele zu machen. Ich finde es durchaus erfreulich, wenn Jungen sich *auch* mit Spielzeug befassen, das üblicherweise Mädchen bevorzugen. Aber sie werden es nicht tun. Mädchen und Jungen bevorzugen *unterschiedliches* Spielzeug, egal wie die Eltern das finden.

Wenn der Sohn das Kindergartenalter erreicht hat, sieht er im Vater das Vorbild seiner eigenen auftauchenden Männlichkeit. Väter trainieren körperliche Funktionen spielerisch und durchaus oft risikoreich: In-die-Luft-werfen, Laufen, Springen, Klettern, Ballspielen. Die Aktionen mit den Töchtern verlaufen sanfter und spielerischer. Es beginnt auch die Zeit des gemeinsamen Bastelns und Werkens.

In den ödipalen Jahren (zwischen 3 und 5 Jahren) verwandelt sich der Vater in einen Herausforderer, der seinem Sohn hilft, Impulse und starke Affekte im Zaum zu halten und zu bändigen und mit anderen auf eine gesunde Weise zu rivalisieren. Mit dem Gefühl von phallischer Stärke taucht beim Sohn die unbewusste Angst vor seinem Rivalen, dem rachsüchtigen Vater auf.

In der Mitte der Kindheit erfüllt der Vater für einen heranwachsenden Sohn die Funktion eines Mentors und Lehrers. Er lehrt ihn praktische Fähigkeiten und führt ihn in die Welt der Männer ein. Doch sollte er Lehrer bleiben, nicht zum Oberlehrer werden.

In der frühen Adoleszenz wird der Vater zum gefallenen Helden, von dem sich der Jugendliche ablösen muss; gleichzeitig kehrt er auch den Vorstellungen und Werten, die der Vater verkörpert, den Rücken. Körperkontakt und Offenheit nehmen jetzt ab. Väter sind davon stärker betroffen als die Mütter. Der Vater wird misstrauisch beäugt, kritisiert und entwertet. Er wird ent-idealisiert.

Während der Adoleszenz verfestigt der Jugendliche seine Geschlechtsidentität. Das Experimentieren mit Grenzen wird zur unwiderstehlichen Herausforderung. Bisweilen verhalten sich Jungen absichtlich provozierend, weil sie sich durch missbilligende Reaktionen ihrer Eltern in ihrer Eigenständigkeit bestätigt fühlen.

Das Wichtigste auf einen Blick:

- Die Erschütterung des Patriarchats hat nicht zu einem neuen väterlichen Leitbild geführt, sondern zu unterschiedlichen Vaterpersönlichkeiten, die unverbunden nebeneinander bestehen. Sie bewegen sich auf einer Linie zwischen besserer Mutter und dem rücksichtslosen Macho von einst. Und es gibt die neuen Väter, die sich partnerschaftlich an Haushalt und Erziehung beteiligen.
- Die Nähe zu Mutter und dem Baby bringt Risiken für junge Väter mit sich. Sie können für stressbedingte Erkrankungen anfälliger werden bis hin zur postpartalen Depression. Eine engagierte Vaterschaft bedeutet, ähnliche Glücksgefühle wie die Mutter zu erleben, aber auch, ihre Risiken zu teilen.
- Über sein anderes Spielen wird der Vater für das Kind als Dritter erkennbar und bildet mit ihm und der Mutter ein Beziehungsdreieck. Er wird zu einem »entwicklungsfördernden Störenfried« der Mutter-Kind Beziehung, ein Befreier aus der engen Beziehung zur Mutter. Damit formt und organisiert er ein intensives System von Gefühlen. *Bevaterte* Kinder können besser mit ihren Triebimpulsen und Gefühlen umgehen als Kinder ohne Vater. Auf diese Weise erwerben Kinder die Befähigung zur Triangulierung.
- Jungen müssen sich mit dem Vater identifizieren.
- Erlebt der Junge keinen seelisch zugewandten Vater oder anderen männlichen Dritten in der Familie, so ist er gezwungen, grandiose Vorstellungen von Männlichkeit zu entwickeln, um die Erfahrung von Geschlechtsunterschieden zu bearbeiten. Er kann zum überheblichen und Frauen verachtenden Macho werden. Der größte Risikofaktor ist jedoch ein gewalttätiger Vater. Von ihren Eltern brutal und häufig geschlagene Jungen werden später fünfmal häufiger zu Mehrfachtätern im Gewaltbereich als gewaltfrei erzogene Menschen. Sie neigen zudem wesentlich häufiger zu rechtsextremen Überzeugungen und Verhaltensweisen.

6

Die Bedeutung von elterlichen Beziehungen

In den vorherigen Kapiteln habe ich über die Bedeutung von Mutter und Vater für das Heranwachsen von Söhnen gesprochen. In traditionellen Vorstellungen besteht eine Familie aus Mutter, Vater und ihren Kindern. Eine solche Familie mit einem Vater, einer Mutter und einer lebenslangen sexuellen Beziehung ist keine selbstverständliche Voraussetzung mehr für das Heranreifen eines Kindes. Schon immer gab es Pflege- oder Adoptivkinder, die bei einem Elternpaar aufwuchsen, oft gemeinsam mit den leiblichen Kindern. Die steigende Zahl von Trennungen hat Patchwork-Familien unterschiedlichster Art entstehen lassen, aber auch zu vielen Kleinfamilien geführt mit alleinerziehenden Elternteilen – zumeist der Mutter. Wir begegnen mittlerweile auch Kindern aus anderen Paarbeziehungen: Kinder von gleichgeschlechtlichen Paaren, leibliche und adoptierte.

Am häufigsten wachsen Kinder immer noch mit einem Elternpaar auf. Aus den Begegnungen und Beziehungen, mit vielen lustvollen und unlustvollen Gefühlen, entwickelt und verinnerlicht ein Kind innere Bilder und Vorstellungen von Mutter und Vater. Solche Abbilder haben wir von allen menschlichen Beziehungen in uns, sie werden in der Psychoanalyse auch »Repräsentanzen« genannt.

Das heterosexuelle Elternpaar

Der Psychoanalytiker Wolfgang Mertens hat darauf hingewiesen, dass für ein Kind der liebevolle Umgang seiner Eltern miteinander von großer Bedeutung ist. Er kann zum Anreiz werden, es den Eltern gleich zu tun. Ein Junge, der erlebt, dass sein Vater die Mutter liebevoll und mit Hochachtung behandelt, wird kaum Frauen ablehnen oder gar entwerten. Das verinnerlichte Paar kann ein bedeutsames Vorbild für sein künftiges Beziehungsgestalten werden. Der Junge, später der Mann, trägt ein Abbild seiner Mutter und seines Vaters in sich, ganz entscheidend wirkt in ihm außerdem die Vorstellung oder Repräsentanz von der Paarbeziehung seiner Eltern.

Ist die Paarbeziehung unbefriedigend, so kann sich ein Elternteil im Kind möglicherweise einen Ersatzpartner suchen, der ihm alle Wünsche erfüllen soll. In weiteren Kapiteln wird über mögliche Folgen berichtet, die es vor allem für Jungen haben kann, wenn sie mit Müttern zusammenleben, die voller negativer Gefühle gegenüber dem getrennt lebenden Vater sind. Weil oft Hass und destruktive Auseinandersetzungen vorherrschen, kann nur schwer eine triadische Beziehung entstehen.

Unter dem Titel »gemeinsam Alleinerziehende« ist die Schriftstellerin Julia Franck 2010 in einer Kolumne in der Wochenzeitung DIE ZEIT auf die Funktion heutiger Väter eingegangen. Diese seien inzwischen nicht mehr alleiniger oder hauptsächlicher Beschützer und Repräsentant ihrer Familie. Es sei das *gute Recht* eines Vaters, sein Glück und seine Beziehung zu seinen Kindern emanzipiert von seiner Stellung zur Mutter der Kinder zu entwickeln. Ihre Meinung gipfelte in der Aussage: »Ein guter Vater muss heute die Mutter seiner Kinder weder lieben noch mit ihr leben …«. Diese Vorstellungen sind aus der Position von Erwachsenen entwickelt, und sie mögen aus deren Sicht zum eigenen Lebensplan passen, gut möglich sein, und auch immer häufiger so praktiziert werden. Ich akzeptiere, dass es oft nicht anders möglich ist.

Es ist aber keineswegs das, was für ein Kind optimal ist. Ein Kind wünscht sich nichts mehr als zwei liebende, miteinander kommunizierende und einander verstehende Eltern. Diese Zweisamkeit gibt Sicherheit, und sie ist vor allem eine Voraussetzung für den Vater als »Dritten«. Hilfreich für die Entwicklung eines Kindes ist eine gelungene Dreierbeziehung und nicht zwei voneinander getrennte Zweierbeziehungen, eine zur Mutter und eine zum Vater. Noch nach Jahren der Trennung oder Scheidung herrschen Wiedervereinigungsfantasien bei den Kindern. Dass es oft anders ist, muss ein Kind natürlich akzeptieren, aber Trennung sollte nicht als der Normalfall dargestellt oder sogar als das Bessere schön geredet werden.

Natürlich kann das Ideal auch in bestehenden Paarbeziehungen nicht immer optimal verwirklicht werden kann. Der Kinderpsychoanalytiker Frank Dammasch stellt fest, dass die Mutter in der klassischen Familie für die emotionale Bindung und Pflege zuständig war, der Vater unterstützte die Autonomieentwicklung des Kindes. Er war Beschützer *und* Ernährer. In den jüngeren, stärker am Ideal der Gleichheit orientierten Familien werden diese Funktionen meist nicht mehr polar auf die Geschlechter verteilt, sondern beide Elternteile erfüllen *beide* Funktionen.

In einem Punkt gebe ich Julia Franck recht: Erst eine Gleichverteilung der Elternschaft auf Mutter und Vater kann Kinder beiderlei Geschlechts mit den positiven Fähigkeiten beider Eltern ausstatten. Frauen können so Fürsorglichkeit und Liebe behalten und Männer ihre Autonomie, beide gewinnen zudem die Stärken des anderen Geschlechts hinzu – aber das braucht den anwesenden, psychisch präsenten, die Mutter achtenden und liebenden Vater. Dann wird sich das Kind mit deren Paarbeziehung identifizieren.

Wird über Patchworkfamilien gesprochen, wird keine Gelegenheit ausgelassen, die traditionelle Familie zu diskriminieren. In einem Interview wurde gesagt: »So lange Liebe und ein respektvolles Miteinander existieren, sehe ich in Patchwork gar kein Problem – genau das fehlt doch oft in ganz normalen Familien«.

Oder noch deutlicher in der Süddeutschen Zeitung vom 24. Mai 2018, in der Ursula März meint, dass der Verlust der klassischen

Kleinfamilie kein moralisches Dilemma darstelle. Sie weist darauf hin, dass in einem Buch (»Deutschland misshandelt seine Kinder«) darüber berichtet wird, wie viele Kinder Opfer elterlicher Gewalt werden. Und stellt fest: »Nein, dieses Buch animiert nicht dazu, dem Prototyp der Familie nachzutrauern.« Ich halte es geradezu für infam, die herkömmliche Familie in einem Nebensatz für Misshandlung oder gar Tötung von Kindern verantwortlich zu machen, als käme das in den von der Autorin umschwärmten sozialen Beziehungen weniger häufig vor als in den von ihr diskriminierten biologischen. Inge Seiffge-Krenke weist 2016 darauf hin, dass eine achtmal höhere Wahrscheinlichkeit besteht, dass Stiefväter oder Partner der Mutter ein Kind töten als der leibliche Vater. Diese Aussage basiert auf einer Analyse von Mordfällen der Jahre 1957–2007.

Ich will auf keinen Fall die herkömmliche Familie gegen Patchworkfamilien »aufrechnen«. Ich möchte aber auch nicht die Meinung gelten lassen, dass Trennungen von Eltern als kultureller Fortschritt zu bewerten sind. Oft wird der Eindruck vermittelt, dass es früher nur schlechte Ehen gegeben habe, aus denen sich nur niemand zu trennen traute. Eine Trennung der Eltern kann notwendig und unumgänglich sein. Sie bedeutet aber immer Kummer für alle Beteiligten, für Kinder ist sie eine Tragödie und stellt ein seelisches Risiko dar. Als Psychotherapie-Gutachter habe ich festgestellt, dass bei etwa 80 % jener Kinder, für die Psychotherapie beantragt wird, die Eltern getrennt leben, im Heim sind es etwa 95 %.

Die herkömmliche Familie mit Mutter und Vater ist – nach wie vor – ein guter Ort für Kinder. Das gilt in gleicher Weise für Stieffamilien oder Patchwork-Familien. Entscheidend ist immer die *Qualität der Paarbeziehungen*, ist sie hoch, dann können alle Familienformen förderlich für eine gute Entwicklung von Kindern sein.

Allein-Erziehen

Etwa 1,6 Millionen Alleinerziehende mit Kindern unter 18 Jahren gibt es in Deutschland, in fast jeder fünften Familie zieht also ein Elternteil den Nachwuchs allein groß. 91 % aller Alleinerziehenden sind Mütter. Nur 4 % von ihnen haben sich freiwillig für diese Lebensweise entschieden. Der Status von alleinerziehenden Vätern wurde bislang kaum untersucht. Sie betreuen weniger und meist ältere Kinder. Außerdem haben sie häufig eine Beziehung zu einer Frau, die zwar nicht im Haushalt lebt, sie aber unterstützt.

40 % aller Alleinerziehenden-Haushalte beziehen Hartz IV. Alleinerziehen bedeutet oft Armut. In einer Untersuchung hat der Psychoanalytiker Matthias Franz festgestellt, dass der sozioökonomische Status der alleinerziehenden Mütter im Vergleich zur Kontrollgruppe der verheirateten Mütter in allen Statusindikatoren signifikant niedrig lag. Dies, begleitet von Dauerstress, hat nicht selten zur Folge, dass auch das Risiko, körperlich zu erkranken, höher ist. Mit der Armut korrelieren Ängste, Depressionen und Suchterkrankungen, das hat gravierende Folgen für die Kinder.

Das Schicksal einer allein erziehenden Mutter: Melanie führte mit ihrem Mann Uwe ein Familienleben mit allen Höhen und Tiefen. Sie war in Teilzeit als Juristin tätig, versorgte daneben den Haushalt und die Familie. Uwe leitete eine kleine Firma. Ein Jahr zuvor war, etwas überraschend, ein drittes Kind geboren worden. Das gemeinsame Familieneinkommen erlaubte, dass die Eltern ein großes Haus mit Garten erwarben. Die monatlichen Belastungen waren zwar hoch, konnten aber gut bestritten werden.

Dann schlug der Blitz ein. Bei einer routinemäßigen ärztlichen Untersuchung wurde festgestellt, dass Uwe an einer lebensgefährlichen Erkrankung litt. Drei Monate nach dieser niederschmetternden Diagnose starb er. Einen Tag vor der Beerdigung des Vaters war der erste Geburtstag des kleinen Benedikt. Mit einem Mal erschien die Lage aussichtslos. Die monatlichen

Zahlungen waren nicht mehr zu leisten. Kita und Hort genügten nicht mehr, um die Kinder zu versorgen, denn Melanie musste danach trachten, wie sie genügend Geld herbeischaffte. Dafür brauchte sie viel Zeit. Sie brauchte umgehend zusätzliche Hilfen für die Versorgung der Kinder. Um Unterstützung zu bekommen, wandte sie sich wegen einer Familienhilfe als erstes an die Krankenkasse. Viele Anträge wurden geschrieben, die jedoch zu keinem Ergebnis führten. Die Bescheide wurden hinausgezögert, Wochen verstrichen. Eine Hilfe kam von der Krankenkasse nicht.

Melanie fiel in depressive Trauer und fühlte sich antriebslos. Die Kinder tobten und schrien häufig herum, was Melanie als unerträglich empfand und was ihr gefühllos und uneinsichtig erschien. Die Kinder verstanden die Situation nicht, sie vermissten den Vater und erlebten eine erstarrte Mutter. Innere Spannungen über Unruhe und Geschrei abzuführen, ist eine typische Verarbeitung von Kindern. Melanie dachte, dass das Jugendamt hilfreichen Beistand leisten müsste. Sie rief dort an und wies auf ihre verzweifelte Lage hin. Nach der Schilderung ihrer Situation meinte die Jugendamtsmitarbeiterin, wenn ihr die Arbeit zu viel sei und sie stressen würde, dann solle sie doch weniger arbeiten. Das sei doch keine Notlage. Die wäre dann gegeben, wenn beispielsweise eine Alleinerziehende ein zweites Kind bekäme. Sie könne aber gerne jemanden vorbeischicken, der mit ihr den Tagesablauf strukturieren würde.

Was Melanie so ärgerte, war nicht nur die mangelnde Einfühlung der Jugendamtsmitarbeiterin. Sie hatte doch drei Kinder, sie *musste* arbeiten und konnte nicht von heute auf morgen das Haus verkaufen, ein neues Domizil suchen, ihre Arbeit aufgeben. Sie hatte gehofft, eine Familienhilfe zu bekommen. Aber nicht Hilfe wurde ihr zuteil, vielmehr wurde sie belehrt. Dies war eine der größten Enttäuschungen für Melanie.

Das erste Au-Pair-Mädchen musste entlassen werden, weil sie bei der Versorgung der Kinder kaum mitarbeitete. Doch die

Zweite war ein Segen und Melanie wurde ein wenig von den alltäglichen Arbeiten entlastet.

Zum Hauptproblem wurde die Erhaltung des Hauses und die Beschaffung der finanziellen Mittel. Der selbstständig arbeitende Ehemann hatte weder eine Lebensversicherung abgeschlossen, noch in eine Rentenkasse eingezahlt. Der Tod war jäh eingetreten. Melanie verfügte über keinerlei zusätzliche Einkommen außer ihrem eigenen Verdienst. Wie sollten die Kredite getilgt werden? Melanie führte viele Gespräche mit den Banken, arbeitete weiterhin als Juristin und versuchte, die Firma ihres verstorbenen Mannes weiterzuführen. Von da an hatte sie nie mehr Zeit für sich selbst. Ihre Mutter versuchte zu helfen und die Kinder mitzuversorgen. Melanie litt unaufhörlich unter Spannungen, die sich gelegentlich entluden. Auf der Familie lasteten viele Probleme.

Tochter Marlene begann immer häufiger unter Ängsten zu leiden und kam jede Nacht ins Bett der Mama. Sie berichtete eine Fülle von Angstträumen, in denen sie den jähen und unerklärlichen Verlust des Vaters zu verarbeiten suchte. Mit der Zeit begann Leonard, sich immer häufiger zurückzuziehen, dann verfiel er in ein lähmendes Schweigen. Seine Schulleistungen ließen nach.

Eine Lösung ist nicht in Sicht. Melanie ist eine gut verdienende Akademikerin, psychisch gesund und tatkräftig. Aber auch für sie ist die Lage als alleinerziehende Mutter problematisch. Das Verhalten des Jugendamtes halte ich in diesem Fall für geradezu fahrlässig. Stirbt ein Vater in einer Familie mit kleinen Kindern, so sollte sofort und ohne bürokratische Hürden eine Familienhilfe eingesetzt werden.

Alleinerziehende Mütter werden weitaus stärker gefordert als andere Mütter, weil sie mit vielen zusätzlichen Konflikten fertig werden müssen. Da sind zum einen fast unüberwindliche materielle und organisatorische Schwierigkeiten. Vor allem geschiedene und nicht verheiratete Mütter müssen mit einem geringeren durchschnittlichen Nettoeinkommen auskommen, nicht selten, weil es Probleme mit den Unterhaltszahlungen gibt. Einen gut bezahlten Arbeitsplatz zu finden und neben den unumgänglichen Arbeitszeiten auch die Erziehungsaufgaben gut zu erfüllen, das ist ein zumeist nicht lösbarer und ständig schwelender Konflikt, der mit anhaltenden Schuldgefühlen einhergeht. Die Grundprobleme sind bei Vätern die gleichen wie bei Müttern: Es sind vor allem Sorgen, die Erziehungsaufgaben nicht gut erfüllen zu können, das Gefühl der Vereinsamung, das fehlende Geld beziehungsweise die fehlende Zeit. Hinzukommen immer noch diskriminierende Vorurteile einer Öffentlichkeit, welche die ohnehin vorhandenen Schuldgefühle verstärken und ständig am Selbstwert der alleinerziehenden Eltern nagen. Fast alle alleinerziehenden Mütter haben mir gesagt, niemand könne sich die immensen Belastungen vorstellen, unter denen sie ständig stünden und die sie nicht zur Ruhe kommen ließen.

Ich möchte hier auf einige spezielle psychische Probleme und Gefährdungen eingehen, die sich aus der besonderen Beziehung von alleinerziehenden Müttern zu ihren Kindern ergeben. Allein zu erziehen bedeutet für Mutter oder Vater eine beständige psychische Überforderung.

- Die Mütter leiden nicht selten unter Einsamkeit und unter den in der Regel unverarbeiteten Konflikten der gescheiterten Beziehung. Oder sie trauern um den verstorbenen Mann. Sie leben ohne einen erwachsenen männlichen Partner, allein mit ihren Kindern. Deshalb werden sie für alle Fehlentwicklungen der Kinder verantwortlich gemacht, nicht selten auch von den getrennten Vätern.
- Sie werden von Schuldgefühlen gequält, den Kindern nie völlig gerecht zu werden, was kompensatorisch Verwöhnung nach sich ziehen kann.
- Ohne eine ausgleichende und befriedigende Beziehung mit einem Partner oder eine zufriedenstellende Berufstätigkeit kann das Problem von Nähe und Distanz zu den Kindern problematisch werden.

- Und schließlich: Was bedeutet es für ein Kind, ohne Vater aufzuwachsen?

In den vergangenen Jahrzehnten habe ich immer mit einem hohen Anteil von allein erziehenden Müttern und ihren Kindern, zumeist Jungen gearbeitet. Nicht, weil diese besonders schwer gestört waren, sondern weil die Mütter unter großen Schuldgefühlen litten, über die Maßen motiviert waren und früh Hilfe suchten. Hinzu kam, dass sie durchweg für ihre Söhne einen männlichen Therapeuten wünschten, weil ihre Söhne häufig unter einem beträchtlichen Vaterhunger litten und darum ein Zusammensein mit Männern suchten. Manche Mütter suchten für sich den gedanklichen Austausch mit einem Mann und sehnten sich nach dessen Unterstützung. Eine Mutter – alleinlebend und über die Jahre ausschließlich mit der Erziehung der Kinder befasst – hat es einmal unmissverständlich ausgesprochen: »Ich möchte mit Ihnen wieder den Umgang mit dem anderen Geschlecht erproben.« Nach meinen Erfahrungen mit alleinerziehenden Müttern kann ich festhalten, dass sie immer besonders engagiert und motiviert waren. Sie brachen so gut wie nie eine Behandlung ab, vor diesem Hintergrund kam es stets zu zufriedenstellenden Veränderungen. Besonders gefreut hat mich, wenn sie während der Behandlung einen neuen Partner und Vater für ihre Kinder fanden.

Triangulierung bei Alleinerziehenden

Die Position des Dritten, von der mehrfach gesprochen wurde, kann immer auch von anderen Männern als dem Vater ausgeübt werden, von Onkeln, Großvätern, älteren Brüdern oder auch nicht verwandten Bezugspersonen. Die Entwicklung eines Jungen hängt vor allem davon ab, welche Art von Beziehungen mit dem Vater – oder einem Dritten – von der Mutter zugelassen werden.

Kinder von alleinerziehenden Müttern haben manche Gelegenheiten, sich einen ›Dritten‹ in der erweiterten Umwelt zu suchen. Gute Triangulierungschancen bestehen dann, wenn eine seelisch reife Mutter die Verbindung ihres Sohns mit erwachsenen Männern innerlich bejaht und das Kind nicht als Ersatzpartner missbraucht, »um sich mit ihm etwa gegen die schlechte Welt der Männer abzuschotten.« Diesen Satz habe ich in psychotherapeutischen Behandlungen von Jungen oft gehört.

Vor vielen Jahren ist das Buch »Ich erziehe allein« von Sophie Behr und Helga Häsing erschienen, in dem die Autorinnen von einem Experiment mit Namen »Big Brother« berichten. Eine Gruppe alleinerziehender Mütter suchte Männer, die während ihrer Freizeit die Beziehungsperson für ihre Söhne werden sollten. Das Ganze blieb offensichtlich ein Experiment, das nach einem halben Jahr wieder eingestellt wurde, offensichtlich weil sich zu wenige engagierte Männer fanden.

Der Psychoanalytiker Udo Rauchfleisch betont, dass Kinder aus Eineltern-Familien nicht unter schlechteren Entwicklungsbedingungen aufwachsen als Kinder aus traditionellen Zwei-Eltern-Familien; sie würden sogar über größere soziale Kompetenz und über mehr psychische Reife verfügen. In Studien, welche auf die negativen Folgen der Vaterabsenz hinweisen, sieht er vor allem die Angst der zumeist männlichen Autoren, alternative Familienformen könnten zur Auflösung patriarchalischer Strukturen führen und somit einen Machtverlust der Männer repräsentieren. Rauchfleisch hat teilweise Recht. Letztendlich können keine *generellen* Aussagen gemacht werden. Probleme können allerdings immer auftreten, sie sind nicht nur mit den Ängsten von »Patriarchen« zu erklären, sondern ergeben sich aus den vielfältigen Folgen von Vaterlosigkeit.

Die elterliche Allianz

Fasse ich zusammen, so bedeutet es für den Jungen die größte Gefährdung, von der großen Nähe zur Mutter überstimuliert zu werden, und für das Mädchen, aufgrund der großen Ferne zum Vater unterstimuliert zu bleiben.

Alle großen empirischen Studien zu Trennungskindern haben ergeben, dass jene Kinder eine Trennung ihrer Eltern gut bewältigten, die sich von den elterlichen Krisen distanzieren konnten und denen die Eltern dies ermöglichten. Wichtig ist also, dass es dem ehemaligen Paar gelingt, aus Kampfbeziehungen herauszukommen, sich wieder gegenseitig zu achten und es dem Kind so zu ermöglichen, zu beiden Eltern gute Beziehungen zu pflegen. Eine solche Beziehung, die die Interessen des Kindes in den Mittelpunkt stellt, wird elterliche Allianz genannt. Es ist ein Entschluss der Eltern, *gemeinsame* Verantwortung für ihr Kind zu übernehmen.

Kinder alleinerziehender Mütter oder Väter sind *generell* nicht stärker gefährdet, psychisch zu erkranken. In unterschiedlichen Verhältnissen, in herkömmlichen Familien wie in Patchwork-Familien und auch beim Allein-Erziehen kann es jedoch Risiken, spezifische Gefährdungen und typische Persönlichkeitsstörungen geben, und diese Bereiche sollten erkannt werden. Nur dann kann vorbeugend gewirkt und manche Probleme rechtzeitig bewältigt werden. Alleinerziehende Mütter und Väter sollten vor allem stolz darauf sein, was sie alles bewältigt haben, trotz beständiger Schuldgefühle, trotz Diskriminierungen und trotz aller alltäglichen Widrigkeiten.

Gleichgeschlechtliche Elternpaare – Regenbogenfamilien

Die Regenbogenflagge ist mittlerweile ein Symbol für die schwul-lesbische Bewegung und symbolisiert Toleranz und Vielfalt. Familien, in denen Kinder bei zwei gleichgeschlechtlichen Partnern als eine Familie leben, werden Regenbogenfamilien genannt. Nach einem Bericht der Süddeutschen Zeitung vom 13.6.2018 weist der Mikrozensus 94 000 gleichgeschlechtliche Lebensgemeinschaften für das Jahr 2015 aus. Die Zahl der Kinder, die in Regenbogenfamilien aufwachsen, steigt beständig. Die Mehrheit stammte aus vorausgegangenen heterosexuellen Beziehungen der lesbischen Mütter und schwulen Väter, inzwischen gibt es auch viele Pflegekinder. Ich werde oft gefragt, ob schwule und lesbische Paare überhaupt Kinder adoptieren können sollten. Meist frage ich zurück, was denn befürchtet werde. Fast immer wird zögerlich die Sorge geäußert, die adoptierten Kinder könnten überdurchschnittlich häufig ebenfalls schwul oder lesbisch werden.

Diese Sorge wurde von einer großen Untersuchung entkräftet. Sie wurde im Jahr 2009 von Marina Rupp mit 693 Kindern aus homosexuellen Lebenspartnerschaften durchgeführt. Die Ergebnisse machten deutlich, dass sich Kinder und Jugendliche in homosexuellen und lesbischen Partnerschaften ebenso gut entwickeln wie Kinder in anderen Familienformen. Unabhängig von der Familienform wirkten ähnliche Einflussfaktoren. Entscheidend für die Entwicklung der Kinder ist nicht die Struktur der Familie, sondern die *Qualität der innerfamilialen Beziehungen*. Für die betrachteten Entwicklungsdimensionen von Kindern und Jugendlichen erwies es sich somit als nicht bedeutsam, ob sie bei einem allein erziehenden Elternteil, zwei Müttern oder Vätern oder bei Vater und Mutter aufwachsen. Im Erwachsenenalter werden nicht mehr Kinder homosexuell als es dem Durchschnitt entspricht.

Oft wird diskutiert, ob Kinder bei gleichgeschlechtlichen Paaren eine Triangulierung entwickeln können. Die Partnerinnen oder Partner in gleichgeschlechtlichen Beziehungen agieren jedoch, trotz desselben Geschlechts, nicht identisch; sie nehmen in der Beziehung zu den Kindern ebenso wie heterosexuelle Paare unterschiedliche elterliche Rollen ein.

Ich habe Kinder kennengelernt, die misshandelt, missbraucht worden sind, die depriviert und traumatisiert waren, die viele abrupte Beziehungsabbrüche hinter sich hatten. Etwa 10% dieser Kinder kamen aus Familien mit heterosexuellen Eltern aus unteren Schichten, von jungen oder drogenabhängigen Eltern, mit schweren seelischen Beeinträchtigungen, mit multiplen Trennungen etc. Bei diesen Eltern habe ich große Sorgen hinsichtlich ihrer Verantwortung, und oft können sie ein Kind nicht bis in sein Erwachsenenleben begleiten. Erzieherinnen und Erzieher, Therapeutinnen und Therapeuten werden alles tun, diesen Eltern mit ihren Kindern zu helfen. Aber kaum jemand wird auf den Gedanken kommen, dieser Personengruppe zu verbieten, Kinder zu haben.

7

Geschwisterbeziehungen – lebenslang Liebe, Hass und Rivalität

Marie, fünf Jahre alt, durfte einen kleinen Garten anlegen. Ein Tomatenstock trägt bereits zwei – noch grüne – Tomaten. Jeden Morgen führt ihr erster Weg in den Garten, um ihre reifenden Tomaten zu besichtigen. Eines Morgens kommt sie in ihr Gärtchen, die Tomaten sind weg. Ihr siebenjähriger Bruder hat sie abgerissen und steht hämisch lachend da, in jeder Hand hält er eine grüne Tomate. Marie weint verzweifelt, sie möchte den Bruder am liebsten schlagen, aber sie traut sich nicht.

Der dreijährige Vincent sitzt mit seiner gerade ein Jahr alten Schwester in einer Vogelnestschaukel. Die Schaukel besteht aus einem Korb, der in Schwingungen versetzt werden kann und bietet Platz für mehrere Kinder. Als der Korb angestoßen wird, schaut die kleine Sophie ein wenig ängstlich drein, erste Anzeichen deuten darauf, dass sie gleich weinen wird. Da legt ihr Bruder den Arm um sie und gibt ihr einen Kuss. Das Gesicht von Sophie entspannt sich auf der Stelle, sie lacht, und von da an genießt sie das Schaukeln.

Der dreijährige Jonas hat ein Schwesterchen bekommen. Misstrauisch beäugt er das kleine Wesen. Die Eltern bemerken, dass es Jonas überhaupt nicht gefällt, dass Hanna so sehr im Mittelpunkt steht. Sie muss gestillt, gewickelt und gehegt werden. Jonas sagt eines Morgens zu seinen Eltern: »Die soll weg, bringt sie wieder zurück.« Entsetzt fragt die Mutter: »Aber was hast Du denn gegen Hanna, Deine kleine Schwester?« Unvermittelt antwortet Jonas: »Die ist nicht schön!«

Im ersten Fall ist der ältere Bruder ein böswilliger Quälgeist, im zweiten ein liebender Beschützer und im dritten ein eifersüchtiger Konkurrent. Alles ist möglich und manchmal sogar gleichzeitig. Ohne Zweifel sind Beziehungen zu Geschwistern die längsten und dauerhaftesten, die ein Mensch haben kann.

Ilse Achilles weist 2013 in ihrem Buch über die Geschwister behinderter Kinder darauf hin, dass es in allen Geschwisterbeziehungen drei Reibungsbereiche gibt: eine mehr oder weniger große, offene oder versteckte Rivalität um die elterliche Zuwendung. Jedes Geschwisterkind strebt nach größtmöglicher Anerkennung durch Bruder oder Schwester. Gleichzeitig sucht jeder, Machtpositionen zu erobern und zu erhalten. Geschwisterbeziehungen sind immer von eigener Bedeutung, sie hängen jedoch von der Qualität der elterlichen Beziehungen ab.

Die Bedeutung der Geschwisterfolge

Manche Wissenschaftler messen der Position in der Geschwisterfolge eine beträchtliche Bedeutung für die seelische Entwicklung zu. Sie gehen davon aus, dass der jeweilige Platz über künftige Verhaltensweisen entscheidet, aber auch über ein Grundgefühl von Geborgenheit. Alfred Adler hat in seinem Buch »Menschenkenntnis« als einer der ersten eingehend über die Bedeutung der Stellung geschrieben, die Kinder in einer Geschwisterreihe einnehmen können.

Der Erstgeborene ist der Stammhalter und hatte in der Geschichte immer eine Vormachtstellung als Thron- oder Hoferbe. Für eine begrenzte Zeit hatten die zuerst Geborenen die exklusive Aufmerksamkeit ihrer Eltern, davon profitieren sie, und das verhilft ihnen schon früh zu einem Vorsprung. Meist haben sie bessere Schulleistungen als die Nächstgeborenen, und später studieren sie häufiger besonders angesehene Studienfächer. Erstgeborener zu sein, bedeutet also viel Verantwortung, Macht und Ansehen. Adler meint, dass Erstgeborene darum eine hohe Wertschätzung für Macht besitzen und einen konservativen Zug entwickeln können. Ich habe viele erstgeborene Männer kennengelernt, die ihre Vormachtstellung lebenslang inszeniert haben. Sie waren es gewohnt, die Nummer eins zu sein und anderen zu befehlen.

Doch ist der Rang des ersten Kindes gefährdet, wenn ein Geschwisterchen geboren wird, wie wir am dritten Fallbeispiel sehen konnten. Adler spricht von einem regelrechten »Entthronungstrauma«. Durch die Geburt eines jüngeren Geschwisters kann der Erstgeborene die Aufmerksamkeit seiner Eltern – zumindest teilweise – einbüßen. Sigmund Freud ist sogar davon ausgegangen, dass die Geburt eines jüngeren Geschwisters bei den älteren immer Feindseligkeiten, Hass und Todeswünsche bewirkt und hat damit die dunkle und bedrohliche Seite von Geschwisterbeziehungen – wahrscheinlich – überbetont. Einen solchen Automatismus habe ich nicht erkennen können, die Stärke der Rivalitäten hängt immer von der Familiensituation ab.

Allerdings können es Zweitgeborene lebenslang als starken Anreiz empfinden, dass jemand vor ihnen ist, den sie überflügeln wollen. Das biblische Beispiel der Zwillingsbrüder Jakob und Esau zeigt etwas von jenem ewigen Kampf um die Vormachtstellung. Gelegentlich fühlen sich Zweitgeborene zurückgesetzt, sie müssen oft die Kleider des Älteren auftragen. Dafür werden ihnen manche Rechte früher zugebilligt, sie können mit ihren älteren Geschwistern so lange aufbleiben wie diese, mit ihnen fernsehen usw. Bei diesen Überlegungen ist sicherlich von Bedeutung, wie sich ihre Position auf die eigenen Kindern auswirken wird, wenn sie selbst Eltern werden. Möglicherweise übertragen sie etwas von den verinnerlichten Geschwisterbeziehungen auf sie.

In Märchen und Mythen steht das jüngste Kind oft im Mittelpunkt, nicht selten wird es sogar zum Erlöser. Es kann mit zu viel Liebe verwöhnt werden. Gelegentlich ist es unerwünscht, wird vielleicht vernachlässigt und entwickelt dann Störungen. Das jüngste Kind möchte in besonderer Weise anders sein als seine Geschwister. Nur dann kann es gewiss sein, dass seine Eltern es auch beachten. Darum sind Nachkömmlinge oft charmant und gewinnend. Das jüngste Kind muss versuchen, eine Nische für Eigenes zu finden und von da aus alle anderen zu übertreffen. Das kann gelingen, es kann aber auch zu permanenten Ängsten führen, zu hohe Ansprüche zu haben und scheitern zu können.

Kinder ohne Geschwister

Die Zwei-Kind-Familie kommt am häufigsten vor, knapp die Hälfte aller Kinder lebt mit einem Geschwisterkind. Jedes vierte Kind hat zwei und mehr Geschwister, und etwa jedes vierte Kind wächst in Deutschland mittlerweile ohne Geschwister auf.

Hinsichtlich der Entwicklung sogenannter »Einzelkinder« war Alfred Adler besonders skeptisch. Es sah es den erzieherischen Angriffen seiner Umgebung voll ausgesetzt. Die Eltern stürzten sich mit ihrem ganzen erzieherischen Elan auf dieses einzige Kind. Es würde darum unselbstständig, warte immer, dass ihm jemand den Weg zeige. Darum suche es stets nach einer Stütze. Es sei »verzärtelt« und gewöhne sich daran, keine Schwierigkeiten anzugehen, weil man sie ihm stets aus dem Weg geräumt habe. Da es sich immer im Mittelpunkt der Betrachtung befinde, könne es leicht das Gefühl bekommen, als etwas Besonderes zu gelten. Der Geschwisterforscher Hartmut Kasten relativierte 2007 Adlers Zuschreibungen und konstatierte, dass letztendlich nur wenig davon zu verallgemeinern sei. Gesellschaftliche Veränderungen und Flexibilisierung von Lebensläufen haben das Verständnis von Geschwisterpositionen und -rollen ganz entscheidend verändert.

In China sind geschwisterlose Kinder Teil eines gigantischen politischen Experiments. Dort werden sie auch »kleine Sonnen« genannt: Eltern, Großeltern und andere Familienangehörige umkreisen sie wie Planeten. Sie brauchen die elterliche Zuwendung nicht zu teilen und wachsen in der Regel in gut situierten Familien mit gebildeten Eltern auf. Tendenziell besteht bei Einzelkindern allerdings eine etwas größere Extraversion, eine nach außen gewandte Haltung. Es existiert auch eine größere Neigung, sich selbst für Ereignisse in ihrem Wirkungsbereich die Verantwortung zuzuschreiben, und es ist eine weniger ausgeprägte materialistische und konsumorientierte Einstellung festzustellen als bei Kindern mit Geschwistern.

Mobbing unter Geschwistern

Inzwischen kennen wir die massiven seelischen Wunden, die *Mobbing* von Gleichaltrigen in der Schule hinterlassen kann. Von Mobbing wird gesprochen, wenn es um die *wiederholte* Ausgrenzung oder Herabwürdigung einzelner Schüler durch andere geht, über einen längeren Zeitraum hinweg. Eine Steigerung bedeutet das Bullying, ein rücksichtsloses, gewalttätiges Quälen, Bestehlen und Erpressen von unterlegenen Mitschülern, mit oder ohne körperliche Gewalt. Tatsächlich wirkt sich Mobbing mit physischer und psychischer Gewalt genauso stark unter Geschwistern aus. Die Journalistin und Buchautorin Susann Sitzler geht davon aus, dass einzelne Geschwister dann von ihren Geschwistern gemobbt werden, wenn es die Familiensituation zulässt. Also müssen Eltern und andere Beziehungspersonen höchst wachsam sein, um Gewalt unter ihren Kindern zumindest zu erkennen und einzudämmen. Nicht selten herrscht eine vom Laissez-faire getragene Vorstellung vor, Geschwister müssten ihre Beziehungen selbst klären und ihre Affekte, Neid, Rivalität und Wut selbst regeln.

Sarah hat mir ihre traurige Geschichte mit ihrem zwei Jahre älteren Bruder anvertraut. Während ihrer gesamten Kindheit hatte sie sich einen Bruder gewünscht, der sie unterstützt und beschützt. Das Gegenteil war der Fall. Nie wollte ihr Bruder mit ihr spielen, zumal nicht deutlich wurde, welche Vorlieben er überhaupt hatte. Sie selbst hatte viele Interessen, liebte Bücher, schätzte Handarbeiten, bastelte gerne und half im Haushalt. Später zeigte sie beste Schulleistungen. Bei Bruder Ralf zeigte sich das völlige Gegenteil. Er war unruhig, unbeherrscht und konnte sich schlecht konzentrieren. Zwangsläufig waren seine Schulleistungen schlecht. Er ließ keine Gelegenheit verstreichen, um die Schwester als Streberin und später als Mauerblümchen herabzuwürdigen. Als Sarah 12 Jahre alt war, erfuhr sie, dass Ralf mit Freunden einen kleinen Ausflug unternehmen wollte. Ob sie nicht mitdürfte, fragte sie, sie würde ganz sicher nicht stören. Unvermittelt schlug Ralf ihr mit der offenen Hand und mit größter Gewalt ins Gesicht. Der Schmerz war groß, aber wesentlich größer war der Schrecken. Nach diesem Erlebnis wusste sie, dass sein Neid und Hass auf sie grenzenlos und unabänderlich waren. In seiner Schwester hasste er alles, was er selbst nicht konnte und von dem er ausgeschlossen blieb.

Als Sarah mir das erzählte, war sie etwa 30 Jahre alt. Zu diesem Zeitpunkt hatte sie zu ihrem Bruder keinerlei Kontakt mehr, weil dieser alle familiären Beziehungen mied. Er war geschieden und lebte allein. Sarah vermutete, dass er mittlerweile die Feindseligkeit gegen sie auf andere Frauen übertrug. Das verstärkte ihre Schuldgefühle. Lebenslang machte sie sich zum Vorwurf, dass es ihr nie gelungen war, den Hass des Bruders zu überwinden, seinen Neid wenigstens einigermaßen zu beschwichtigen. Sie war aber auch ihren Eltern gram, die sie nicht ausreichend vor ihm geschützt hatten. Sie hatten sich mit der Begründung herausgehalten, Geschwister sollten ihre Beziehungen untereinander regeln. Eltern müssen jedoch erkennen, wann es angemessen ist einzugreifen. Die tragische Beziehung zu ihrem Bruder hatte auch Sarahs Weiblichkeit und ihr Selbstwertgefühl beschädigt, so dass es ihr schwer fällt, Beziehungen zu Männern einzugehen.

Susann Sitzler stellt fest, dass wir davon ausgehen müssen, dass sich physische und psychische Gewalt auf die seelische Gesundheit gleich stark auswirkt, gleichgültig ob sie durch fremde Gleichaltrige oder Geschwister ausgeübt wird: Mobbing bleibt Mobbing mit all seinen schwerwiegenden Folgen.

Das Wichtigste auf einen Blick:

- Die Geschwisterfolge kann eine Auswirkung auf die Persönlichkeitsentwicklung eines Kindes haben, doch ist der Einfluss geringer als oft vermutet wird.
- Die Art der elterlichen Beziehung, das soziale Umfeld, Schul- und Bildungslaufbahn, Schichtzugehörigkeit etc. spielen eine wesentlich größere Rolle. Statistische Zusammenhänge lassen sich nur bedingt finden.
- Die Journalistin Ilse Achilles nennt vier sehr unterschiedliche Faktoren, die für einen einfühlsamen Umgang von Geschwistern miteinander verantwortlich sein können. Zum einen ist es das elterliche Vorbild, nämlich die Art und Weise, wie Eltern mit den eigenen Eltern und Geschwistern umgehen. Andererseits kann eine problematische Familiensituation dazu führen, dass Kinder zusammenrücken. Je geringer der Altersabstand ist, desto stärkere emotionale Bindungen können entstehen – auch wenn mehr Reibung und Rivalität zu erwarten sind. Und schließlich spielen bei mehreren Geschwistern Gruppierungen eine Rolle: Mehrere Geschwister können sich gegen eines verbünden.

8

Macho oder Muttersöhnchen – wie sich Jungen entwickeln können

Manche Mütter haben ihren Jungen gegenüber seelisch stark ambivalente Gefühle. Die Andersartigkeit von Jungen mag sie abschrecken und zu einer ablehnenden Haltung veranlassen. Auf der anderen Seite können Mütter den Jungen wegen seines anderen Geschlechts auch begehren, darum muss der Vater mit seinem »Gesetz« über Inzestgrenzen wachen.

Entwicklungen von Männlichkeit entstehen immer im Beziehungsdreieck Mutter, Vater, Kind. Fehlt der Vater räumlich oder psychisch, so lösen sich Söhne oft nicht von der Mutter. Sie verharren in ihrem Einflussbereich und können von ihr sogar stimuliert und sexualisiert werden. Sind zudem zentrale Bedürfnisse der Mutter unbefriedigt geblieben, so kann sie Befriedigung bei den Söhnen suchen, die sich als geeignete Objekte anbieten. Kommt der Junge der Mutter zu nahe, so kann diese Tatsache bei ihm Ängste mobilisieren, von ihr verschlungen zu werden.

Grandios und frauenverachtend

Die Psychoanalytikerin Evelyn Heinemann hat bei ihren Untersuchungen auf Jamaika die Feststellung gemacht: Männer zeugen mit Frauen Kinder, verschwinden jedoch bald und zeugen weitere Kinder mit anderen Frauen. Die Frauen bleiben alleinerziehend, oft mit vielen Kindern. Aufgrund des Fehlens präsenter Väter, also ohne reale Vorbilder, identifizieren sich die Söhne mit einer beziehungslosen, grandiosen Vorstellung von Männlichkeit. In einer

Art Reaktionsbildung auf die allgegenwärtigen Mütter überbetonen sie Männlichkeit, um ihre starke weibliche Identifizierung abzuwehren. Die Sexualisierung, die Suche nach immer neuen sexuellen Beziehungen, birgt die Gefahr der Wiederholung des Traumas der Vaterlosigkeit in der nächsten Generation. Die Suche nach einer Männergruppe kann zu einer Entwicklung in die Gewalt führen, da das Bild männlicher Überlegenheit die Angst vor Beschämung und Bedrohung durch die eigene Weiblichkeit lediglich abwehrt. Geringfügige Kränkungen können bei den unbeherrschten Männern zu einem ständigen Kreislauf von Angst und Gewalt führen. In Jamaika herrscht mittlerweile eine Kultur mit extremen Formen männlicher Gewaltkriminalität. Evelyn Heinemann schreibt: »Ohne Vater aufgewachsen, wie es dort die übliche Sozialisationsbedingung ist, entwickeln Jungen und Männer illusionäre Fantasien männlicher Größe und Potenz.« Ähnliche Entwicklungen können wir bei Rockern, Skinheads und Naziaufmärschen beobachten.

Steht der Vater nicht zur Verfügung oder ist er ein emotional schwacher Vater, so lässt er seinen Sohn im gefährlichen Einflussbereich der Mutter. Dann kann es zu schweren narzisstischen Beeinträchtigungen und entsprechenden aggressiven Durchbrüchen kommen. Um nicht wieder zum abhängigen Kleinkind zu werden und nicht fürchten zu müssen, von der Mutter verschlungen zu werden, ist oft eine machohafte Haltung das Ergebnis. Vor allem dann, wenn es schon zur übermäßigen Verwöhnung, Bewunderung und Überstimulierung durch die Mutter gekommen ist, und es an emotionaler Unterstützung und Triangulierung durch den Vater fehlte.

Ist der Vater aggressiv, streng, verachtet er Frauen, so muss sich der Junge, um männliche Identität zu erlangen, viel abrupter und kompromissloser von der Mutter lösen als ein Mädchen. Er muss vor allem alles, was er mit Weiblichkeit verknüpft, beispielsweise Schwäche, Einfühlsamkeit und Abhängigkeit, von sich weisen.

Nicht selten neigen solche Jungen zu einem distanzlosen Umgang mit Frauen in einer sexualisierten Sprache bei gleichzeitiger

Entwertung und Verächtlichmachung. Ein solches Verhalten wird als eine *hypermaskuline oder hyperphallische Neigung* bezeichnet. Die Folge ist eine unruhige Getriebenheit mit chronischer Aggressivierung des Verhaltens, das dann nicht selten als eine ADHS diagnostiziert wird. Ich will das mit einer Sequenz illustrieren.

Der neunjährige Niklas lebt als einziges Kind bei seiner 29-jährigen Mutter. Die Eltern leben getrennt, seit Niklas ein Jahr alt war. Der Vater ist seit seiner Jugend drogenabhängig, arbeitet nicht und lebt seit einigen Jahren wieder im Haushalt seiner Eltern. Ein unregelmäßiger Kontakt zu Niklas besteht. Die Mutter verrichtet Gelegenheitsarbeiten, oft bis in den späten Abend. Während dieser Zeit spielt Niklas Nintendo, andere Computerspiele oder sieht fern.

Seit dem zweiten bis dritten Lebensjahr zeigen sich massive Auffälligkeiten in der sozialen und emotionalen Entwicklung von Niklas. Er ist unruhig, rasch frustriert und wird dann schnell wütend. Dann attackiert er seine Mutter und beleidigt sie, auch mit Worten wie Schlampe und Hure. Genauso aggressiv reagiert er in der Schule und greift andere Kinder und Erwachsene körperlich an. Er hat keine Freunde und zeigt ein schwach entwickeltes Selbstwertgefühl, er sagt von sich: »Ich bin nichts, ich kann nichts!«. Niklas leidet unter Schlafstörungen. Bis heute schläft er im Bett seiner Mutter. Niklas hat die Diagnose ADHS bekommen und nimmt seit langem ein Medikament, das bei Bewegungsunruhe verabreicht wird. Aus psychoanalytischer Sicht wird auch eine depressive Störung abgewehrt. Niklas gelingt es nicht, Ängste und aggressive Affekte zu beherrschen, sie auszuhalten und angemessen in Beziehungen zu bringen.

Dieser Junge kann keine Gefühle aushalten, er muss sofort handeln. Er kann nicht aufschieben: »Ich, alles, sofort«, so lautet sein Dogma. Er glaubt, die ganze Welt denke so wie er. Bereits mit neun Jahren zeigt dieser Junge ein machohaftes, grandioses Verhalten. Erkennbar sind bereits seine Sexualisie-

> rung und die Neigung, Frauen zu entwerten. Niklas schläft im Bett seiner Mutter. In der Fantasie hat er sich an die Stelle des Vaters gesetzt, das lässt ihn grandios werden. Gleichzeitig hat ihn die intime Nähe zur Mutter sexualisiert, und er glaubt sich der Mutter weit überlegen.

Der Baseler Filmstudent Tendai Matare hat ein Projekt durchgeführt, das er »Meine fünf vaterlosen Freunde« nannte. Er hat die fünf Personen ausführlich interviewt, vor allem wollte er wissen, was sie bislang vermisst haben und was sie meinen, wie ihr Leben *mit* Vater verlaufen wäre. Er hat mich gebeten, das Projekt zu begleiten und einen Text zu verfassen. Gestaunt habe ich darüber, wie nachdrücklich und bewusst von allen jungen Männern die seelischen Folgen ihrer Vaterlosigkeit beschrieben und verstanden wurden. So als hätten sie die theoretischen Überlegungen der Psychoanalyse studiert. Durchgängig wird Vaterlosigkeit als ein schweres Defizit beschrieben.

Als ich die Bilder der fünf vaterlosen Freunde von Tendai Matare zum ersten Mal gesehen habe, haben sie mich bewegt. Fünf junge Männer schauen ernst in die Kamera. Bei allen ist der männliche Habitus überakzentuiert, durch Blick, Haltung, Signale und Zeichen wie Tätowierungen, Kleidung.

Jeder präsentiert etwas. Einer ist am ganzen Oberkörper tätowiert, im Hintergrund ist ein Boxsack zu sehen. Ein anderer seinen Hund, der grimmig in die Linse schaut. Wieder einer drückt ein Buch an sich mit dem Titel »Art of war« (»Die Kunst des Krieges« von Sun Tsu). Ein besonders bedrohlicher Mann demonstriert auf seinen Unterarmen die Tattoos seiner Bruderschaft und stützt sich auf eine Familien-Ikone mit dem Erzengel Michael, der den Drachen besiegt hat.

Dennoch überwiegt, dank der Kunst des Fotografen, nicht das Martialische. Die Bilder sind vielmehr hochemotional, sie stimmen eher traurig. Tendai Matare hat mit seinen Freunden ausführliche, teils intime Interviews geführt.

Wenn die Unterstützung durch den Vater fehlt, sind Mütter

oft überbeansprucht, die frühe Versorgung eines Kindes kann dann problematisch werden. Ein abwesender Vater wirkt sich entscheidend auf die Entwicklung der Kinder aus. Dies konnte in Deutschland sehr eindrücklich bei den Kriegskindern der Jahrgänge 1939–45 untersucht werden, zu denen ich selbst gehöre. Ein länger abwesender Vater kann zu psychischen Auffälligkeiten im späteren Leben führen; die Kriegskinder berichteten später gehäuft von depressiven Beschwerden, sozialen Ängsten und chronischem Misstrauen. Wichtig ist nicht nur, ab welchem Alter die Väter abwesend waren, sondern auch, wie sie im Herzen der Mutter verankert waren. In vielen Familien der Kriegskinder hingen an der Wand, standen auf den Kommoden Bilder der abwesenden, teils gefallenen Väter. Sie wurden dauernd gesehen, die Väter wurden von den Müttern, Töchtern und Söhnen idealisiert.

Zum einen ist also entscheidend, in welchem Alter der Kinder und unter welchen Umständen die Väter die Familie verlassen haben. Zum andern ist es auch wichtig zu wissen, welche Vorstellungen von ihnen in der Restfamilie fortleben konnten. Denn ein Junge, der vaterlos aufwächst, erlebt keine liebevolle Paarbeziehung seiner Eltern, die er verinnerlichen könnte.

Unzureichende Distanz zur Mutter und fehlende Gemeinsamkeitsgefühle mit dem Vater verhindern eine stabile Verbindung von männlich-väterlichen und mütterlich-weiblichen Anteilen im eigenen Selbst. Betrachten wir die Bilder dieser jungen Männer, so überwiegen bei fast allen die ›hypermaskulinen‹ Tendenzen. Vaterentbehrung kann bei Jungen und bei Mädchen schwerwiegende Folgen für das gesamte Leben nach sich ziehen. Es ist wichtig, dass Jungen in der Familie und in der Gesellschaft Frauen und Männer psychisch erleben können. Die Entwicklungen in Kindertagesstätten und Schulen sind, aus dieser Sicht, zusätzlich problematisch.

Ich fasse zusammen: Wenn sich männliches Selbst nur aus der Differenz zur Mutter entwickelt, nicht aus der Erfahrung der Gleichheit mit dem Vater, dann muss es sich aus Stereotypen bilden mit wenig konkreten und greifbaren Vorstellungen von Männlichkeit. Dann werden Jungen lediglich wirklichkeitsfremde

Fantasien von männlicher Größe und Potenz entwickeln. Sie übernehmen vermeintlich die väterliche Rolle und werden Frauen künftig entwerten.

Der feminine Junge

Die Psychoanalytikerin Evelyn Heinemann hat im Königreich Tonga Feldforschungen durchgeführt. Dort gibt es sogenannte ›*fa'afefine*‹, das heißt übersetzt »Männer, die wie Frauen sind«. Kleine Jungen wachsen als Mädchen auf und werden erst in der Pubertät in eine männliche Haltung gedrängt. Oft ist es das jüngste Kind, das im Bannkreis der Mutter bleibt. Diese besonderen Jungen behalten ihre weiblichen Züge und zeigen als Erwachsene oft transvestitisches oder transsexuelles Verhalten.

Die Trennung von der Mutter fällt schwer, wenn sie mit einer Aufgabe von Privilegien verbunden ist. Ein solcher Mädchen-Junge liebt zwar den Vater, aber diese Beziehung wird von unbewusstem Hass begleitet. Dieser Hass macht es möglich, dass die Inzestfantasie verleugnet oder sogar ausgelöscht wird. Die Mütter verleiten den Sohn zu dem falschen Glauben, er sei mit seiner infantilen – für sie ungefährlichen – Sexualität der beste Partner für sie. Je weniger eine Abgrenzung gelingt, desto stärker ist die Verweiblichung als Ergebnis von unbewusster Verschmelzung mit der Mutter.

Es ist bei uns nichts anderes. Fehlt der Vater, unmittelbar oder mittelbar, so kann eine große Nähe zur Mutter entstehen. Der mangelnde Abstand zur Mutter kann auch zur Folge haben, dass der Junge seine männliche Entwicklung regelrecht aufgibt und verweiblicht. Besonders kennzeichnend für diese Jungen ist eine aggressive Hemmung, sie können sich nicht ausreichend wehren und werden leicht Opfer. Bekannt sind zehn- bis zwölfjährige vaterlose Jungen, die wegen Ängsten, Depressionen oder Kontaktproblemen in die psychotherapeutische Praxis kommen. Gelegentlich wirken sie etwas dicklich, manchmal sind sie aber auch verführerisch und wirken feminin. Meist leben sie in enger Gemeinschaft mit ihrer Mutter, oft sehr zurückgezogen. Der Vater hat sich entweder von der Familie getrennt oder ist ganz aus dem Leben von Mutter und Sohn verschwunden. Wir nennen das im Gegensatz zu einer hyperphallischen eine profeminine Position. Der großartige Karikaturist Loriot hat diesen Typus »Muttersöhnchen« in seinem Film Ödipussi genial nachgezeichnet.

Schlafen im Bett der Mutter

Das elterliche Bett – oder die Schlafstatt neben dem Bett der Eltern – kann für ein krankes Kind oder ein Kind im Alter bis etwa drei Jahren in einer schweren Krise Angstschutz bedeuten. Wichtig ist für die Eltern immer, sich über die eigenen Bedürfnisse klar zu werden. Ist es das berechtigte Anliegen eines Kindes? Oder ziehen wir als Eltern einen ›Gewinn‹ daraus? Elternpaare haben eigene Bedürfnisse und brauchen ihren abgegrenzten Bereich.

Warum kann es schädlich sein, wenn Kinder im Bett der Eltern oder der Mutter schlafen? Zum einen entsteht eine dauerhafte Regression, die ein Vermeidungsverhalten festigen kann. Die betroffenen Kinder müssen sich nicht mit ihren Konflikten und den daraus entstehenden Ängsten auseinandersetzen. Die übergroße und intime Nähe zu den Eltern – vor allem zum anderen Geschlecht – kann zudem inzestuöse Fantasien begünstigen, welche vorhandene Ängste noch verschärfen. Vor allem können die psychosexuelle Entwicklung und die männliche Identität von Söhnen *stark* gestört werden. Ich bin hochaggressiven männlichen Jugendlichen begegnet, die noch mit 15 Jahren jede Nacht im Bett ihrer Mutter schliefen. Teilweise wurde mir von den Müttern beschämt mitgeteilt, dass sie ihre Söhne beim Masturbieren beobachtet hatten; in diesen Fällen wurde die inzestuöse Situation manifest.

Die übergriffige und missbrauchende Mutter

Der Psychoanalytiker Matthias Hirsch bezeichnet als den dunkelsten Kontinent das kaum erforschte, fast verborgene Gebiet der Mutter-Sohn-Beziehung. Ich beginne mit zwei Fallsequenzen.

Ein über dreißigjähriger Mann sucht seit Jahren eine Gefährtin, mit der er eine Familie gründen will. Bislang hatte er mit verschiedenen Frauen Affären. Doch sobald er mit einer Frau, die ihn zuvor durchaus fasziniert hatte, eine sexuelle Beziehung einging, wurde diese schlagartig uninteressant für ihn. Er fühlte sich von ihr abgestoßen, empfand sogar Gefühle von Ekel und beendete die Beziehungen. In psychoanalytischen Sitzungen erinnert er sich, dass er im Alter von vierzehn und fünfzehn Jahren an Ängsten litt und seine alleinerziehende Mutter überredete, mehrere Monate lang in ihrem Bett schlafen zu dürfen. Oft nahm er eine Taschenlampe mit ins Bett, um die Mutter im Intimbereich genau zu betrachten. Niemand, der die Geschichte hört, kann sich vorstellen, dass die Mutter nichts bemerkt haben soll. Es ist jedoch nicht schwer zu erklären, welche unbewussten Zusammenhänge beim erwachsenen Mann wirken. Sexuelle Hochgefühle, die in der Adoleszenz erlebt wurden, graben sich in unser Unbewusstes ein und bestimmen unseren sexuellen Weg, so entstehen auch alle Perversionen oder Parafilien. Wenn dieser Mann mit einer Frau schläft, überfallen ihn unbewusst Erinnerungen an die Mutter, es kommt augenblicklich zu Inzestängsten, sein sexuelles Begehren schwindet.

Ein sechsjähriger Junge wurde einem Kinder- und Jugendlichen-Psychotherapeuten vorgestellt. Er hatte eine bizarre Knopfphobie entwickelt: Seit etwa drei Jahren konnte er keine Knöpfe mehr anfassen. Mittlerweile zog er nur noch knopflose Kleidung an. Die Bettwäsche bekam Reißverschlüsse, seine Jeans erhielten Gummizüge. Nur die Knöpfe an den Jacken

> waren durch nichts zu ersetzen, die musste er widerstrebend akzeptieren. Die Jacken konnte er allerdings offen lassen. Dachte er nur an Knöpfe, musste er sich unumgänglich die Hände waschen. Jedes Anfassen von Knöpfen ekelte ihn, und das Durchstecken von Knöpfen durch Knopflöcher war für ihn ganz schrecklich und nicht durchführbar.
>
> Gleichzeitig wurde der Junge im Kindergarten auffällig, weil er an den Genitalien der Mädchen Interesse zeigte. Parallel dazu erkundete er mit seinem gleichaltrigen Cousin den eigenen und dessen Penis. In der Schule setzte sich sein sexualisiertes Verhalten fort, was Erzieherinnen und Lehrerinnen in Alarmbereitschaft versetzte. Die Eltern wurden auf die Auffälligkeiten hingewiesen und suchten einen Therapieplatz.
>
> Was waren die auslösenden Ereignisse gewesen? Mit drei Jahren war bei dem kleinen Patienten eine Phimose diagnostiziert worden. Auf Anweisungen des Kinderarztes führte die Mutter von jetzt an, gemäß der Leitlinie der Kinderurologen, zweimal täglich mit dem Sohn eine Behandlung durch. Die Vorhaut wurde zurückgezogen, Eichel und Vorhaut wurden mit cortisonhaltiger Salbe eingecremt, der Penis wurde massiert. Dies geschah über einen Zeitraum von drei Jahren, bis schließlich doch eine Zirkumzision durchgeführt werden musste.

Ulrike Krüger-Degenkolbe, die mir den Fall in einer Supervision vorgestellt hatte, formulierte wie folgt: »Ich sehe die Entstehung dieser Knopfphobie als eine wundervolle symbolhafte Umschreibung der unbewussten Inzestangst *vor* seiner Mutter wie auch des Inzestwunsches des Jungen *hinsichtlich* seiner Mutter. Das Symbol ist eine konsequente Kompromiss- und Symptombildung«.

Der Vater zeigte übrigens an seinem Sohn nur geringes Interesse. Zwar befolgte die Mutter lediglich einen »ärztlichen Rat«. Was sie ausführte, zeigte allerdings erschreckende Auswirkungen; Inzestgrenzen und Generationengrenzen wurden nur noch unzureichend beachtet. Nachdem sich die Therapeutin an die Verantwortlichen der Kinderurologie gewandt hatte, wurden inzwischen in die Leitlinie zur Phimosenoperation Überlegungen zur psychischen Wirkung von operativen Eingriffen und zum Einfluss auf die männliche Entwicklung von Jungen eingefügt.

Vor einiger Zeit sprach ich mit einer Freundin über Mütter, die inzestuöse Grenzen überschreiten. Diese reagierte entsetzt und wütend, das sei doch alles aus der Luft gegriffen, sie könne das nicht glauben. Ein Anteil von Frauen am Missbrauch von Kindern wird durchweg geleugnet. Im Kapitel über die Mutter habe ich berichtet, dass unsere Gesellschaft von der Mutter und ihren Beziehungen zum Kind viele idealisierende Bilder und Vorstellungen geschaffen hat. Sexueller Missbrauch widerspricht dem geltenden Bild von Mütterlichkeit. Ganz offensichtlich fällt es nicht nur schwer, Stereotypen von reiner Mutterliebe und unendlicher Fürsorge anzuzweifeln, sondern sogar gegensätzliche Erfahrungen anzunehmen. Es wirkt wie ein Tabubruch und löst heftige Affekte aus. Ich habe einmal geschrieben, dass mütterlicher Missbrauch oft auf Samtpfoten, gut getarnt und unbemerkt daherkommen kann. Übergriffigkeit ist nur schwer von mütterlicher Fürsorge und Pflege abzugrenzen, mütterliche Erregung bleibt wie im Fall der Phimosenbehandlung verborgen und ist zunächst nicht zu erkennen.

Zwar werden die meisten Jungen von Männern sexuell missbraucht, doch liegt der Täterinnenanteil – Mütter und nahe Angehörige – nach dem Erziehungswissenschaftler Dirk Bange immerhin zwischen 10 bis 20 %. Manche Taten wurden auch mit großer Gewalt durchgeführt.

Der bereits erwähnte Matthias Hirsch weist darauf hin, dass der Junge und der Mann aufgrund ihrer »männlichen Sozialisation« große Schwierigkeiten haben, sich als Opfer zu zeigen, das gilt vor allem für Männer, die von ihren Müttern und Frauen Gewalt erfahren haben. Der Psychotherapeut Parfen Laszig berichtet, dass die meisten in früher Kindheit missbrauchten Männer (von Frauen oder Männern missbraucht!) schwerwiegende Symptome wie etwa Ängste, Depressionen, Suizidalität und Suchtverhalten zeigten. Vor allem machten sich deutliche Auswirkungen auf die Geschlechtsrollenorientierung bemerkbar: Es fehlte so gut wie immer eine eindeutig männliche Identifizierung, es überwogen bei den männlichen Opfern weibliche und androgyne Vorstellungen. Das Verhalten von missbrauchenden Frauen-Müttern und Vätern-Männern ist in gleicher Weise zerstörerisch.

Dazu ein Fall aus meiner Praxis: Jonathan war mit 13 Jahren wegen depressiver Verstimmungen und Antriebshemmungen in analytische Therapie gekommen. Er war ein sehr empathischer, ein wenig feminin wirkender Junge, den die Mädchen in seiner Klasse über alles liebten, die Jungen jedoch verspotteten. Rasch entwickelte er Zutrauen und erzählte offen von seinen Wünschen und Fantasien. Dann hatte er mit etwa 15 Jahren den folgenden Traum, der ihn zunächst sehr verwirrte: *»Der schönste Traum, den ich je hatte: Bin in einem dunklen Haus. Da sehe ich einen Mann, kommt mir irgendwie bekannt vor. Spüre ein ganz tolles Gefühl.«*
Es war Jonathans eigenes »Coming-out«. Mit diesem Traum erkannte er seine Homosexualität. Ihm fiel ein, dass der Mann im Traum einem Bekannten der Familie ähnelte, den er immer schon faszinierend gefunden hatte. Das dunkle Haus repräsentierte wohl auch die sexuelle Unerfahrenheit und seinen Körper. Dieser wird jetzt vom Mann besetzt, den er von nun an offen begehrt. Ich habe diesen Traum nicht weiter gedeutet. Ich stellte lediglich fest, dass er jenen Mann wohl attraktiv gefunden hätte, was Jonathan bestätigte. »Wissen Sie, was mir an ihm am besten gefiel? Seine behaarte Haut – es gibt nichts Schrecklicheres als die unbehaarte Haut einer Frau! Sie ist doch wie tot.«
In der nächsten Stunde teilte mir Jonathan mit, warum er die unbehaarte Haut von Frauen so abstoßend fände. Bis zum Alter von zwölf Jahren sei seine Mutter morgens, viele Jahre lang, wenn der Vater zur Arbeit gefahren war, zu ihm ins Bett geschlüpft und hätte mit ihm gekuschelt. Zumeist sei sie noch im Nachthemd gewesen, manchmal auch nackt. Wenn er sich

daran erinnere, müsse er sich ekeln, beinahe übergeben. Jonathan hat sich gegen die inzestuöse Nähe der Mutter »immunisiert« und sich Männer als gleichgeschlechtliches Liebesobjekt gewählt.

Der Kindesmissbrauch von Männern ist rücksichtslos, voller Gewalt und letztendlich immer eine Vergewaltigung. Die missbräuchliche Übergriffigkeit von Frauen ist als geschlechtslose mütterliche Liebe kaschiert, unterscheidet sich jedoch nicht bei den Auswirkungen des Missbrauchs. Oft werden die Jungen von ihrer Mutter kaum merklich in eine narzisstisch-sexualisierte Abhängigkeit verstrickt. Bei näherem Hinsehen sind es jedoch subtile Formen eines emotionalen, manchmal auch inzestuösen Missbrauchs mit tragischen Folgen für die künftige sexuelle Entwicklung eines jungen Mannes.

Wir wissen nicht, wie häufig Missbrauch von Müttern vorkommt, weil es innerhalb von Beziehungen oft schwer zu definieren ist, was notwendige Hygiene, liebevolles Spielen, Liebkosung und Zärtlichkeit sind und wo realer Missbrauch beginnt. Kriminalstatistiken betrachten die Altersspanne und ob Handlungen mit Körperkontakt vorliegen. 2012 wurden 4,1 % der aktenkundigen Fälle von Kindesmissbrauch von Frauen ausgeübt, der Autor Dirk Bange spricht von insgesamt 10–20 %. Wir müssen jedoch von einem großen Dunkelfeld ausgehen. In den Fällen, die ich therapiert habe, war von den missbrauchenden Müttern nicht eine angezeigt worden. Die Folgen für das Leben der Opfer können sehr unterschiedlich sein. Der bizarrste Fall, mit dem ich konfrontiert wurde, war eine Großmutter, die regelmäßig ihre Enkeltochter und den Enkelsohn mit ins Bett nahm und dort missbrauchte. Sie war alkoholkrank, und ich hatte den Eindruck, dass sich bei ihr alle Auffassungen von Inzestgrenzen und Moral im Alkohol aufgelöst hatten.

Wie erwähnt, wird Missbrauch transgenerational weitergegeben. Der Sozialarbeiter einer Vollzugsanstalt fragte an, ob ich Gespräche mit einem ihrer Häftlinge durchführen würde. Er war wegen schwerer Hochstapelei inhaftiert und sollte demnächst entlassen werden. Es stellte sich die Frage, ob er Kontakt zu seinen Kindern haben könnte. Sein Sohn Heiko war wegen Unruhe und Unkonzentriertheit bei mir in Behandlung, er hatte seinen Vater bislang kaum erlebt.

> Der Vater hatte eine Förderschule besucht. Später gründete er eine Gesellschaft für Raketenbau, die es nur auf dem Papier gab und verkaufte Anteile an interessierte Anleger, überwiegend Akademiker. Von da an lebte er wie ein Millionär mit großen Autos, Reisen etc. Schließlich platzte die Bombe, als einige Anleger ihr Geld zurückhaben wollten. Mittlerweile war fast alles verjubelt, so dass Heikos Vater verhaftet und zu vier Jahren Gefängnis verurteilt wurde.
>
> Warum und wie wird ein Förderschüler zum Hochstapler auf höchstem Niveau? Das war mir bislang ein psychologisches Rätsel geblieben. Dann erzählte mir der Mann aus seiner Kindheit und Jugend. Der Vater sei als Vertreter die Woche über unterwegs gewesen. Als er etwa vierzehn Jahre alt gewesen sei, habe ihn die Mutter eines Abends mit ins Bett genommen. Sie habe mit ihm sexuelle Spielereien begonnen, ihn schließlich masturbiert und auch sich selbst. Danach habe sie unvermittelt gefordert, dass er aus ihrem Bett verschwinde. Den nächsten Tag habe die Mutter weinend, sichtlich voller Schuld verbracht.
>
> Zum Vater habe er nie ein gutes Verhältnis gehabt, er sei immer sehr streng zu ihm gewesen. Als er ihn eines Tages wieder einmal schlug, schrie er triumphierend im Zorn heraus, dass er Sex mit der Mutter gehabt habe. Er wurde danach von ihm fast bewusstlos geschlagen. Der Vater glaubte ihm nicht. Er kündigte ihm an, wenn er diese Schweinerei wiederhole, würde er ihn totschlagen.
>
> Heikos Vater hat den Inzest mit der Mutter vollzogen und hat dabei einen einzigartigen Triumph erlebt. Er hat sogar den grausamen Vater besiegt. Meine Vermutung war, dass sich in

seiner Hochstapelei im Erwachsenenalter die damalige Szenerie wiederholte. Als Schöpfer einer fantastischen hyperphallischen Raketentechnik – ebenso grandios und traumhaft wie der Sex mit der Mutter – feierte er Triumphe. Und er betrog damit die Akademiker-Väter und war ihnen überlegen. Doch holte ihn das väterliche Gesetz – im Namen des Vaters – ein, er wurde verhaftet und bestraft. Jahre später hörte ich nochmals von Heikos Vater. Nach Rückkehr in seine Familie war alles eine Weile gut gegangen. Dann hatte er seine Tochter, Heikos ältere Schwester, missbraucht und war erneut ins Gefängnis gekommen. Leider werden ehemalige Opfer nicht selten zu Tätern, um sich von unbewussten Gefühlen der Ohnmacht und Hilflosigkeit zu befreien.

Zwischen Überheblichkeit und Verachtung von Frauen

Andreas Marquardt war einst ein berüchtigter Zuhälter in Berlin. Er war unvorstellbar gewalttätig, misshandelte seine Prostituierten bestialisch und beutete sie gnadenlos aus: »Unrechtsbewusstsein kannte ich nicht, Zuschlagen war eine Selbstverständlichkeit«, so schreibt er. Aus seinen Berichten wird gleichzeitig eine unbeschreibliche Verachtung von Frauen spürbar: »Natürlich wollen Frauen keine Schläge ..., aber die starke Hand, die sie führt, die wollen sie. Und dass die des Öfteren ausrutscht, gehört zum Gewerbe wie das Amen in der Kirche ... Ich verabscheute und hasste Frauen. Bald hatte ich keine guten Empfindungen mehr für sie übrig, es ging nur noch um meine Lust. Und das Beste: Mir tat nichts mehr in meiner Seele weh« (S. 85). Gleichzeitig wird eine beispiellose Sucht, gesehen zu werden, erkennbar: Goldkettchen, Ringe, Wedeln mit Geldscheinen, teurer Schlitten vor der Tür.
Wie kann ein solches Maß an rücksichtsloser Gewalt und Verachtung des weiblichen Geschlechts entstehen? Irgendwann

> wurde Marquardt verurteilt und seine schwerwiegende Persönlichkeitsstörung erkannt. Zu seinem Glück wurden zwei Psychotherapien mit ihm durchgeführt, in denen die dunklen Geheimnisse gelüftet wurden, die diese grausame Persönlichkeitsstörung verursacht hatten.
> Etwa von seinem achten Lebensjahr an bis ins Jugendlichenalter war er von seiner Mutter missbraucht worden. Viele Jahre, jede Nacht, fanden sexuelle und perverse Spiele statt, Geschlechtsverkehr, auch ungeschützter Verkehr nach der Geschlechtsreife. Am Anfang genießt es der neugierige kleine Junge, er ist stolz darauf, das alles mit der Mutter machen zu dürfen. Dann bekommt er Angst, dass seine Mutter ein Kind bekommen könne. Er fängt an, sich zu ekeln, will aufhören. Die Mutter lässt ihn nicht, droht mit Abschiebung und Jugendamt. Marquardt beginnt, sich massiv zu wehren, entzieht sich und verweigert sich. Er wird immer aggressiver, niemand versteht ihn mehr. Die Mutter machte ihn schließlich sogar bei seinen ersten Freundinnen schlecht, um ihn nur nicht zu verlieren.

2007 ist das lesenswerte Buch von Marquardt erschienen, »Die Härte«, es wurde auch verfilmt. Er schreibt darin über seine Mutter: »Verziehen habe ich ihr bis heute nicht, meine Gefühle bleiben kalt. Das wird sich nie ändern, denn es gibt keine Entschuldigung. Eine Mutter darf ihr Kind so nicht behandeln« (S.250).

Das Wichtigste auf einen Blick:

- Der fantasierte Liebeswunsch eines Kindes zielt immer auf die Mutter und ist somit ein Inzestwunsch. Umgekehrt ist das Kind – wiederum unabhängig vom Geschlecht – dem Begehren seiner Mutter ausgesetzt, die vielleicht mehr will als lediglich das Bedürfnis des Kindes stillen. Inzestangst kann sich in die Befürchtung wandeln, von der Mutter aufgefressen, verschlungen zu werden. Ein ungestörtes Aufwachsen in einer Familie setzt die unbedingte Errichtung eines Inzestverbotes voraus.
- Durch Anerkennung des Vaters und seines Gesetzes wird eine dauerhafte Zweisamkeit zwischen Mutter und Sohn verhindert und der Zugang zur väterlichen Welt gewährleistet. Ist die elterliche Beziehung intakt, nimmt der Vater seinen Platz im Beziehungsdreieck ein.
- Steht der Vater nicht zur Verfügung oder ist er emotional schwach, so lässt er seinen Sohn im gefährlichen Einflussbereich der Mutter. Dann kann es zu schweren narzisstischen Störungen und aggressiven Durchbrüchen kommen. Häufig ist eine machohafte Haltung das Ergebnis. Nicht selten neigen solche Jungen zu einem distanzlosen Umgang mit Frauen in einer sexualisierten Sprache bei gleichzeitiger Entwertung und Verächtlichmachung. Ein solches Verhalten wird als eine *hypermaskuline oder hyperphallische Neigung* bezeichnet.
- Der mangelnde Abstand zur Mutter kann auch zur Folge haben, dass der Junge verweiblicht und zum »Muttersöhnchen« wird.
- Die übergroße und intime Nähe zu den Eltern – vor allem zum anderen Geschlecht – kann inzestuöse Fantasien begünstigen, welche vorhandene Ängste verschärfen und die Entwicklung einer männlichen Identität stark beeinträchtigen bis verhindern.
- Mütterlicher Missbrauch kann unbemerkt vor dem Hintergrund von Pflegeleistungen daherkommen, die Folgen für die

Opfer sind aber genauso dramatisch wie bei missbrauchenden Männern. Diese zeigen sich in einer Vielfalt von Symptomen von Traumafolgestörungen, vor allem konnte sich keine stabile männliche Identität mit einer gesunden Sexualität entwickeln. Perverse Fantasien und Handlungen können lebenslang das Sexualleben des Mannes beherrschen. Besonders tragisch ist, dass Missbrauch auch transgenerational weitergegeben werden kann. Missbrauch von Jungen-Männern findet eher mit fremden Menschen statt, der Missbrauch von Mädchen-Frauen überwiegend in der Familie.

9

Die psychosexuelle Entwicklung des Jungen

Auf dem Weg des Jungen zu einer gesunden Männlichkeit existieren viele »Schaltstellen«, und der Verlauf birgt manche Risiken. Gelegentlich kann das Ringen des Jungen um seine Identität wie die Fahrt mit einer Achterbahn erlebt werden. Doch kommt es auch bei Achterbahnen nur selten zu Unfällen, in den meisten Fällen siegt die Normalität und aus kleinen Jungen werden psychisch reife Männer.

Der Theologe und Pädagoge Don Bosco hat geschrieben: »Das erste Glück eines Kindes ist das Bewusstsein, geliebt zu werden«. Darum beginnt alles mit dem liebevollen und aufwertenden Blick der Mutter. Die Psychoanalytiker Phyllis und Robert Tyson gehen davon aus, dass Jungen ihren Penis spielerisch entdecken müssen. Das kann kaum verhindert werden, außer, wie in der Vergangenheit nicht selten geschehen, durch ausgeklügelte Maßnahmen prüder Eltern. Innerhalb dieses Entwicklungsprozesses werden gemäß den beiden Autoren lustvolle Erfahrungen, die der Säugling über das Erkunden seines Körpers im Spiel mit seinen Genitalien und mit ersten genitalen Empfindungen erwirbt, in seine Vorstellungen integriert. Die Autoren illustrieren ihre Überlegungen mit einer kleinen Szene: Ein zehn Monate alter Säugling entdeckt seinen Penis als hochinteressantes Anhängsel und zu seinem Körper zugehörig. Er wirft der Mutter dabei einen strahlenden Blick zu, den diese ebenso erwidert. Viele Autoren unterstreichen die Bedeutung dieses liebevoll aufwertenden Blickkontakts durch die Mutter. Der Beziehungsaustausch zwischen Mutter und Kind legt Körpergrenzen fest und lässt ein erstes Bewusstsein für das eigene

Geschlecht entstehen. Der aufwertende, im ungünstigen Fall auch entwertende Blick der Mutter entscheidet über die positive Besetzung des Penis durch den Jungen – Männlichkeit entsteht also zuerst in den Augen der Mutter.

Zwei Szenen aus Säuglingsbeobachtungen belegen die Wichtigkeit mütterlicher Aufwertung. Studierende der Psychoanalyse üben auf diese Weise ihren analytischen Blick und versuchen unbewusste Zusammenhänge über die Aktionen einer Mutter mit ihrem Kleinkind zu erkennen.

> Eine Psychoanalytikerin besucht den 18 Monate alten Moritz und seine Mutter. Er ist einziges Kind seiner Eltern, die Mutter ist 44 Jahre alt, der Vater 47. Das Paar war bereits acht Jahre miteinander verheiratet und hatte nicht mehr mit einer Schwangerschaft gerechnet. Die erstaunlichen Veränderungen in ihrem Leben hat die Mutter mit folgendem Satz beschrieben: »Nach 27 Jahren Berufstätigkeit zur Vollzeitmutti, wir werden sehen!«
> Eine kleine Skizze der Beobachterin: »Moritz hat offensichtlich genug gegessen und getrunken, die Mama ist nahe bei ihm, und er lässt sich auf sie fallen, sie lässt sich umwerfen und Moritz lacht und freut sich daran, zieht und zupft an ihr herum. Die Mutter nimmt ihn in den Arm. Dabei meint sie, ob er wohl die Hosen vollgemacht habe. Wir gehen alle drei zum Wickeltisch. Moritz wird hochgehoben und hat tatsächlich eine ziemliche Ladung drin. Vorher will er noch seinen Teddy und das Baby, den kleinen Teddy. Nachdem er sauber ist und die Mutter ihm die frische Windel anziehen will, entdeckt sie seinen steifen Penis und lacht in einer Mischung aus Stolz und Verlegenheit. Ich bilde mir ein, sie sei leicht rot geworden: ›Das ist doch heiß. Bei so einem kleinen Büble und alles funktioniert‹, sagt sie und macht die Windel zu«.
> Eine andere Szene: »Als die Mutter etwas in den Eckschrank räumen muss, geht sie in die Hocke und Moritz lehnt sich an ihren Rücken, nimmt den Daumen in den Mund und schmiegt

sich schließlich richtig an. Die Mutter bleibt in der Hocke, dreht sich zu ihm hin und Moritz legt ihr die Arme um den Hals. ›Das kann er inzwischen auch, die Mama so richtig lieb umarmen‹, sagt sie, nimmt ihn ebenfalls in die Arme und knuddelt ihn. Dabei stellt sie fest, dass er stinkt und meint, gleich müsse sie ihm mal in die Windeln schauen. Im Wohnzimmer legt sie ihn auf einen Sessel, streift die Hose runter und stellt fest, dass die Windel voll ist. Zunächst liegt Moritz Daumen lutschend auf dem Rücken. Nachdem er die Windel los hat, langt er sich an seinen Penis und zieht daran, während die Mutter ihm den Hintern sauber wischt. Sie streichelt ihm über den Bauch und Moritz lacht. ›Das magst Du, gell‹, sagt sie und prustet auf seinen Bauch. Jetzt lacht er richtig laut und sie wiederholt beides. Als Moritz Anstalten macht, sich umzudrehen, sagt sie: ›Au, jetzt muss ich schnell machen‹ und dreht ihn wieder zurück. Moritz bleibt jetzt ruhig liegen, und Frau Peters zieht ihm eine Windel an«.

Bereits im ersten Lebensjahr können bei Jungen Erektionen beobachtet werden. Nach dem Soziologen Dornes tauchen sie vorwiegend in REM-Schlafphasen, beim Urinieren und beim Weinen auf. Die beiden vorherigen Szenen zeigen ein entspanntes und in Grenzen auch lustvolles Spiel zwischen Mutter und Sohn. Die Mutter ist stolz auf die Erektion ihres kleinen Jungen und freut sich, dass ›alles funktioniert‹. Ein wenig Scham ist dabei zwar zu spüren, aber das hat wohl mehr mit der Beobachterin zu tun als mit ihrem erregten Büblein. Auch in der zweiten Szene kommt es beim Spiel mit dem Penis zu Zärtlichkeiten zwischen Mutter und Kind. Es ist davon auszugehen, dass zwischen ihnen eine lebendige, ja innige Beziehung herrscht.

Sexualität ist für niemanden ein neutrales Thema. Es ruft bei allen Menschen starke Reaktionen unterschiedlicher Art hervor – Neugier, Faszination oder auch Scham, Angst und Ekel. Die Einstellungen der Eltern, wie sie sich zu den spielerischen Berührungen der Genitalien bei Jungen oder Mädchen verhalten, sind lebensgeschichtlich geprägt. Dies wurde im Kapitel über die Mutter und deren möglicher Zwiespältigkeit ausführlich diskutiert.

Der Psychoanalytiker Wolfgang Mertens sieht solche Haltungen im engen Zusammenhang mit der mütterlichen Einstellung zu Nacktheit, Zärtlichkeit, Selbstbefriedigung, sie sind geprägt von gesellschaftlichen und kulturellen Normvorstellungen. Sie hängen aber auch von ihren Einstellungen zur männlichen Geschlechtsrolle ab. Die intime Nähe, die Wahrnehmung sexueller Regungen beim eigenen Kind lösen inzestuöse Ängste aus, die Scham- und Schuldängste nach sich ziehen können. Einflüsse einer Mutter, die ein negatives Bild vom Mann in sich trägt, können darum auch zerstörerisch sein, wie schon im Kapitel über die Mutter dargestellt. Ich vermute, dass die große Bedürftigkeit mancher Jungen (und Männer) hinsichtlich Gesehen, Bewundert und Bestätigt werden, ihrem Größendenken und der fragilen männlicher Identität, hier ihre Wurzeln haben.

Verselbstständigung, Autonomie und Wiederannäherung

Überall auf der Welt begegnen sechs bis acht Monate alte Säuglinge bei der ersten Begegnung fremden Personen misstrauisch, ängstlich und reagieren gelegentlich mit heftigem Schreien. Diese Phase wird auch Acht-Monats-Angst genannt. Offensichtlich suchen Säuglinge, wenn sie sich in einer fremden Welt von unbekannten Menschen bedroht sehen, wieder die Nähe zur Mutter. Dies kann unterschiedlich eingeschätzt werden. Zum einen gilt ein solches ›Fremdeln‹ als ein positives Reifungszeichen: Das Kind kann jetzt die Mutter vom Fremden unterscheiden. Dieses Fremdeln ist nicht etwa das Ergebnis von Bindungsstörungen, vielmehr ist es eine berechtigte und normale Angst vor dem Fremden. Wie jede Angst soll sie auf eine mögliche Gefahr aufmerksam machen.

Unsere Erfahrungen legen allerdings nahe, dass das Phänomen besonders ausgeprägt bei Kindern auftritt, bei denen die frühen

Beziehungen zur Mutter oder anderen Bezugspersonen nicht optimal gewesen sind. Dort geht es also nicht um erste schlechte Erfahrungen mit Fremden, sondern um Probleme mit Bindung und Beziehung mit den frühkindlichen Bezugspersonen. Die beunruhigenden Erfahrungen mit den ersten Bezugspersonen, die Angst bewirkt haben, werden von jetzt an zum Muster für die Begegnungserwartungen gegenüber allen Menschen: Das verstörte Kind fürchtet sich vor dem Fremden und klammert sich an die Mutter, obwohl es wahrscheinlich gerade mit ihr erste schlechte Erfahrungen gemacht hat. Wie ist das zu erklären? Der klammernde Säugling hat offenkundig keine befriedigende Beziehung mit seiner Mutter erlebt, die ihm Vertrauen in die äußeren Welten und die Menschen vermittelt hätte. Urmisstrauen ist entstanden, wir können auch von einer unsicher-ambivalenten Bindungsstörung sprechen. Eine wichtige Folgerung daraus: Sichere Bindung schützt vor übermäßiger Fremdenangst. Eine gelungene Autonomieentwicklung fördert die Lust von Kindern an der Welt. Geschlechtsunterschiede existieren dabei zunächst kaum. Kommt es allerdings nicht zum Fremdeln, können ebenfalls Bindungsstörungen vorliegen. In diesen Fällen ist es zu keiner ausreichenden Trennung zwischen dem Kind und der Mutter gekommen.

Von jedem Kind werden von Anfang an Weiterentwicklung und Verselbstständigung erwartet. Dieser Prozess beginnt etwa, wenn das Kind vom Schoß der Mutter herunterkrabbelt und die nähere Umwelt zu erkunden sucht. Immer wieder kehrt es zur Mutter zurück, um durch Körperkontakt Mut und Kraft für neue »Exkursionen« aufzutanken. Denn von Anfang an lösen solche nach vorwärts gerichteten Energien gleichzeitig Ängste aus, dann klammert sich das Kind wieder an die Mutter. Bewegt sich das Kind von der Mutter weg, so behält es mit ihr weiterhin Blick- und Hörkontakt, und je besser der funktioniert, umso weiter kann sich das Kind entfernen. Umgekehrt löst ein solches Streben der Kinder nach Selbstständigkeit in Müttern oft die Angst aus, etwas zu verlieren, und mobilisiert Wünsche, das Kind festzuhalten.

Irgendwann im ersten Lebensjahr beginnt ein Kind, die äußeren

Welten und den Raum zu erobern. Es fängt an zu rutschen, zu krabbeln und läuft schließlich überall hin. Das Erkundungsbedürfnis eines Kleinkindes steht in direktem Zusammenhang mit seinem Bindungsbedürfnis. Die Lust zur Erkundung der Welt wird nur dann ausreichend aktiviert werden, wenn ein Kind sicher gebunden ist, ansonsten bleibt seine Angst vor der Welt – zumindest teilweise – erhalten.

Es gibt viele Ursachen, warum ein Kind seine Angst vor den fremden Welten nicht überwinden kann. Am häufigsten sind es Angst und Hilflosigkeit seiner Eltern. Selbst wenn alle Wohnräume noch so kindersicher gemacht werden und einer Gummizelle eher ähneln denn einem Salon, sind weiterhin viele gefährliche Teile in Reichweite. Irgendwo steht ein scharfkantiger Couchtisch aus Glas, da ist eine geliebte Vase in Reichweite und hier sind die wunderbaren Fernbedienungen, die sich so geräuschvoll auf den Boden knallen lassen. Wer bewegungsfreudige, raumergreifende Kinder erlebt hat, weiß, wie oft man als erwachsener Elternteil in permanente Anspannung, ja Erregung geraten kann. In ihrer Hilflosigkeit neigen Eltern dann zu unterschiedlichen Verhaltensweisen: Entweder reagieren sie mit aufgeregtem Brüllen und schreien immer wieder nur nein, nein! Mit einem solchen ständigen Verbieten ist die Gefahr groß, ein Kind langfristig zu ängstigen, seine Neugier zu hemmen und sein erwachendes Selbstbewusstsein zu erschüttern. Oder das Kind wird überbehütet, aus ständiger Angst, es könne ihm etwas geschehen. Dann wird vielleicht die Autonomieentwicklung des Kindes ausgebremst werden, und die Kinder erwerben keine ausreichende Sicherheit und kein Selbstvertrauen. Dies kann auch direkt in eine aggressive Hemmung von Jungen übergehen. Darum sollten Eltern ihren Kindern niemals »Stolpersteine« aus dem Weg räumen. Wenn Kinder sich nicht anstrengen müssen, werden sie mit der Zeit schwerfällig und lustlos. Sie lernen es nicht, sich durchzusetzen, und sie werden ängstlicher als andere. Erst durch Entbehrung und Anstrengung werden Lust und Vergnügen überhaupt möglich. Freudiges Herumtollen ist immer sinnvoller als vor dem

Computer zu sitzen oder Spiele auf dem Nintendo zu machen. Soziale Kontakte und spielerische Dialoge fördern zudem die Fähigkeit, symbolisch zu denken. Hierüber wird in späteren Kapiteln ausführlich berichtet.

Kinder sind während ihrer Autonomieentwicklung von ihrem eigenen Können und ihrer Größe rundum überzeugt. Sie können noch keine realen Gefahren einschätzen, sie wissen nicht, dass es empfindliche und wertvolle Dinge gibt, die zerstört werden können. Diese Verantwortung müssen die Eltern übernehmen, auch wenn einmal etwas kaputt geht. Eltern müssen lernen, solche Ungewissheiten zu ertragen.

Kinder lernen Spannungen auszuhalten, indem sie zunehmend kleinere und größere Trennungen ertragen. Sie müssen sich an ihren Eltern ›reiben‹ können, und sie müssen erfahren, dass sie widerspenstig und aggressiv sein dürfen. Sie müssen aber auch lernen, Veränderungen hinzunehmen, Unlust auszuhalten sowie Befriedigungen aufzuschieben. Die Überlegung der Kinderpsychoanalytikerin Françoise Doltò ist ein hilfreiches Leitmotiv: »Bedürfnisse müssen befriedigt werden, aber über Wünsche sollte man sprechen.« Die Gefahr ist groß, dass es heute gerade andersherum geschieht.

Gelegentlich schätzen Mütter die Gefahren für ihr Kind zu groß ein und ertragen negative Spannungen, wie etwa Aggression, nur schlecht. Kinder mit Angststörungen haben oft ›Angstmütter‹. Dann besteht die Gefahr, dass Kinder keine aggressive Ich-Durchsetzung erwerben können, denn wo Angst ist, kann keine Aggression entstehen. Dann werden Kinder vielleicht Ängste vor Liebesverlust entwickeln, und diese stehen im Widerspruch zur Eroberung der Außenwelten. Das Kind wagt dann weder eine Auseinandersetzung mit der Welt noch ein Liebesverhältnis mit ihr, weil es die Missbilligung seiner Eltern fürchtet. Langfristig kann eine solche Situation zur Entwicklung von ängstlichen und depressiven Symptomen führen, wenn Aggression nur zerstörerisch wahrgenommen werden kann.

Erlernt das Kind schließlich das aufrechte Gehen, so erlebt es das wohl so, als könne es die Welt jetzt regelrecht beherrschen. Eine Periode des Überschwangs und der Selbstüberschätzung setzt ein: zum einen, weil das Kind stolz darauf ist, so viele neue eindrucksvolle Fähigkeiten erworben zu haben, zum anderen, weil es sich aus dem Umschlungen sein von der Mutter befreit glaubt.

Dieser Überschwang und die damit einhergehende Selbsttäuschung halten nicht lange an. Etwa um die Mitte des zweiten Lebensjahres machen sich erneut Trennungs- und Verlustängste bemerkbar. Das Kind erlebt sich nun zum ersten Mal als losgelöst von der Mutter, es erfährt, wie die Psychoanalytikerin Margaret Mahler sagt, seine »psychische Geburt«. Diese Erkenntnis führt das Kind auch zu einer realistischen Einschätzung seiner Lage: Es erkennt, dass es nur ein hilfloses kleines Wesen in einer unendlich großen und gefährlichen Welt ist.

Die Fantasien der eigenen Allmacht schrumpfen ebenso wie der Glaube, die Eltern seien allmächtig. Dies führt zu einer Krise, die sich über Aktivität und Rastlosigkeit, aber auch in Wutanfällen ausdrücken kann: Das Kind stößt die Mutter von sich, weil es unabhängig sein will, und hängt doch wenig später wieder an ihrem Rockzipfel. Jetzt zeigen sich zunehmend Geschlechtsunterschiede. Jungen werden bewegungsfreudiger, expansiver und beginnen, sich rücksichtsloser durchzusetzen. Sie entwickeln sich hin zu einer »phallischen Phase«. In der Alltagssprache wird ein solches Verhalten auch Trotzphase genannt.

»Ich will alles selber machen – Ich bekomme Angst, ich brauche dich!«

Während der Wiederannäherungsphase kann es – vor allem mit Jungen – zu ersten erzieherischen Problemen kommen. Die Spannbreite zwischen Angst und narzisstisch auftrumpfenden Allmachtgefühlen ist enorm. Gleichzeitig findet angstvolles Klammern, oft mit gleichzeitiger Entwertung der Eltern statt. Die Psychoanalyse spricht sogar von »Verächtlichmachung«: Auf diese

Weise wird die noch weiterhin bestehende Abhängigkeit geleugnet.

> Eine kleine Fallsequenz: Eine junge Mutter wendet sich verzweifelt an mich. Es geht um ihren zweieinhalb Jahre alten Sohn. »Heute Nacht hat er unaufhörlich nach mir gerufen. Wenn ich an sein Bett kam, bemerkte ich, dass er große Angst hatte. Er wollte, dass ich unbedingt bei ihm bleibe. Er hat mich mit den Armen umschlungen und meinen Kopf festgehalten. Morgens hat er dann ins Bett gemacht und wieder geschrien. Ich habe ihn dann zu uns ins Bett geholt. Da ist er wieder eingeschlafen – zum Dank hat er noch in unser Bett gepinkelt. Morgens habe ich ihn angezogen. Blitzartig hat er mir mit beiden Händen ins Gesicht geschlagen, wenig später auch seinem Vater: Mein Pensum von genervt sein ist heute schon recht strapaziert!«
> Der Junge befindet sich gerade in einem Nähe-Distanz-Konflikt. Einerseits will er regelrecht in seine Mutter hineinkriechen, hat allein Angst, ruft sie, hält ihren Kopf fest und pinkelt aus heftiger Liebe in die Betten. In diesen Momenten will er ganz Kleinkind sein.
> Tagsüber fühlt er sich groß und stark, ist ein überheblicher kleiner Macho. Da will er absolut autonom sein und keine Hilfe annehmen. Dann schlägt er der Mutter ins Gesicht, kommt sich wie ein kleiner Herrscher vor. Diese beiden Seiten kann er noch nicht vereinigen.

Erziehung ist immer ein Dialog. Wie schon berichtet, wechselt Befriedigung mit Versagung. Ein Kind muss stetig lernen, Wahrheiten auszuhalten, beispielsweise jene, dass es noch klein ist und die Erwachsenen schon groß sind. Den Größenvorstellungen eines Kindes muss darum beständig mit Wirklichkeit begegnet werden. Wir gehen davon aus, dass in jenem Alter noch Größenfantasien vorherrschen. Diese sind normal. Später sind grandiose Fantasien, die gelebt werden, problematisch. Dieses »Grandiose« darf sich nicht verfestigen, damit es in sozialen Beziehungen nicht störend wirkt, im Kindergarten und in der Schule. Dazu gehört, einem Kind über Gestik und verbal zu signalisieren, dass mich sein Verhalten verletzt, dass es mir wehgetan hat. Denn nur so lernt ein Kind, sich in einen anderen Menschen einzufühlen. Es muss Nähe und Distanz in ein Gleichgewicht bringen, ein Gefühl für eigene Grenzen und die seiner Bezugspersonen entwickeln sowie ein ausgewogenes Verhältnis von Selbstbewusstsein und Empathie.

Ich habe der Mutter empfohlen, dass beide Eltern ein ernstes Gespräch mit ihrem Sohn führen sollen, Wortführer sollte der Vater sein. Der Junge versucht nämlich, an der Mutter zu klammern, er will sie nicht als seinen Besitz aufgeben. Der Vater ist noch nicht ausreichend Dritter geworden – darum sollte er sich unmissverständlich bemerkbar machen. Würde der Junge versuchen, das Paar auszuspielen, dann sollte sich auch die Mama einbringen. Sie müssen ihm signalisieren, dass sie ihn nur gernhaben können, wenn er sie nie mehr schlägt. Sie tun das mit ihm auch nicht. Welche Worte, welche Gestik sie dabei im Einzelnen verwenden, hängt von der jeweiligen Persönlichkeit der Eltern ab. Auf alle Fälle muss es langfristig zu einer Abnahme der realitätsfernen Größenfantasien kommen. Vater und Mutter sollten sich in allem völlig einig sein und als Paar auftreten, der kleine Junge muss spüren, dass sie es ernst meinen.

Zeigelust und Grandiosität: Die »phallische« Entwicklung

Ich beginne diesen Abschnitt mit den Träumen des fast fünfjährigen Vincent. Träume erzählen vom Erleben während des Schlafes. Wir nehmen auch während des Schlafens wahr und fühlen wie während des Wachseins. Wir denken, fantasieren und träumen tagsüber unentwegt, warum sollte das während des Schlafens aufhören? Ein entscheidender Unterschied zum Wachsein besteht jedoch: Während des Schlafes werden alle Sinnesorgane gewissermaßen ausgeknipst. Nichts soll den Schlaf stören, den jetzt der Traum hütet. Somit gewähren Traumberichte einen einmaligen Blick, wie durch ein Schlüsselloch, ins Unbewusste jedes Menschen. Wir erfahren etwas über die Konflikte eines Kindes, die gegenwärtigen und die vergangenen, und wir erfahren vieles über seine Persönlichkeit. Denn alle Persönlichkeitsanteile wirken sich auf den Inhalt und den Aufbau von Träumen aus. Die wichtigsten hiervon sind das Alter und der Stand der Entwicklung, die kulturelle Zugehörigkeit, die soziale Schicht, das Ausmaß und die Art einer psychischen Störung – und in ganz besonderer Weise das Geschlecht.

»Männliche Sprachlosigkeit« bildet sich schon mit den Träumen der kleinen Jungen ab. Es wurde festgestellt, dass Jungen weniger Träume erzählen als Mädchen, diese berichten auch von mehr Details und lieferten zutreffendere Beschreibungen der Traumcharaktere. Der amerikanische Traumforscher Foulkes konnte in seinen Untersuchungen von Kinderträumen feststellen, dass die durchschnittliche Zahl der Worte in Traumberichten von fünf- bis siebenjährigen Jungen 25 betrug, die der Mädchen jedoch 50. Bei neun- bis elfjährigen Jungen waren es 60,5 Wörter, bei den gleichaltrigen Mädchen 75,5. Von dieser Altersstufe an konnte bei beiden Geschlechtern keine Veränderung der Zahl der Worte festgestellt werden. Dies macht deutlich, dass Jungen sprachlich eingeschränkter sind als Mädchen. Alle Sprachstörungen, wie etwa Stottern und Lispeln, treten bei Jungen häufiger auf. Im Folgenden stelle ich Traumbeispiele aus einer der wichtigsten Entwicklungsstufe von Jungen vor, aus ihrer so genannten *phallischen Phase*.

Zwischen Fantasien und Ängsten

Die Träume des fast fünfjährigen Vincent hat seine Mutter notiert. Er ist ein aufgeweckter und wissbegieriger Junge. Mit Vergnügen spielt er mit seinen Freunden Lego, angefangen von Lego City bis hin zu Lego Star Wars. Er baut Polizeistationen, Kriegsschiffe, Häuser, Türme, am liebsten die gesamte Legowelt und spielt in Rollenspielen auch gerne den Polizisten, den Kämpfer im Weltraum oder den Feuerwehrmann. Vorschulkinder können ihre Fantasien von alltäglichen Erlebnissen nicht immer ausreichend trennen, in Vincents Erzählungen mischen sich also ganz altersgerecht auch fantastische Übertreibungen.

Begeistert geht er in den Kindergarten, dort ist er ein begehrter Spielkamerad, denn Vincent ist einfühlsam und hilfsbereit. Das ist bei Jungen keine Selbstverständlichkeit, denn in Vincents Alter sind bereits erhebliche Geschlechtsunterschiede zwischen Mädchen und Jungen zu erkennen: Kleine Jungen setzen ihren Körper stärker ein als Mädchen, wenn sie etwas erreichen wollen, und sie zeigen weniger Empathie und mehr Egoismus. Vier- bis fünfjährige Jungen zeigen bei ihren Rollenspielen doppelt so viel Aggression, und ihre Rollenspiele sind oft mit körperlichen Aktivitäten verbunden, was von den – so gut wie immer – weiblichen Erzieherinnen gelegentlich argwöhnisch beäugt wird. In Vincents Alter entwickelt sich zunehmend Sicherheit, sich als ein Junge zu fühlen, was wir gemeinhin Identität nennen. Jetzt entsteht ein typisches Selbstwertgefühl, gepaart mit dem Wissen, einem bestimmten Geschlecht zuzugehören. Es ist auch eine Zeit voller Zeigelust, Machtbedürfnisse und Wichtigtuerei, aber auch von Unsicherheiten und Ängsten, denn das Selbstwertgefühl ist noch leicht zu erschüttern.

Kann ein Junge diese Phase nicht gut bewältigen, so besitzt er später geringere Fähigkeiten, energisch ›zuzupacken‹, er hat zu wenig aggressive Ich-Durchsetzung. Männlichkeit entsteht, wie zuvor aufgezeigt, zunächst in den Augen der Mutter. Ihr glücklicher, aufwertender oder im ungünstigen Fall entwertender Blick entscheidet. Der Junge muss als kleiner Mann bestätigt werden, dessen Geschlecht seiner Mama gefällt, das scheint in heutigen Zeiten schwieriger geworden zu sein. Männlichkeit wird gelegentlich dämonisiert und entwertet. Zur Identifikation braucht der Junge allerdings einen Mann, in der Regel natürlich seinen Vater, denn Jungen profitieren vor allem von der beschriebenen Aktivierung des Erkundungssystems, für dessen Förderung vor allem Männer, Väter zuständig sind.

Zwischen grandiosen Fantasien und Ängsten bewegen sich daher auch die Träume der Jungen. Die Übergänge zwischen Traumerzählungen, Tagtraum und im nach hinein produzierten Erfindungen und Ausschmückungen sind bei Kindern dieses Alters, bei Jungen ganz besonders, fließend.

Empirische Untersuchungen haben festgestellt, dass kleine Jungen von unbelebten Wesen stärker fasziniert sein können als von lebendigen Menschen. Hier Vincents Träume: »Ich habe von meinem Roboter geträumt.« Vincent hat von seinem Vater einen kleinen Roboter geschenkt bekommen, der sich fernsteuern lässt. Den hat er am »Mitbringtag« in den Kindergarten mitgebracht. Fast alle Jungen sehnen sich nach Fernsteuerungen, bei Autos und Flugobjekten und natürlich auch bei einem Roboter. Mit einem Maschinenmenschen lassen sich Fantasien von Macht und Kontrolle bestens ausleben. Darum sind Jungen im Alter von Vincent auch so sehr von den geheimnisvollen Welten der Star-Wars-Filme fasziniert, weil es dort um grenzenlose Macht im Weltraum geht, um stark und schwach, um Gut und Böse, wie später von den Computerspielen.

Ein weiterer Traum: »Ich war ein Pirat auf einem Schiff. Andere Piraten haben gegen uns gekämpft, aber wir haben gewonnen. Die guten Piraten haben gewonnen.« Wieder geht es um die guten und die bösen Mächte, um wilde Männlichkeit, um Stärke und Bewunderung. In die gleiche Kategorie gehört auch ein Traum, in dem Vincent im Weltraum unterwegs war. Solche Wünsche nach Größe und Bewundert werden und nach Machtausübung können aber auch ängstigen. Denn das grandiose Denken ruht auf einem sehr unsicheren Fundament.

Wenig später kommt Vincent nachts ans Bett der Eltern und sagt der Mutter weinend, dass er einen schrecklichen Traum gehabt habe: »Lava ist aus einem Vulkan über mich gelaufen.« Man kann sich fragen, was ein fünfjähriger Junge von Vulkan und Lava weiß. Lego und Playmobil bieten inzwischen Darstellungen aller Realitäten, es mischt sich aber auch viel Fantasie unter Wirklichkeiten. So gibt es einen Vulkan, der Lava speit und unter dem sich

Saurier aller Art tummeln – genau einen solchen besitzt Vincent. Das Unbewusste sucht sich Reste aus dem Alltag, um Traumbilder zu erschaffen, die den vorherrschenden Konflikt widerspiegeln. Am Tag danach kommt es schließlich ganz dick: Vincent kommt wieder ins Bett der Eltern und erzählt einen Traum, der ihn geängstigt hat: »Monster wollten mich fressen«.

Auch diese grandiosen Ungeheuer hat Vincent Spielsachen und kleinen Filmen abgeguckt und in sein »Kopfkino« eingebaut. Dazu ist anzumerken: Nicht das Spielzeug macht Angst, sondern die Probleme der Entwicklung führen zu Erschütterung. Es ist nicht immer leicht, groß zu werden. In Vincents Alter werden vor allem übermächtig aussehende und Übermäßiges leistende Maschinen wie Bagger, Feuerwehr- und Polizeiautos, große Flugzeuge, Schiffe oder gar Panzer, Kanonen und Gewehre leidenschaftlich geliebt. Immer häufiger wird es jedoch kritisch gesehen, wenn Jungen mit Pistolen spielen, in Kindergärten, Schulen, auf Freizeiten. Übersehen wird bei solchen kritischen Einwänden, dass die Waffen von den Jungen in spielerischer, also *symbolischer Weise*, verwendet werden. Kein Diktator hat später einen Krieg begonnen, weil er in seiner Kindheit zu viel mit Wasserpistolen gespielt hatte.

Die phallische Entwicklung des Jungen ist stürmischer als die des Mädchens. Sie ist voller Zeigelust, die gelegentlich sehr schamlos wirken kann. Ursächlich dafür ist auch der hohe Anteil von Testosteron beim Jungen, dieses ist der »Treibstoff«. Am Spielen des Jungen ist auch männliches Begehren erkennbar, aktiv und eindringend zu sein.

Was ist »Kastrationsangst«?

Ängste sind im Leben aller Menschen gegenwärtig, aber sie sind uns nicht immer bewusst und wahrnehmbar. Die meisten bleiben im Unbewussten verborgen, wie das bei den so genannten Kastrationsängsten zumeist der Fall ist. Das ist vielen Menschen jedoch nicht bekannt, und so sind naive Kritiken an diesen aus der Psychoanalyse stammenden Konzepten gang und gäbe. Der Schriftsteller Hans Magnus Enzensberger, ein von mir geschätzter Dichter, schreibt in seinem Erinnerungsbuch »Tumult«: »Wenn mir jemand sagt, meine Abneigung gegen Friseure beruhe auf Kastrationsangst, so bringt er mich zum Lachen. Hinter allem, was ich wahrnehme, soll offenbar etwas anderes stecken und jenes andere sei das Wahre« (S. 261). Mit einem einzigen Satz entsorgt Enzensberger das Unbewusste. Er möchte nicht, dass es eines gibt, und da kann sich die Psychoanalyse noch so sehr bemühen und erklären. Alternativ geschieht das gelegentlich mit der Sexualität der Kinder, mit der Bedeutung von Symptomatik und Symbolen, mit dem Ödipuskomplex, mit den Geschlechtsunterschieden.

Mit fortschreitender Entwicklung richtet sich die Aufmerksamkeit des Jungen noch stärker auf seine Genitalien. Die Lust zu zeigen und Gefühle von Grandiosität erreichen ihren Höhepunkt. Vielleicht kann der Junge beim Anblick eines nackten Mädchens daran erinnert werden, dass es Kastrationen gibt. Phimosenoperationen sind eine Realität, viel zu viele – mit möglichen psychischen Folgen – werden unnötigerweise durchgeführt. Inzwischen hat der Junge auch einen starken Vater entdeckt, dem das zuzutrauen wäre. Jungen setzen sich jetzt intensiv mit den Geschlechtsunterschieden auseinander. Freud geht davon aus, dass der Junge seine eigenen Aggressionen auf den Vater projiziert und darum Angst hat, von ihm überwältigt zu werden. Mehr über den Rivalen »Vater« wird im Abschnitt über die ödipale Phase berichtet.

Der Junge braucht eine Mutter, die seine »phallischen Tendenzen«, narzisstische Zeigelust und Machtgehabe, akzeptiert. Sie kann die Existenz des Penis erfreut bestätigen oder im Extremfall angewidert anzweifeln. Auch die Mutter im folgenden Fallbeispiel freut sich an ihrem kleinen Jungen. Ihre Bemerkungen über seine liebevolle Art, die eher bei Mädchen vorkommt, werden von ihm allerdings als herbe Kritik an seiner Männlichkeit wahrgenommen. Noch ist seine männliche Identität nicht so stabil verankert, dass er sich auch weiblich erleben darf.

Der vierjährige Vincent ist zu Besuch bei den Großeltern. Liebevoll spielt er mit seiner zweijährigen Schwester, zeigt ihr alles, was er tut, hilft ihr und erklärt. Bewundernd steht das kleine Mädchen neben seinem großen Bruder. Da sagt seine Mutter zu den Großeltern, dass sie sich so sehr an der empfindsamen Art des Jungen freue. Im Zusammensein sei Vincent wie ein Mädchen, so sprachbegabt und einfühlsam. Vincent hat das gehört. Offenkundig gefällt ihm das überhaupt nicht. Er geht zu seinem Opa, stellt sich ihm gegenüber und holt sein kleines Glied heraus, zeigt es ihm und sagt: »Opa, schau, ich bin ein Junge!« Opa sagt: »Ich sehe es, und ich weiß es: Vincent, du bist ein Junge, mit allem, was dazu gehört!«

Nach Sigmund Freud stellt der Junge fest, dass das Mädchen kastriert ist, und dass ihm etwas fehlt, und er kann auf das andere Geschlecht mit Herabsetzung reagieren. Die Psychoanalytikerin Irene Fast geht hingegen davon aus, dass die Angst vor Kastration nicht den Penis betrifft, sondern Neid auf die herausragenden weiblichen Fähigkeiten darstellt: Werden die Kastrationsängste nicht ausreichend verarbeitet, so können Neid, Bosheit und Herabsetzung gegenüber Mädchen und Frauen weiter bestehen.

In manchen Männergruppierungen, Rocker-Gruppen, Nazi-Kameradschaften, Ausländergangs, Skinheads, fundamentalistischen religiösen Vereinigungen, wird phallische Macht in exhibitionistischer Weise zur Schau gestellt. Wie es beschrieben wurde, ist dabei eine so genannte hyperphallische Entwicklung zu erkennen.

Versuche, die männliche Identitätsentwicklung zu manipulieren

Niemand, der in Beratung oder Psychotherapie unmittelbar mit Jungen arbeitet, kann vor dem Hintergrund seiner klinischen Beobachtungen bestreiten, dass Jungen physiologisch, seelisch, sozial und kulturell bedingt anders sind als Mädchen. Eine Ideologie, welche die Wirkung von Hormonen, etwa des Testosteron, und von physiologisch bedingten Geschlechtsunterschieden leugnet, wird zu falschen, teils gefährlichen Schlüssen kommen.

Eine ständig wiederholte Behauptung lautet, dass Jungen dann keine stereotypen Rollenbilder entwickeln werden, wenn sie angehalten würden, überwiegend *mädchenspezifische* Spiele durchzuführen. Dies gipfelt in der Süddeutschen Zeitung Nr. 271/2017 in der Aussage von Barbara Vorsamer: »Wer als Kind lernt, dass Mädchen mit Puppen spielen und viel weinen, wohingegen Jungen sich ständig kloppen und Autos mögen – der haut später eher sexistische Sprüche raus und begrapscht Frauen«.

Solche Behauptungen sind aus der Luft gegriffen. Ein Drängen auf »mädchenhafte« Spiele wird wenig Erfolg zeigen, denn das Spielverhalten von Jungen ist – zumindest teilweise – angeboren. Die Absicht solcher Forderungen ist jedoch unzweideutig: Jungen sollen von Anfang an erkennen, dass sie, so wie sie sind, nicht sein sollen! Die angemessene Antwort auf die Spekulationen dieser Autorin muss lauten: Jungen werden nicht sexualisiert und übergriffig geboren, sie werden auch nicht über ihr Spielen so. In vielen Fallgeschichten dieses Buches wird deutlich, dass sie so werden, wenn die Nähe zur Mutter im Beziehungsdreieck zu groß ist, wenn die Mutter übergriffig ist und für ihre Entwicklung problematisch wird. Fehlt dann noch ein grenzsetzender Vater, wird aus einem solchen Jungen ein frauenverachtender Mann, der vermutlich wenig rücksichtsvoll ist.

Unter Kerngeschlechtsidentität verstehen wir ein grundlegendes bewusstes und unbewusstes Wissen, einem bestimmten biologischen Geschlecht anzugehören. Eine zweite wahre Geschichte aus einer Supervision: Ein Ehepaar beschließt, den zweijährigen Sohn im Wechsel männlich und weiblich zu kleiden. Einmal mit rosafarbenen Kleidchen und ein andermal in Jeans und T-Shirt. Er solle selbst herausfinden, zu welchem Geschlecht er gehört. Die Kerngeschlechtsidentität dieses Jungen wird erschüttert werden. Welche *Geschlechtsrollenidentität* er einmal entwickeln wird, ist offen. Kindsmisshandlungen können unterschiedliche Formen annehmen. Manipulationen und emotionale Gewalt gehören auch dazu.

Ich kann mich verlieben, ich kann verzichten: Der Ödipuskomplex

Wohl kaum eine Theorie der Psychoanalyse wurde so angefeindet wie diese. Immer wieder wurde unterstellt, der Ödipuskomplex sei ein Fantasieprodukt und existiere nicht. Dazu gehörte sogar Sophie Freud, Professorin für Psychologie an der Universität Boston und Enkelin von Sigmund Freud, die behauptete, dass Freuds Theorie vom Ödipuskomplex völlig unsinnig sei. Dieses Konzept wird karikiert, ins Lächerliche gezogen, gelegentlich auch als gefährlich bezeichnet. Für Psychoanalytiker stellt sich natürlich die Frage, warum er denn von vielen Menschen so gefährlich erlebt wird, dass solch mannigfaltige Abwehrstrategien erforderlich werden.

Jedem menschlichen Neuankömmling ist nach Freuds Überzeugung die Aufgabe gestellt, den Ödipuskomplex zu bewältigen, wem das nicht gelänge, der sei der »Neurose verfallen«. Ich meine, dass es genau das ist, was so sehr zum Widerspruch reizt. Letztendlich ist die Vorstellung immer noch anrüchig, ja abstoßend, dass ein Kind von Geburt an ein sexuelles Wesen sein soll. Eine Mutter-Kind-Beziehung ist immer auch eine sexuelle – aber eine solche Vorstellung scheint unerträglich. Das stereotype Bild von der guten Mutter darf nicht beschmutzt werden.

Freud hat das Drama »König Ödipus« von Sophokles in den Mittelpunkt seines Komplexes gestellt und andere Mythen vernachlässigt. Laios, König von Theben, wurde vom Orakel gewarnt, dass ein Sohn ihn einmal töten werde. Als seine Frau Iokaste – gegen seinen Willen – schwanger wurde und einen Sohn namens Ödipus zur Welt brachte, wurde dieser ausgesetzt. Er wurde von König Polybos und Königin Periboia aufgenommen und wuchs heran.

Jetzt nimmt die Tragödie ihren Lauf, Ödipus erschlägt seinen Vater. Er löst das Rätsel der Sphinx und heiratet seine Mutter Iokaste, wird Herrscher von Theben und hat mit ihr vier Kinder. Der blinde Seher Teiresias offenbart, dass Ödipus den Vater getötet und die Mutter geheiratet hat. Nachdem die Schande offenbar wurde, erhängt sich Iokaste und Ödipus blendet sich.

Das Kernstück des Ödipuskomplexes ist allgemeingültig und keineswegs eine Besonderheit von Neurotikern: Im vierten und fünften Lebensjahr kann ein Kind eine Dreierbeziehung leisten und muss den sogenannten Ödipuskomplex bewältigen. Der Junge begehrt die Mutter, er erlebt den Vater als Nebenbuhler und hasst ihn. Einfach formuliert: Innerhalb der ödipalen Phase lernt der Junge, sich zu verlieben. Er hat den Ödipuskomplex dann bewältigt, wenn er gelernt hat zu verzichten. Das geschieht dann, wenn der Vater nicht mehr als gefährlicher Rivale betrachtet wird, sondern zur geliebten Identifikationsfigur wird.

Der Ödipuskonflikt beinhaltet zwei zentrale Aufgaben: Er soll dem Jungen Sicherheit darüber verschaffen, zum männlichen Geschlecht zu gehören. Er soll aber auch dazu anleiten, dass Inzestgrenzen geachtet und Generationengrenzen eingehalten werden. In diesem Sinn ist der Ödipuskomplex ein allgemeinmenschlicher Komplex, allerdings gibt es unterschiedliche kulturelle Ausgestaltungen des Konfliktes und seiner Lösung. Störungen können dann auftreten, wenn das Kind an einen Elternteil gebunden ist, also der Sohn an die Mutter. Aber auch dann, wenn sich der Junge nicht mit dem Vater identifizieren kann. Das ist dann der Fall, wenn der Hass auf den Vater zu groß ist, weil er streng, grausam oder gar misshandelnd ist. Dann hasst der Sohn den Vater weiterhin. Er will die Mutter schützen und nicht so werden wie der Vater. Dennoch kann er sich mit – auch ungeliebten – Teilen von ihm unbewusst identifizieren.

Der Junge kann den Ödipuskomplex in der Fantasie auch umgehen und weiterhin Partner der Mutter bleiben. Hierzu ein Fallbeispiel, das vielleicht bizarr wirkt, aber ich habe einige solcher Entwicklungen erlebt:

Als Simon 13 Jahre alt war, trat zum ersten Mal eine Panikattacke mit Todesängsten auf. Die Mutter war weggegangen, der Junge war abends mit seinem Vater allein zu Hause und gerade zu Bett gegangen. Da begann Simon mit einem Mal so entsetzlich zu schreien, dass der Vater das Schlimmste befürchtete. Er rannte zum Bett des Jungen, der schweißgebadet und mit weit geöffneten Augen dalag und schrie. Weil Simon nicht zu beruhigen war, rief der verunsicherte Vater den Hausarzt. Als dieser eintraf, beruhigte sich Simon augenblicklich und schlief wenig später völlig erschöpft ein.

Danach traten solche und ähnliche Angstanfälle immer häufiger auf. Auslöser waren aber nicht nur Situationen, in denen Simon allein und ohne Mutter war. Es konnte ein Blick in den nächtlichen Abendhimmel voller Sterne sein, ein Gedanke oder ein Hinweis über die Entstehung der Erde oder die Entwicklung von Lebewesen. Dies löste zunächst lustvolles, später immer dranghafteres Fantasieren aus, und schließlich kam es zu den panikartigen Ängsten, die fast immer hilfloses Schreien heraufbeschwörten. Simon spürte während seines Schreiens Herzrasen, hatte Schweißausbrüche, zitterte am ganzen Körper, wollte wegrennen, konnte es aber nicht und war während des Anfalls in keiner Weise zu erreichen oder zu beruhigen. Die Anwesenheit seiner Mutter oder eines Arztes führte in der Regel rasch zur Beruhigung und Entspannung der Situation, wobei Simon hinterher körperlich sehr erschöpft war. Dies empfand er allerdings eher als angenehm, wie nach einem Bad, so meinte er später einmal.

Schließlich suchte Simon all jene Situationen zu meiden, in denen seine gefährlichen Fantasien angeregt werden konnten, etwa wenn von der Erschaffung der Welt, über die Weiten des Sternenhimmels oder von Zeugung geredet wurde. Zuletzt konnte er weder den Religionsunterricht besuchen, in dem gerade über die Erschaffung der Welt gesprochen wurde, noch den Biologieunterricht, wenn im weitesten Sinn Themen von Zeugung drankamen. Simon hatte noch einige weitere recht auffallende Symptome. Er sammelte heimlich Damenunterwäsche, die er gelegentlich anzog. Ursache für das angstvolle Anklammern des Jungen war die Beziehung seiner Eltern bzw. deren chronische Krise, die unschwer zu erkennen war. Die Mutter neigte phasenweise zu erheblichen depressiven Verstimmungen. Immer schon hatte sie sich an ihrem jüngsten Sohn festgehalten, mit der Zeit war er ganz und gar Partnerersatz geworden. Simons Vater war ein schwieriger, kränkbarer, zum Jähzorn neigender Mann, der sich zeitweise Verfolgungen ausgesetzt sah und dann regelrecht paranoid reagierte. Überall witterte er Komplotte und glaubte, dass sich in der Familie alle hinter seinem Rücken gegen ihn verschworen hätten. Simon hatte große Angst vor ihm, vor allem vor seinen Tobsuchtsanfällen. Er klammerte sich dann ängstlich an die Mutter, für die er umgekehrt Schutzschild vor dem tobenden Ehemann war. Noch als älterer Jugendlicher schloss Simon nachts seine Tür ab, weil er fürchtete, der tobende Vater könne bei ihm eindringen. Er wurde von der immerwährenden Fantasie gequält, der Vater könnte in einem Wutanfall die ganze Familie ausrotten. So ganz abwegig war diese Fantasie nicht, denn oft hatte sich die Mutter mit den Söhnen in einem Zimmer verbarrikadiert, um sich vor dem tobenden Vater zu schützen. Von früh an ersetzte Simon darum der Mutter den Partner, sowohl körperlich, indem sie seine intime Nähe suchte wie auch in geistiger Hinsicht, indem sie alle privaten Probleme, insbesondere Partnerprobleme, mit dem Jungen besprach. Dies geschah immer häufiger, weil sich Simon – im Gegensatz zu seinem Vater – zu einem sensiblen, ein wenig femininen, aber sehr einfühlsamen Jungen entwickelte. Alle Generationenschranken waren gefallen, inzestuöse Nähe war entstanden.

Die Eltern schliefen schon längere Zeit getrennt, und die Mutter hatte ihren Kleiderschrank in Simons Zimmer stehen. Dort kleidete sie sich jeden Abend für die Nacht um. Simon hatte sich angewöhnt, sie dabei heimlich zu beobachten, was ihn mittlerweile ungemein erregte. Im Laufe der Zeit hatte er sich immer drängender gewünscht, die Unterwäsche der Mutter zu besitzen. Mit diesen fetischistischen, teils transvestitischen Neigungen hatte er seine sexuellen Reaktionen weg von der Mutter auf einen »entmenschlichten Teil«, nämlich den Fetisch Unterwäsche, verlagert. Auf diese Weise bildete er einen Kompromiss, um der bedrohlichen Inzestgefahr auszuweichen. Seine Neigung, Dessous zu besitzen, nahm jedoch nicht ab. Allerdings verlagerte sich dieser Wunsch auf Unterwäsche anderer Frauen, die er von der Leine, noch lieber gebraucht aus Wäschecontainern zu stehlen versuchte. Später wurde auch diese Neigung ersetzt, indem er Wäschekataloge sammelte.

Während unserer therapeutischen Arbeit verstanden wir immer besser, dass es Situationen waren, die mit Zeugung und Sexualität zu tun hatten, oder ein Sternenhimmel, welcher Todesängste auslöste, weil die Gefahr entstand, ins Nichts zu fallen und darin zu verschwinden. Diese Bedrohung stellte symbolisch die Angst dar, mit der Mutter zu verschmelzen und damit das gesamte Selbst aufzugeben. Immer mehr begriff Simon, dass es in den Angstanfällen allerdings nicht nur um Angst vor Verschmelzung ging, sondern dass es zu sexuellen Wünschen kam, dies solle geschehen. Tatsächlich war es so, dass Simon den angstmachenden Situationen nicht nur auswich, sondern die lustvollen Gedanken anfänglich gerne zuließ, mit ihnen spielerisch umging, bis sie immer intensiver wurden und ihn dann buchstäblich überwältigten. Schließlich endete alles in Schreien, Zittern und Schweißausbrüchen. Mit der Zeit wurden die Angstanfälle immer seltener und blieben schließlich aus. Nach einigen Stunden erzählte mir Simon leicht beschämt, wie dies zustandegekommen war. Er hatte begriffen, dass jene Angstanfälle letztendlich einen symbolischen Orgasmus darstellten. Wenn Simon jetzt spürte, dass ihn Angst zu überwältigen drohte, lief er rasch in sein Zimmer – wenn das möglich war – und masturbierte. Schlagartig war die Angst weg, weil der Junge den dranghaften Wunsch nach Inzest mit der Mutter zum Verschwinden gebracht hatte.

Der Vater, der Mutter und Söhne bedrohte, war kein geeignetes Objekt, welches die Beziehung zu ihm gefördert hätte, darum entstand für Simon kein Beziehungsdreieck. Vor allem taugte er nicht zur Identifikation. Er verstärkte Simons Angst vor Loslösung und dessen Kastrationsängste, was zusätzlich zu einer sehr brüchigen Geschlechtsidentität führte. Simons Beziehung zur Mutter war nicht nur eng, sondern inzestuös und stark sexualisiert. Der Einbruch der Pubertät lud den Konflikt zusätzlich auf, so dass kompromisshaft Symptome entwickelt wurden. Die Angstlust, im Sternenhimmel die Entwicklung von Lebewesen und die Entstehung der Erde zu sehen, macht deutlich, dass sich Simon eine inzestuöse Verschmelzung wünschte. Er fantasierte den Inzest mit der Mutter auf grandios narzisstische Weise, was allerdings gleichzeitig psychotische Ängste nach sich zog. Es kam dann zu einer Art orgiastischem Angstanfall. Fetischismus und Transvestitismus bildeten sich zur Abwehr von Inzestängsten; ihre Faszination ließ nach, als die frühen Konflikte bewältigt waren und sich Simons Sexualität auf ein heterosexuelles Liebesobjekt richtete. Viele, die als Kinder und Jugendliche bei mir in Therapie waren, haben sich später als Erwachsene an mich gewandt. Simon berichtete mir als erwachsener Mann, dass die Panikanfälle nicht mehr aufgetreten seien. Geblieben sei allerdings der Wunsch, mit wesentlich älteren Frauen partnerschaftlich zusammenzuleben.

Das Wichtigste auf einen Blick:

- Der Junge hat den Ödipuskomplex bewältigt, wenn er es künftig erträgt, aus der Beziehung zu den Eltern ausgeschlossen zu sein. Damit wird deutlich, dass ein Sohn, der im fortgeschrittenen Alter im Bett der Mutter schläft, die ödipale Phase nur schwer meistern kann.
- Gleichzeitig lernt der Junge, Bedürfnisse und ihre sofortige Befriedigung aufzuschieben, er erwirbt die Fähigkeit zu verzichten und über das Verzichtete zu fantasieren.
- Viele heutige Jungen können all das nicht, was deutlich macht, dass Inzest- und Generationengrenzen zu wenig geachtet und eingehalten werden.
- Bleibt der Ödipuskomplex bestehen, kann es zu Lern- und Arbeitsstörungen kommen sowie in manchen Fällen zur Bildung von Perversionen, die inzwischen Parafilien genannt werden.

10

Die Adoleszenz des Jungen – Wenn der Körper die Seele zur Veränderung zwingt

Stellen Sie sich vor, Sie leben in einer Wohngemeinschaft, haben zu allen Mitbewohnern mehr oder weniger vertrauensvolle Beziehungen, und Sie fühlen sich in dieser Wohnung wohl und geborgen. Eines Morgens stellen Sie fest, dass ein Bild abgehängt und durch ein anderes vertauscht wurde. An den folgenden Tagen verschwinden Möbel, andere, teils wesentlich weniger schöne wurden stattdessen aufgestellt. Das alles geschieht während Ihrer Abwesenheit. Sie wissen nicht, wer Ihre vertraute Wohnung so verändert. Schließlich verreisen Sie für ein paar Tage. Als Sie zurückkehren, ist fast Ihr gesamtes Zimmer ausgeräumt, neue Bilder, Zimmerpflanzen und andere, unbequeme Möbel sind jetzt darinnen. Wer hat das hinter Ihrem Rücken getan? Sie erleben sich in dieser Wohnung nur noch fremd und wollen am liebsten ausziehen – wissen aber nicht, wohin.

Vergleichbares geschieht, wenn ein Kind von der Latenz in die Pubertät kommt. Eine kindliche Seele befindet sich mit einem Mal in einem körperlich reifen Erwachsenenleib. Aber der Körper hat das Kind nicht gefragt, ob es die Verwandlung samt den überwältigenden und ängstigenden Gefühlen überhaupt möchte, und ob es ihr zustimmt. Der Körper erzwingt die seelischen Veränderungen einfach, und die Seele muss sich dieser inneren Entwicklung anpassen. Infolgedessen muss sich vor allem die Vorstellung vom eigenen Körper verändern und in ein neues Bild eingegliedert werden. Für die psychologische Anpassung – oder seelische Umstrukturierung – an die Verhältnisse der Pubertät wird üblicherweise der Begriff »Adoleszenz« verwendet. Das Wort beschreibt den Lebensabschnitt zwischen der frühen Kindheit und dem Erwachsenenalter. Während der Adoleszenz vollzieht sich eine grundlegende Neugestaltung des Gehirns. Es kommt zum Abbau von synaptischen Verbindungen, Veränderungen im Neurotransmittersystem und zu einer generellen Umgestaltung des Zentralnervensystems. Während dieser Renovierung müssen alle seelischen Entwicklungsaufgaben, die von den biologischen Veränderungen gefordert wurden, von der Seele des männlichen Jugendlichen bewältigt werden.

Die Hirnareale sind lange im Wachstum, sie wachsen noch, wenn schon die Veränderungen des Körpers abgeschlossen sind. Besonders spät etablieren sich dabei Hirnregionen, die mit Planung, Impulsivität und sozialer Bindung zu tun haben. Das Resultat sind drei herausragende Merkmale der Adoleszenz, die lange ausschließlich als Defekte missverstanden wurden. Sie sind jedoch biologisch wichtig für die Persönlichkeitsentwicklung. Das Gehirn des Jugendlichen ist extrem risikobereit, offen für starke Empfindungen, und es orientiert sich vorwiegend an Gleichaltrigen (Süddeutsche Zeitung Nr. 86/2018, S. 36). Der fehlende Risikosensor führt nicht nur in Gefahren, sondern ermöglicht auch, Unbekanntes zu erkunden. Die Offenheit für starke Empfindungen regt die Suche nach neuen Beziehungen an, Jungen entdecken Mädchen und umgekehrt. Die Offenheit lässt das Gehirn aber auch verletzbar werden, so bei Drogenmissbrauch und maßlosem Gebrauch von Computerspielen. Die Orientierung an Gleichaltrigen regt die Loslösung von elterlichen Idealen an, bewirkt aber auch abrupte Rückzüge und Auseinandersetzungen.

Der sexuelle Triebschub und die damit beginnende Reifung des Körpers versetzen den Jugendlichen in eine völlig neue Situation. Der Psychoanalytiker Diamond beschreibt, wie die Körperlichkeit eines Jungen erschüttert wird. Nicht selten haben sie jetzt das Gefühl, morgens in einem anderen Körper aufzuwachen, einem stärker behaarten Körper, mit größeren Genitalien und einer Stimme, die sich überschlägt, wenn sie zu sprechen beginnen. Gleichzeitig lösen die Hormonschübe unbekannte und häufig alarmierende körperliche Reaktionen und sexuelle Bedürfnisse aus. Die Scham- und Schuldgefühle können überwältigend werden.

Krise und Gefährdung – Aufbruch und Hoffnung

Die Adoleszenz ist wahrscheinlich der krisenreichste Abschnitt unseres Lebens. Die Umstrukturierungen im Gehirn verändern alles, was bislang als selbstverständlich und sicher erschienen ist. Darum wird der Umgang mit Jugendlichen von fast allen Eltern und Erziehern als schwierig empfunden. Sie gelten als unberechenbar, ihr Verhalten wirkt rätselhaft, und es versetzt die Bezugspersonen in emotionale Wechselbäder. Großtuerei kann mit dem Gefühl von Ungenügen abwechseln, zärtliche Schwärmerei wird plötzlich abgelöst von intellektueller Kälte. Ehemals geliebte Menschen können mit einem Mal attackiert, gelegentlich sogar von Hass und Wut verfolgt werden. Sogar erfahrene Pädagoginnen und Pädagogen fühlen sich immer wieder hilflos. Die Eltern müssen zur Kenntnis nehmen, dass sie die gleiche Hilflosigkeit erfahren wie sie die Jugendlichen erleben, wenn sie sich ihren innerseelischen Auseinandersetzungen und Kämpfen ausgesetzt sehen.

Scheitern die seelischen Umstrukturierungsprozesse, so kann es jederzeit zu Störungen kommen. Welche seelischen Gefährdungen auftreten können, will ich mit dem Traum eines Jugendlichen verdeutlichen. Träume gewähren uns immer einen direkten Blick in das Unbewusste mit den zugehörigen innerseelischen Konflikten und Beziehungsproblemen.

Der 15-jährige Jens litt an depressiven Verstimmungen, Gefühlen von Entfremdung und einer inneren Leere, was bei Jugendlichen häufig vorkommen kann. Zu solchen Gemütsschwankungen kann es in der Adoleszenz immer kommen, ohne dass gleich von Störung die Rede sein muss.
»Ich ging in einer Allee. Rechts und links waren Bäume. Plötzlich stand alles Land unter Wasser, nur Gräser schauten he-

raus. Die Allee endete in einem See, in dem See waren Schwäne und eine Insel. Und das ist ganz komisch: Das Land muss deshalb so verwüstet und menschenleer gewesen sein, weil vorher eine Atombombe explodiert war. Ich musste unbedingt an die andere Seite des Sees. Dort war Zukunft, Rettung. Als ich in den See ging, habe ich durch das kalte Wasser einen Schock gekriegt, verlor den Boden unter den Füßen und musste schwimmen. Rechts von der Insel kam mir ein Mann entgegengeschwommen, der mich höhnisch anlachte und einfach weiter schwamm. Dann war ich ganz allein und nur von Wasser umgeben. Das andere Ufer habe ich nicht gesehen.«

Der Traum ermöglicht einen Blick auf die belastende Lebenssituation und die innerseelische Gefährdung dieses Jugendlichen. Die Detonation der Atombombe veranschaulicht, wie verheerend Jens den Triebeinbruch zu Beginn seiner Pubertät erlebt hat. Wo vorher noch festes Land war, ist jetzt nur noch Wasser, alles ist überschwemmt, verwüstet und menschenleer. Festland, Struktur und Konturen existieren nicht mehr. Doch der Schock des kalten Wassers wirkt auch heilsam und aktivierend. Die kalte Wirklichkeit erfordert Anpassung an die neue Situation mit allen Gegebenheiten. Jens spürt, dass er sich nicht einfach fallen lassen darf, sondern dass er ans andere Ufer schwimmen muss, denn die Rettung, der Neubeginn, die Zukunft liegen auf der anderen Seite des Sees. Einem einzigen Mensch begegnet Jens in seinem Traum. Es ist ein Mann, der ihn verhöhnt und im Stich lässt. Jens war unerwünscht geboren, und sein Vater hatte sich nie um ihn oder die Mutter gekümmert.

Dieser Traum des 15-Jährigen ist beklemmend und bedrohlich. Er verdeutlicht unterschiedliche Seiten der Adoleszenz, Krise und Gefährdung, aber auch Umbruch und Wandlung. Er ist eine kaum verkleidete Darstellung seines gefährdeten Bewusstseins. Doch wo Gefährdungen lauern, werden auch Lösungen vorbereitet. Der Traum dieses Jugendlichen kann auf die Situation aller männlichen Jugendlichen übertragen werden: Sie müssen auf die andere Seite gelangen, sie müssen alle Gefahren überwinden, und sie müssen – wie Jens seine Vaterproblematik – ihre ungeklärten Probleme mit den Eltern lösen.

Die amerikanische Psychoanalytikerin Louise J. Kaplan hat geschrieben, dass Adoleszenz vor allem einen Aufruhr der Gefühle bedeutet, einen Kampf zwischen dem ewigen Wunsch des Menschen, sich an die Vergangenheit zu klammern, und dem gleichermaßen mächtigen Wunsch, zur Zukunft vorzudringen. Darum wechselt ständig Angst mit Rückfall in überwundene Phasen mit mutigem Voranschreiten, bis zum Risikoverhalten.

Sonderbare Verhaltensweisen

Vieles beginnt schon während der Vorpubertät. Diese dauert etwa vom zehnten bis zwölften Lebensjahr, kann heutzutage allerdings bei manchen schon wesentlich früher einsetzen. Jetzt kommt es zu allerlei Rückfällen in bereits überwundene frühe Phasen, um einer angstmachenden Sexualität auszuweichen.

Es kann zum Aufflammen ungehemmter Esslust kommen. Gewichtszunahmen sind daher nicht selten, oft entwickelt sich sogar eine Adipositas. Andererseits können Appetitstörungen einsetzen. Bei Jungen sind sie meist erster Ausdruck von Askese, der Kehrseite von Gier. Sie können aber auch Begleiterscheinungen einer leichten depressiven Episode sein. Wie schon erwähnt, sind viele dieser Besonderheiten während der Adoleszenz normal, in seltenen Fällen können sie sich zu krankheitswertigen Störungen entwickeln. Veränderungen des Essverhaltens sind vor allem bei Mädchen ein Alarmzeichen für eine beginnende Essstörung. Bei Jungen sind schwerwiegende Essstörungen eher selten. Wird dennoch eine diagnostiziert, sind rasch therapeutische Interventionen angesagt.

Es können aber auch *anale* Probleme auftreten. Darunter verstehen Psychoanalytiker Reste von Konflikten aus der so genannten analen Phase, also während der Zeit der Sauberkeitserziehung. Bekannt ist die Schmutzlust, die sich fast ausschließlich bei Jungen zeigt. Unterhosen werden nicht gewechselt, gründliche Reinigungen vernachlässigt, Zähne nicht geputzt. Die Mütter verzweifeln, denn für Frauen ist ein solches Verhalten unbegreiflich. Natürlich ist es oft auch unbewusste Absicht, denn auf diese Weise wird die ehemals geliebte Mutter indirekt attackiert. Einher geht alles mit einer gewissen Bockigkeit und Sturheit, die ebenfalls anale Wurzeln hat. Die Liebe zu Schmutz und Ungepflegtheit wird in der Regel dann aufgegeben, wenn ein Mädchen wenig später den Körpergeruch bemängelt.

Menschliches Verhalten ufert immer an den Extremen aus. Insofern verwundert es nicht, wenn auch Übergenauigkeit und Sorgfalt auftreten, bis hin zum zwanghaften Verhalten. Rituale und Ordnungsliebe können überbetont werden, Sammelwut ufert aus und Sauberkeit kann zum regelrechten Fetisch werden. Oftmals treten Sauberkeitsrituale nach einer Zeit von Schmutzlust auf. Meist sind sie vorübergehend, dennoch sollte berücksichtigt werden, dass sich im Jugendlichenalter auch Zwangsneurosen bilden können.

Die offensichtliche Angst der vorpubertären Jungen vor Sexualität kann sich in ihrem Umgang mit dem weiblichen Geschlecht äußern. Manche Jungen zeigen jetzt eine mädchenfeindliche Einstellung. Sie entwerten, ärgern oder quälen sie gelegentlich und legen ein prahlerisches und angeberisches Verhalten an den Tag. Es wird deutlich, dass sie ihre »Männlichkeit« aufblähen müssen, weil sie diese in Gefahr sehen.

Gerne schließen sie sich jetzt in Gruppen zusammen. Größenideen, Betonung der Körperkräfte und aggressives Verhalten zeigen, dass sich die Jungen bedroht sehen und im Allgemeinen über ein wenig stabiles Selbstwertgefühl verfügen.

Niemand liebt mich so wie ich – eine narzisstische Zwischenphase

Unter Narzissmus verstehen wir eine Form von Selbstliebe, die sich in Gestalt von Selbsterhöhung und Selbstbezogenheit zeigen kann. Damit einher geht eine hohe Kränkbarkeit. Die seelischen Umstrukturierungen führen bei den Jugendlichen im Verlauf der Adoleszenz im Hinblick auf Gefühle und Verhaltensweisen zu vielen Unausgeglichenheiten, ist es doch die zentrale Aufgabe der Adoleszenz, dass sich der Jugendliche von seinen Eltern löst und einen Partner finden soll. Er befindet sich mit einem Mal in einem riesigen Leerraum, in dem er nur sich selbst hat. Er durchläuft eine narzisstische Zwischenphase und wird zu seinem eigenen Liebesobjekt. Darum ist Masturbation das angemessene Sexualverhalten von Jugendlichen in diesem Alter. Frühe Paarbeziehungen bedeuten immer eine Überforderung.

Bekannt sind die typischen extremen Stimmungsschwankungen im Jugendlichenalter. Himmelhoch jauchzend, zu Tode betrübt kommen nie wieder so ausgeprägt vor. Der Psychoanalytiker Wolfgang Mertens geht davon aus, dass ein Großteil des Schmerzes in solchen manischen Aufschwüngen und verzweifelten Abstürzen dem Abschied von den Eltern gilt. Vor allem verabschiedet sich der Jugendliche von seinen inneren Vorstellungen.

Auffällige Verhaltensweisen, wie schon während der Vorpubertät, setzen sich jetzt fort. Die Jugendlichen schwanken zwischen einem extrem aktiven Verhalten, beispielsweise im Sport, oder einem außergewöhnlich passiven Verhalten: Manche ziehen sich aus allen Aktivitäten zurück, liegen stundenlang im dunklen Zimmer. Als Folge steigern sich Fantasien und Tagträume sowie regelrechte Verschmelzungserlebnisse mit Musik.

Aber es gibt auch das gegenteilige Verhalten, das typisch für das adoleszente Risikoverhalten ist. Gefahren werden gezielt aufgesucht, die eigenen Grenzen ausprobiert. Gleichzeitig können immer wieder Arroganz, Überheblichkeit, auch Egozentrik auftreten. Nicht selten wird alles mit ausgedehnten Fantasien von Ruhm und eigener Größe verknüpft. Doch Höhenflüge können leicht im Absturz enden; dann kann es zu heftigen Minderwertigkeitsgefühlen kommen, begleitet von einem tiefen Gekränkt sein wegen des eigenen unfertigen Zustands.

Das eigene Aussehen wird plötzlich extrem wichtig, häufig pendelt die Gefühlswelt zwischen Scham und provokativer Zurschaustellung. Bekannt sind modische Extravaganzen, die dazu dienen aufzufallen. Häufig ist auch der Rückzug des Interesses von allen intellektuellen Aufgaben und in der Folge ein extremes Schulversagen. Und eine gewisse Oberflächlichkeit des Engagements kann deutlich werden, der Jugendliche ist rasch Feuer und Flamme für eine Angelegenheit, lässt sein Vorhaben nach geringer Frustration rasch wieder fallen und versinkt in längere apathische Phasen.

Alle diese Verhaltensweisen sind Zeichen eines inneren Veränderungsprozesses, der aus einem abhängigen Kind einen selbstständigen Erwachsenen werden lässt. Aber typisch für den Narzissmus des Jugendlichen ist auch, dass er alles selbst bewältigen und sich nicht mehr helfen lassen will. Für Eltern kann sich die Frage stellen, wo die Grenze zur seelischen Störung liegt.

Tatsächlich ist die Reise ans andere Ufer, von der Jens zuvor geträumt hat, sehr störanfällig. Scheitern die Umstrukturierungsprozesse und werden die Entwicklungsaufgaben nicht gelöst, so kann es zu schweren Störungsbildern kommen. Über diese Aufgaben, die zentralen adoleszenten Konflikte, berichte ich im Folgenden und wann Eltern pädagogische und therapeutische Hilfe in Anspruch nehmen sollten.

Sexualität – der Motor für die Suche einer Partnerin

Der biologische Auftrag der Pubertät ist, dass aus einem Kind ein fortpflanzungsfähiger Mann wird, der möglichst viele Kinder zeugen kann. Im Tierreich ist das kein Problem, denn dort ist der Geschlechtsakt ein rein physischer Vorgang. Menschliche Sexualität spielt sich jedoch überwiegend in Gedanken und Fantasien ab. Vor allem lassen die erotischen und sexuellen Fantasien, Absichten und Handlungen die Adoleszenz zu einem aufwühlenden Abenteuer werden. Auf diesen Ansturm der Sexualität ist ein Kind nicht vorbereitet. Die Psychoanalytikerin Kaplan hat darauf aufmerksam gemacht, dass neue Möglichkeiten des Denkens, Fühlens und Fantasierens nicht über Nacht erworben werden können. Es braucht Zeit, um diese neuen, oft überwältigenden Gefühle in die Persönlichkeit einzugliedern. Vielleicht stellt sich hier die Frage, von welchem Alter an Jungen und Mädchen für eine sexuelle Liebe seelisch ausreichend vorbereitet sind. Bekanntlich rückt dieses Alter immer weiter in Richtung Kindheit vor.

Der Junge hat erste sexuelle Gefühle erfahren, als seine Mutter ihn gepflegt hat. Später hat er sich in die Mutter verliebt. Dann musste er feststellen, dass die Mutter schon einen Partner hat und er hat von ihr abgelassen, auch weil er den Vater fürchtete, den er später idealisierte. Unter großen Anstrengungen lernte er zu verzichten und mit dem Gefühl des Ausgeschlossen-Seins fertig zu werden. Wenn diese Probleme bewältigt sind, ist es nicht mehr schwierig, die einst mit der Mutter erfahrene Liebe auf ein Mädchen, eine Frau außerhalb der Familie zu richten. Ist der Junge homosexuell, so wird er einen Jungen und Mann suchen. Während der Adoleszenz wird sich eine heterosexuelle oder eine homosexuelle Neigung manifestieren und verfestigen und sich – in der Regel – nicht mehr verändern.

Erotisch-sexuelle Fantasien, die die Mutter oder den Vater betreffen, können die Partnerwahl beeinflussen. Der Jugendliche wird möglicherweise Partnerinnen suchen, die seiner Mutter sehr ähnlich sind. Im anderen Fall müssen die auserwählten Partnerinnen der Mutter so *unähnlich* wie möglich sein. Dann sucht der junge Mann möglicherweise Mädchen mit anderen Charakteren, von anderem Aussehen oder aus fremden Ethnien. Eine der wichtigsten Aufgaben der Adoleszenz ist es also, dass eine individuelle Sexualität in die Persönlichkeit eines Jugendlichen verinnerlicht wird und dass sich die auf die Mutter gerichteten erotischen Fantasien zurückbilden. Das geschieht ganz von selbst, wenn der Jugendliche ein einander zugewandtes Elternpaar hat. Es ist dort schwer, wo er Partner der Mutter geworden ist.

Eine Fallgeschichte: Ein 18-jähriger Jugendlicher lebt mit seiner Mutter in enger Zweisamkeit. Zu seinem Vater hat er keinerlei Kontakt, dieser hat die Mutter bereits in der Schwangerschaft verlassen. Niklas liebt seine Mutter sehr und hat ihr zum Geburtstag eine gemeinsame Reise nach Sylt geschenkt. Kurz vor dem Urlaub hat der junge Mann in seiner Jugendgruppe ein Mädchen kennengelernt und ist ihr näher gekommen. Dennoch tritt Niklas ganz selbstverständlich die Reise mit seiner Mutter an. Wie immer übernachten sie in einem gemeinsamen Zimmer mit Doppelbett. In der ersten Nacht erlebt Niklas eine heftige Panikattacke. Er gerät in Atemnot, bekommt Herzrasen und Todesängste. Er hat Schweißausbrüche, zittert und es ist ihm übel. Der Mutter bleibt es nicht verborgen, beruhigend spricht sie mit Niklas, bis er wieder eingeschlafen ist. Doch von jetzt an wird er von solchen Attacken regelmäßig verfolgt.

Was ist geschehen? Niklas hat entdeckt, dass es auch außerhalb der Mutter-Sohn-Beziehung Liebesobjekte gibt. Diese Entdeckung ging mit aufwühlenden Gefühlen einher. Er ist in einen Zwiespalt geraten, denn seine erotischen Fantasien sind immer noch auf die Mutter gerichtet. Die intime Nähe zur Mutter hat stürmische, körpernahe Ängste ausgelöst. Niklas müsste die Fantasien, die seine Mutter betreffen, aufgeben, um wieder angstfrei zu werden.

Die auf Mutter oder Vater gerichteten erotisch-sexuellen Fantasien müssen sich bei allen jungen Menschen zurückbilden. Dazu gehört allerdings auch die Bereitschaft der Eltern, den Jugendlichen seinen eigenen Weg gehen zu lassen. Die Erfahrungen zeigen, dass das auf beiden Seiten nicht leicht ist. Bei fast allen Menschen bleiben leise Fantasien bestehen. Bei einigen jungen Männern kann es allerdings zu seelischen Störungen oder Beziehungsproblemen kommen, die psychotherapeutisch behandelt werden sollten. Erst dann kann eine ganz persönliche Sexualität verinnerlicht werden, die auf *jede* Partnerin außerhalb der Familie gerichtet werden kann. Bei vielen jungen Männern bleiben erotische Sehnsüchte hinsichtlich ihrer Mütter erhalten.

Loslösung und Abschied von den Eltern

Vom ersten Lebensjahr an wird von jedem Kind Weiterentwicklung und Verselbstständigung erwartet. Dieser Prozess beginnt, wenn das Kind vom Schoß der Mutter herunterkrabbelt und die nähere Umwelt zu erkunden sucht. Immer wieder kehrt es zur Mutter zurück, um durch Körperkontakt Mut und Kraft für neue »Expeditionen« aufzutanken. Denn von Anfang an lösen die nach vorwärts gerichteten Energien auch Ängste aus, und das Kind klammert sich immer wieder an seine Mutter. Bewegt sich das Kind von der Mutter weg, so behält es weiterhin mit ihr Blick- und Hörkontakt und je besser der funktioniert, desto weiter kann sich das Kind entfernen. Bei den Müttern löst solches Streben ihrer Kinder nach Selbstständigkeit oft Verlustangst aus und mobilisiert Wünsche, das Kind festzuhalten. Wie schon erwähnt, kann der Vater hierbei ein ›entwicklungsfördernder Störenfried‹ sein, der das Kind unterstützt, sich aus der mütterlichen Umklammerung zu lösen.

All das wiederholt sich während der Adoleszenz. So wie sich das kleine Kind von der Mutter mit Hilfe des Vaters als einem Dritten löst, trennt sich der Jugendliche im Normalfall mit Hilfe seiner *Peer-Group* von den Eltern und verinnerlicht die allgemeinen Normen und Werte seiner Generation. Diese stehen in der Regel mit den elterlichen nicht im Einklang. Es geht vorrangig nicht um eine äußere Ablösung, sondern um eine Auseinandersetzung mit den elterlichen Vorstellungen im Bewusstsein und im Unbewussten, vor allem in den Gewissensinstanzen.

Als Peer-Group wird jene Gruppe bezeichnet, in der ein Jugendlicher eine andere soziale Orientierung sucht. Sie wird jetzt zu seiner Bezugsgruppe, und es ist für die Eltern nicht immer leicht auszuhalten, ihr Kind an eine andere Welt zu verlieren. Die Peer-Groups haben ihre eigenen Werte und Verhaltensweisen, und diese sind vor allem durch Unabhängigkeit geprägt, oft von Gegensätzen hinsichtlich der Erwartungen der Erwachsenen, vor allem von ihren eigenen Wertevorstellungen. Wenn elterliche Vorbilder kaum mehr wirken, schließen sich viele Jugendliche Cliquen an, die Regeln missachten oder sogar bewusst Gesetze übertreten. Cliquen können Jugendliche stark beeinflussen. Die extremste Form ist eine dissoziale Entwicklung mit zeitweiliger Delinquenz. Vor dem Hintergrund von frühen Vernachlässigungen sowie Bindungs- und Beziehungsstörungen hätten sich derartige Auffälligkeiten allerdings bereits während der Kindheit gezeigt.

Zwangsläufig kommt es zur Veränderung der Beziehungen zu Mutter und Vater, oft zu schweren Auseinandersetzungen des Jungen mit seinem Vater. In der frühen Adoleszenz hat der männliche Jugendliche den Vater noch idealisiert, er war sein Lehrer und Vorbild. Der Sohn sucht jetzt andere Leitbilder, die oft Gegenbilder zum Vater verkörpern. Wenig später kommt es zu einem dramatischen Sturz des Helden, zu coolem Desinteresse, und irgendwann kann der Vater sogar zum Hassobjekt werden. Wie wird der Vater damit umgehen? Erträgt er es, wenn der Sohn seine bisherigen Ideale verachtet und nicht in seine Fußstapfen treten will? Besondere Probleme bekommen Väter, die ihre Affekte nur schwer zügeln können oder zur Gewalt neigen. Wenn aus positiven Bindungen negative werden, ist noch keine Loslösung zu erreichen. Dann richten sich die aggressiven Energien weiterhin gegen die Eltern und stehen nicht für die Eroberung der Außenwelt zur Verfügung.

Es muss natürlich nicht in jeder Familie so laufen. Manchen Jungen gelingt es nicht, einen Freundeskreis aufzubauen. Dann kann der Computer statt einer Clique zu einem Dritten werden. Jungen sind von den Welten des Internets fasziniert, sie kommen ihren Neigungen nach weiten Räumen und ihren Allmachtsfantasien entgegen. Doch bietet die digitale Welt kaum Möglichkeiten zur Weiterentwicklung, und es kann zur Isolation und zum Stillstand der seelischen Entwicklung kommen. Jungen sind in besonderem Maße empfänglich für Computersucht.

Das bisher Dargestellte entspricht einem normalen Verlauf der Adoleszenz. Doch was ist mit den zuvor beschriebenen Jungen, denen während Kindheit und Vorpubertät keine männlich-väterlichen Modelle zur Verfügung gestanden haben, die bei der schmerzlichen Ablösung von der Mutter hätten helfen können?

Denn fehlt der Vater, unmittelbar oder mittelbar, so entsteht eine große Nähe zur Mutter. Mittelbar bedeutet, dass der Vater in der Familie zwar anwesend ist, jedoch nicht psychisch präsent. Die geringe Distanz zur Mutter kann zur Folge haben, dass der Junge seine männliche Entwicklung aufgibt und verweiblicht. Wie berichtet, kann er auch besonders aggressiv werden.

> Eine 50-jährige, sehr gepflegte Frau meldete sich, weil das Zusammenleben mit ihrem Sohn unerträglich geworden sei. Ihr Mann habe sich wegen einer stürmischen Liebe zu ihr von seiner vorherigen Frau scheiden lassen. Zwischen beiden habe eine innige Liebesbeziehung bestanden. Völlig überraschend sei sie mit Ricky schwanger geworden. Das sei für ihren Mann unerträglich gewesen, denn er wollte sie mit niemandem teilen. Später habe er den Sohn kaum beachtet, zwangsläufig musste sie sich besonders intensiv um ihn kümmern. Als Ricky fünf Jahre alt war, wurde ihr Mann sehr krank und starb. Von nun führten sie und Ricky ein Leben in harmonischer Zweisamkeit. Das änderte sich schlagartig, als bei Ricky die Pubertät einsetzte. Es kam zu heftigen Auseinandersetzungen. Einmal meinte die Mutter, Ricky sei ein »Teufel in Menschengestalt«. Er verfolge sie ununterbrochen, lasse ihr keinen Moment Ruhe und führe rund um die Uhr endlose Diskussionen, die regelmäßig im Streit mit wüsten gegenseitigen Beschimpfungen endeten. Dreckige Nutte sei noch einer der harmlosen Ausdrücke, die er ihr dann an den Kopf warf. Gelegentlich

seien die Streitereien auch mit Schlägen beendet worden, sie habe Ricky geohrfeigt, er habe sie getreten. Danach breche Ricky regelrecht zusammen, bitte sie um Verzeihung, wolle auf ihren Schoß und von ihr gestreichelt werden. Das würde sie dann besonders abstoßen.

Ricky will sich aus der symbiotischen Verstrickung mit der Mutter lösen. Er schafft es nicht anders als mit Wutanfällen. Nach den jeweiligen Attacken gerät er regelmäßig in tiefe Schuld und Depressionen und sucht wieder symbiotische Nähe. Solche Mutter-Sohn-Kämpfe sind in der Adoleszenz nicht selten. Hier ist intensive Beratung notwendig, gelegentlich auch Therapie. Bei Ricky war eine lange psychotherapeutische Behandlung erforderlich, die ihm half, seine Konflikte zu lösen.

Jeden gibt's nur einmal!

Der Junge muss seinen veränderten Körper kennenlernen, akzeptieren und vielleicht lieben. Er muss Sexualität verinnerlichen und seine erotischen Fantasien auf Liebesobjekte außerhalb der Familie richten. Er muss Abschied nehmen von der Kindheit sowie den Vorstellungen und Idealen seiner Eltern, und er muss eigene entwickeln. Aber Autonomie allein genügt nicht. Der Jugendliche muss künftig auch materiell für sich sorgen können und unabhängig von elterlicher Versorgung werden. Hält er noch zu sehr am Lustprinzip fest, so leugnet er die Notwendigkeit von Anstrengung und Arbeit. Dann bleibt die nährende Nabelschnur zu den Eltern erhalten.

Sind in der Spätadoleszenz alle Konflikte bewältigt, hat sich ein einmaliges und zusammenhängendes Ganzes entwickelt. Diese einzigartige Persönlichkeitsstruktur hat sich aus Beziehungen zu wichtigen anderen Personen entwickelt: Die ererbten Anlagen wurden mit den Ansprüchen aus Familie und Gesellschaft, mit den sozialen Bezügen verbunden. Wir nennen diese Struktur auch

Identität. Der Psychoanalytiker Erik H. Erikson hat diese Identitätsfindung beschrieben als: »Man selbst zu sein, in Ordnung zu sein, auf dem besten Wege zu sein, das zu werden, wofür andere Menschen einen in den glücklichsten Momenten halten«. Identität kann vielerlei Komponenten besitzen. Die wohl wichtigste ist die Entwicklung einer männlichen Identität mit einer Balance aus Empathie und den Stärken der Jungen.

Wenn die Bewältigung der Entwicklungsaufgaben scheitert

Was ist, wenn junge Leute die vielfältigen Entwicklungsaufgaben nicht erfüllen können? Ich habe aufgezeigt, dass Jungen und junge Männer es besonders schwer haben, sich vom Elternhaus abzunabeln. Eine Statistik unterstreicht dies: Im Alter von 25 Jahren lebten noch 36 % junge Männer, also mehr als ein Drittel, bei ihren Eltern, bei den Frauen waren es lediglich 20 %. Bei den Dreißigjährigen waren es immer noch 12 % Männer und nur 5 % Frauen. Mit 40 Jahren lebten noch 4 % Männer und nur noch 1 % Frauen bei ihren Eltern (SZ 73 vom 30.3.16, S. 6). Der typische Nesthocker ist also männlich.

Sebastian ist 32 Jahre alt und lebt im Haushalt seiner 67-jährigen Mutter. Er verlässt das Haus so gut wie nicht mehr und besitzt auch keine Freunde. Er hat keinen Beruf erlernt. Während kurzer Zeiten hat er Gelegenheitsarbeiten verrichtet. Im Wesentlichen lebt er von der Rente seiner Mutter. Tagsüber schläft er. Nachts sitzt er vor dem Computer und produziert Musik. Er ist fest davon überzeugt, dass er irgendwann den Durchbruch schaffen und ein berühmter Künstler werden wird. Die Anforderungen der Realität werden gemieden, und diese Vermeidung wird zum zentralen Ziel.

Sebastian hatte sich schon als kleines Kind nicht von seiner Mutter trennen können. Als er sechs Jahre alt war, hatte sie sich vom Vater scheiden lassen. Der hatte sie ständig mit anderen Frauen betrogen, wurde auch wegen verschiedener Betrügereien gesucht und war einige Zeit im Gefängnis. Es erfolgten mehrere Umzüge. Sebastian blieb überall Außenseiter, fand kaum Freunde. Immer wirkte er ein wenig feminin, war ein ängstliches, ein wenig dickliches Kind. Seine Schulleistungen waren schlecht, er musste eine Klasse in der Grundschule wiederholen und kam schließlich in eine Schule für Lernbehinderte, konnte später mit Mühen auf die Hauptschule wechseln.

Soziale Schwellensituationen, die Trennungen einforderten, hatten immer große Probleme nach sich gezogen. Als Sebastian eines Morgens den Schulbus bestieg, kam es zu einem ersten Angstanfall. Nach einigen Versuchen, mit dem Bus zur Schule zu fahren, und immer neuen Panikattacken, weigerte sich der Jugendliche schließlich, die Schule zu besuchen. Eine ambulante Psychotherapie brach Sebastian nach kurzer Zeit ab. Er lehnte es auch konstant ab, seine Schulvermeidung in einer jugendpsychiatrischen Klinik behandeln zu lassen; seine Mutter übte keinen Druck auf ihn aus, sie meinte, dass man ihn nicht zwingen könne. Auch alle Maßnahmen des Jugendamtes wurden abgebrochen, und so entwickelte sich im Lauf der Zeit die beschriebene Situation. Deutlich wird dabei das unbewusste Zusammenwirken von Mutter und Sohn innerhalb dieser unheilvollen Entwicklung.

Die Spätadoleszenz sollte eine Zeit des endgültigen Abschieds von den inneren und den äußeren Eltern sein. Ein Auszug aus dem Schutzraum sollte stattfinden, der bis dahin wenig selbstständiges Handeln und eigene Initiativen erforderlich gemacht hatte. Die äußeren Welten erscheinen oft gefährlich. Doch sie müssen erobert werden. Vorhandene Fantasien können von der Wirklichkeit rasch erschüttert werden. Sebastian ist der Aufbruch misslungen, er lebt in vollständiger Abhängigkeit und in einer Fantasie von ewiger Symbiose und Lust. Digitale Welten bieten viele Möglichkeiten, um sich ideale eigene Räume zu schaffen. Sie ersetzen einen inneren Raum. Der Fall Sebastian verdeutlicht, dass eine nicht behandelte Schulvermeidung im Erwachsenenalter in Arbeitsvermeidung und ein generalisiertes Vermeidungsverhalten übergehen kann.

Fälle wie dieser sind glücklicherweise immer noch nicht sehr häufig, aber die uns bekannten sind nur die Spitze eines Eisbergs. Sie lassen vermuten, dass sowohl familiäre wie auch gesellschaftliche Schwierigkeiten zum Scheitern der Spätadoleszenz beitragen. Bei vielen dieser jungen Männer ist mir aufgefallen, dass sie oft wenig männlich identifiziert wirken und kaum Durchsetzungskraft besitzen. Wie Sebastian leben sie in vollständiger Abhängigkeit von der Mutter oder sie sind mit einer Frau liiert, die ihre mütterlich-versorgenden Wünsche widerspruchslos erfüllt.

In Japan, einem der reichsten und wirtschaftsstärksten Länder der Welt, existiert inzwischen eine große Gruppe solcher Verweigerer. Dort ist das Wort »Hikikomori« zu einem festen Begriff geworden. Übersetzt ins Deutsche bedeutet das Wort »sich einschließen«. Es bezeichnet ein Verhalten von Menschen, die wegen ihrer Ängste den Kontakt zur Außenwelt abbrechen. Die Gründe können vielfältig sein, sie reichen von Versagensängsten bis zu Traumata. Hikikomori verschließen sich in ihren Kinderzimmern, verdienen kein Geld und leben auf Kosten ihrer Eltern. Fast alle sind im jungen Erwachsenenalter und männlich. Ihre Zahl hat über die Jahre zugenommen. Es wird vermutet, dass bis zu einer Million junge Erwachsene davon betroffen sind.

Auch bei uns lässt sich eine deutliche Tendenz zur Ausdehnung der Adoleszenz feststellen. Es ist zu klären, welche individuellen und gesellschaftlichen Konflikte dazu beitragen, dass sich die Adoleszenz immer mehr verlängert. Vielleicht besitzt das Verweigern der vielen jungen Leute auch eine politische Dimension, indem sich eine immer größer werdende Gruppe einer Leistungsgesellschaft voller Konsumgier verweigert, weil sie Angst mobilisiert und keine anhaltende Zufriedenheit und Glück verspricht.

Das Wichtigste auf einen Blick:

- Während der Pubertät verändert sich der Körper unaufhörlich. Die kindliche Seele befindet sich auf einmal in einem körperlich gereiften Erwachsenenleib. Der Körper erzwingt seelische Veränderungen, hat das Kind aber nicht gefragt, ob es die Umgestaltung samt den überwältigenden und ängstigenden Gefühlen überhaupt möchte. Für die seelische Umstrukturierung in der Pubertät wird der Begriff »Adoleszenz« verwendet.
- Im Verlauf der adoleszenten Entwicklung gestaltet sich das Gehirn grundlegend neu. Diese seelischen Umstrukturierungen führen zu vielen Unausgeglichenheiten. Diejenigen Hirnregionen, die mit Planung, Impulsivität und sozialer Bindung zu tun haben, entwickeln sich besonders spät. Drei Merkmale sind Folge dieser Umstrukturierungen. Man hat sie lange ausschließlich als Defekte missverstanden. Sie sind jedoch biologisch wichtig für die Persönlichkeitsentwicklung: Das Gehirn des Jugendlichen ist (1.) extrem risikobereit, die äußeren Welten sollen erobert werden. Zudem ist es (2.) offen für starke Empfindungen, und es orientiert sich (3.) vorwiegend an Gleichaltrigen.
- Es ist die zentrale Aufgabe der Adoleszenz, dass sich der Jugendliche von seinen Eltern löst und einen Partner findet. Er befindet sich mit einem Mal in einem riesigen Leerraum. Er durchläuft eine narzisstische Zwischenphase und wird zu seinem eigenen Liebesobjekt. Im Laufe der Zeit löst sich der Jugendliche von seinen Eltern, entdeckt ein Liebesobjekt außerhalb der Familie und findet zu einer eigenen Identität.

11

Jungen vermeiden Nähe – Mädchen suchen Beziehungen

Es ist bekannt, dass Kinder mit frühkindlichem Autismus sprachlich und im Hinblick auf zwischenmenschlichen Beziehungen über stark eingeschränkte Fähigkeiten verfügen. Bei ihnen liegt ein Unvermögen vor, Blickkontakt, Mimik, Körperhaltung und Gestik zur Regulation sozialer Interaktionen zu verwenden. Autisten können daher nur schwer Beziehungen zu Gleichaltrigen eingehen, sich kaum in andere Menschen einfühlen und nur beschränkt Gefühle zeigen. Autismus kommt etwa viermal so häufig bei Jungen vor wie bei Mädchen. Der englische Psychologe Simon Baron-Cohen, ein Autismusforscher, mutmaßt, dass Autisten das wohl maskulinste Gehirn besitzen. Er geht davon aus, dass das männliche Gehirn überwiegend auf das Begreifen und den Aufbau von Systemen ausgerichtet ist. Frauen hingegen würden die Welt mit Empathie erfassen, also mit der Fähigkeit, die Gefühle und Gedanken eines anderen Menschen zu erkennen und darauf mit entsprechenden eigenen Gefühlen zu reagieren. Sie wollen den anderen Menschen verstehen, sein Verhalten vorhersagen und eine gefühlsmäßige Beziehung zu ihm herstellen.

Männer hingegen wollen Systeme begreifen, wollen erkennen, wie die jeweiligen Elemente aufeinander wirken, und sie wollen neue entwickeln. Ständig wollen sie diese erweitern und kontrollieren. Solche Systeme können funktionierende Geräte sein, aber auch mächtige politische Systeme. Baron-Cohen stellt fest, dass sich Empathie in der Praxis am leichtesten auf handelnde Personen anwenden lässt, das Systematisieren am leichtesten auf Umweltaspekte.

Das typisch männliche Gehirn bezeichnet Baron-Cohen darum als S-Gehirn, das weibliche als E-Gehirn. Diese geschlechtstypischen Prägungen existieren seiner Meinung nach von Geburt an als Folge der Hormonkonzentrationen, denen Föten im Mutterleib ausgesetzt seien. Hohe pränatale Testosteronwerte korrelieren bei den Jungen mit weniger Blickkontakt, geringerem sozialen Interesse sowie niedriger sozialer Kompetenz. Niedrigere Testosteronmengen führen bei den Mädchen hingegen zu einem stärker personenorientierten und sozial kompetenteren Verhalten. Geschlechtstypische Prägungen finden also bereits im Mutterleib statt. Baron-Cohen spricht allerdings abschwächend von Tendenzen, er ist von der Formbarkeit des Gehirns durch soziale Beziehungen überzeugt. Daher arbeiten auch in Kitas Männer, und es gibt einfühlsame Psychotherapeuten wie etwa Horst Eberhard Richter, empfindsame Lyriker wie Rainer Maria Rilke und Hermann Hesse. Bei den Frauen gibt es eher männliche Typen wie Marie Curie und Lise Meitner sowie Politikerinnen wie Golda Meir und Margaret Thatcher. Baron-Cohen möchte keineswegs alte Klischeevorstellungen verstärken, sondern der immer noch weithin ungelösten Frage der Geschlechtsunterschiede nachgehen.

Wegen seiner Forschungen hat Baron Cohen viel Kritik erfahren, vor allem von psychologischen *Autorinnen.* Bei solch auffälligen biologischen Entdeckungen geht es immer um ein *Zusammenspiel* von Biologie und Psyche. Gehirne sind nichts Unveränderliches, sondern plastisch und wandelbar, sie werden von Beziehungen und Umwelt ständig verändert. Keineswegs argumentiert Baron-Cohen pauschal, wie gelegentlich kritisiert wird, sondern höchst differenziert und faszinierend. Ich habe vor vielen Jahren Geschlechtsunterschiede in *Kinderträumen* festgestellt, die mit Baron-Cohens Entdeckungen in verblüffender Weise korrelieren. Darüber will ich ausführlich berichten.

Die Lust an äußeren Welten und unbelebten Dingen

Mir war es bereits bei meinen Söhnen aufgefallen und später bei einem meiner Enkeljungen: Vincent beobachtete bereits in seinen ersten Lebensmonaten beständig ein Mobile, das sich über seinem Bettchen bewegte. Früh interessierte er sich für Polizei- und Feuerwehrautos, für Baustellen und Kräne. Später nahm er nachts nicht etwa Kuscheltiere mit in sein Bett, sondern Raketen, Flugzeuge oder gar Registrierkassen. Kinderpsychoanalytikern ist es vertraut, dass Jungen lieber mit mechanischen Dingen spielen, mit harten Bauklötzen und viel Technik. Sie zeigen von früh an Interesse an mechanischen und bautechnischen Systemen. Überraschend ist, wie früh sich diese Unterschiede offenbaren: Nach Baron-Cohen zeigten bereits einen Tag alte männliche Säuglinge im Vergleich zu weiblichen Säuglingen eine geringere Aufmerksamkeit für menschliche Gesichter und tendierten eher zu unbelebten Gegenständen wie einem Mobile. Diese Unterschiede sind eindeutig, dennoch muss festgehalten werden, dass es sich auch hier stets um *Neigungen* handelt. Immerhin zeigte ein Drittel der Jungen und sogar fast die Hälfte der Mädchen keinerlei Tendenzen.

Baron-Cohen weist in diesem Zusammenhang noch auf einen anderen Unterschied hin: Frauen zeigen im Anlächeln anderer Leute mehr Ausdauer und halten längeren Blickkontakt als Männer. Und noch eine Eigenheit: Wenn Väter ihr Kind auf den Arm nehmen, halten sie es seltener in einer Position, die direkten Blickkontakt ermöglicht. Unter anderem führt dies dazu, dass Vater und Kind weniger emotionale Informationen über die Mimik austauschen.

Welche Kräfte wirken innerseelisch? Mit ihrem für Mütter befremdlichen Verhalten können Jungen von Anfang an andere Fantasien bei ihren Müttern auslösen als es Mädchen tun. Dann wirkt die beschriebene mütterliche Ambivalenz, ihre seelische Zerrissenheit: Jungen können ihren Müttern wegen ihrer Andersartigkeit zwar faszinierend, jedoch auch fremd und bedrohlich erscheinen. Das Mädchen hingegen ist der Mutter vertraut. Ich nehme an, dass dieser Prozess bereits beginnt, wenn die Mutter um das Geschlecht des Embryos weiß und sich erste Fantasien darum ranken. Und ich gehe davon aus, dass der Säugling unbewusst Akzeptanz oder Ablehnung spürt und sie im Gesicht der Mutter und an ihrem Verhalten ablesen kann. Möglicherweise weicht der Junge schon aus diesem Grund der Mutter aus, das Mädchen, das der Mutter vertraut ist, sucht die Nähe.

Diese Reaktionen werden allerdings nur dann in extremer Form auftreten, wenn eine Mutter den Jungen in seiner Bedürftigkeit und mit seinem Geschlecht nicht annehmen und seine Ängste nicht ausreichend in sich aufnehmen und mildern kann. Sind solche Fähigkeiten eingeschränkt oder nicht vorhanden, wird der Junge mit seinen spezifischen Möglichkeiten reagieren: Er vermeidet in beinahe autistischer Weise lebendige Menschen, flieht vor der eigenen Innenwelt und flüchtet in die äußere Welt. So hat es Baron-Cohen beschrieben. Diese drei Verhaltensweisen finden sich in den folgenden Überlegungen wieder.

Exkurs: Zwei Persönlichkeitstypen

Fantasien von Säuglingen geben Auskunft über die Entstehung von ersten Geschlechtsunterschieden. Zunächst möchte ich einen kleinen Exkurs zu einigen Überlegungen des Psychoanalytikers Michael Balint machen. Er stellte fest, dass Jungen mehr Träume vom Fliegen und vom Schweben haben und von Flugobjekten fasziniert sind. Bekanntlich suchen manche das Risiko, die Angstlust und Grenzsituationen, überschätzen sich und unterschätzen Beziehungen. Balint hat das in einem faszinierenden Buch mit dem Titel »Angstlust und Regression« beschrieben.

Während seiner Behandlungen hat er zwei Persönlichkeitstypen beobachtet, die er *oknophil* (Liebe zur Nähe) und *philobatisch* (Liebe zur Akrobatik) nennt. Ein Mensch mit einer *oknophilen* Persönlichkeit sucht ständig lebende Wesen, um seine Ängste zu bewältigen. Berührung und Nähe machen ihn glücklich, und er fürchtet Trennung sowie weite Räume. Erscheinen Lebewesen, klammert er sich unverzüglich an sie, da er sich ohne sie verloren und unsicher fühlt.

Ein Mensch mit *philobatischer* Persönlichkeit liebt die freundlichen, unendlichen Weiten. Er fürchtet Lebewesen und verfeinert ständig seine akrobatischen Fähigkeiten. Er setzt sich gerne der Angstlust, dem Thrill aus, denn er will alle Gefahren durchstehen und jede Situation beherrschen. Er wird darum sehr gewandt und erreicht es, mit wenig oder ganz ohne Hilfe von Mitmenschen auszukommen; er glaubt, alles aus sich selbst aufgrund seiner überragenden Fähigkeiten bewältigen zu können.

Diese beiden Typen werde ich mit *Nähe suchend* und *Nähe meidend* benennen. Balint hat Überlegungen zu den frühesten Fantasien von Säuglingen nach der Geburt angestellt. Er schließt aus den Fantasien und Träumen seiner erwachsenen Patientinnen und Patienten auf die Situation des Säuglings. Denn unsere Sehnsucht nach der frühesten Geborgenheit samt den begleitenden Ängsten bleibt, zumindest in Resten, lebenslang erhalten.

Wir wissen heute, dass Babys von Geburt an nicht abgeschottet und »autistisch« sind wie früher unterstellt, sondern sofort auf Beziehungspersonen gerichtet. Nur seien diese Beziehungen rein passiver Natur, so Balint. Der Säugling fordere, »Ich muss geliebt, ich muss befriedigt werden, und zwar ohne die kleinste Gegenleistung meinerseits«.

Balint vermutet, dass das ungeborene Kind vor der Geburt mit seiner Umwelt völlig eins war. Können Erwachsene noch Erinnerungen an diese frühe Situation haben? Bekannt ist vielen Menschen ein sogenanntes »ozeanisches Gefühl«. Wir können es spüren, wenn wir von einer überzeugenden Predigt mitgerissen werden oder wenn wir in den Aussagen eines politischen Verführers oder eines Gurus »aufgehen«. Es ist das Gefühl, mit einer Großgruppe völlig zu verschmelzen und mit ihr eins zu sein. Freud hat es als Gefühl der Ewigkeit verstanden: unbegrenzt, schrankenlos, eben »ozeanisch«.

Träume von Nähe und weiten Räumen

Im Verlauf der Geburt wird der Säugling blitzartig von grellem Licht überflutet, von lauten Geräuschen, von Kälte und ersten Schmerzen gepeinigt. Archaische Ängste sind die Folge, einige Psychoanalytiker sprechen sogar vom »Trauma der Geburt«. Der Wechsel vom embryonalen Zustand, mit der Mutter eins zu sein, unendlich in Wärme und paradiesischen Zuständen zu leben und plötzlich in einer Welt voller fremder, ängstigender Lebewesen zu sein, bereitet sichtlich unvorstellbare Ängste. Der Säugling muss sich etwas erträumen, das ihm augenblicklich Sicherheit gewährt. Er kann beispielsweise fantasieren, wieder mit der Mutter eins zu sein. Er hält sich an ihr fest und will sich nicht mehr von ihr lösen. Oder er malt sich aus, der einzige in der Welt zu sein, alles zu können, geschützt durch weite Zwischenräume, die er darum herbeisehnt.

Die Welt des anklammernden Säuglings besteht aus lebenden Wesen. Diese Welt wird ständig durch die Vorstellung bedroht, dass es auch furchterregende Räume gibt, die Trennungen erforderlich machen. Darum denkt der Anklammernde ständig daran, das Wesen, an dem er klammert, auch zu beherrschen. Ängstliche Kinder können unglaublich herrschsüchtig sein.

Die innere Welt des Säuglings, der die Menschen scheut, besteht aus »freundlichen Weiten«, in denen mehr oder weniger dicht gefährliche Lebewesen existieren. Er hat das Gefühl, mit jeder Situation fertig zu werden. Ihm ist seine Freiheit wichtig, und er kümmert sich nicht darum, ob er geliebt wird oder nicht: Er kann nur jene Wesen lieben, über die er nach seinem Gefühl vollständige und absolute Kontrolle hat.

Träumen Jungen anders?

In den achtziger Jahren wollte ich untersuchen, ob Kinder mit spezifischen Krankheitsbildern verstärkt anklammernd oder Nähe meidend träumen. Dafür fand ich keine Hinweise. Allerdings kam ich mit weiteren Untersuchungen von Kinderträumen zu einem überraschenden Ergebnis. Jungen haben doppelt so viele Träume wie Mädchen, in denen sie die Nähe zu lebenden Wesen meiden und weite Räume lieben. Mädchen hatten wiederum doppelt so viele Träume wie die Jungen, in denen sie Nähe suchten und Räume fürchteten. Eine solche Untersuchung wurde mehrfach wiederholt, auch in neuerer Zeit, und alle Analysen führten zu ähnlichen Ergebnissen.

Jungen träumen häufiger von Bewegungen, von mehr Abenteuern und von großartigen Fantasien. In ihren Träumen bildet sich auch eine Lust an freundlichen Weiten, Angst vor gefährlichen Wesen sowie eine akrobatische Komponente, eine herausragende Ausstattung mit »grandiosen Fähigkeiten« ab. Sie neigen zudem dazu, mit wenig oder ganz ohne Hilfe von anderen Lebewesen auszukommen und idealisieren ihr eigenes Können. In ihren Träumen ließen sich zudem höhere Werte an Aggression als bei den Mädchen nachweisen. Baron-Cohens Beschreibung des *männlichen* Gehirns, das Systeme der Umwelt erfassen will, erschien nach diesen Untersuchungen als eine sehr plausible.

In meinen Untersuchungen war auch die Häufigkeit bestimmter Traummuster charakteristisch. Jungen hatten dreimal häufiger Schwebeträume als die Mädchen, Fallträume doppelt so viele. Im Traum der Abenteurer und Held zu sein, war bei den Jungen mehr als dreimal so häufig. Nähe und Trennung existieren in den Träumen der Mädchen dagegen dreimal so oft wie bei den Jungen.

Ich will an einigen Beispielen aufzeigen, wie solche Träume aussehen können. Hier zwei Träume von Jungen. Ein typischer Schwebetraum: »Einmal habe ich geträumt, dass mir die ganze Welt gehört. Dann tät ich mir ein schnelles Boot kaufen und um die ganze Welt fahren«. Ich bezeichne solche Träume als »Heldenträume«.

Ein anderer Traum: »Ich war in Galaxien – im Weltall. Die Erde war unter mir. Da war ein Licht. Rechts ein Mann und links ein Mann. Rechts – Jesus, links – Mohamed. Eine friedliche Stimme hat mit mir gesprochen. Plötzlich bin ich in der Erde«.

Diesen letzten Traum halte ich für besonders bemerkenswert.

Er zeigt den Zusammenhang vermeidender Fantasien mit dem Wunsch, wieder mit »Mutter Erde« zu verschmelzen. Beeindruckt hat mich, dass dieser Traum von einem sechzehn Jahre alten syrischen Flüchtling geträumt wurde und so deutlich macht, dass es sich bei den geschlechtstypischen Träumen um ein weit verbreitetes Phänomen handelt. Der Schwebetraum illustriert perfekt das ozeanische Gefühl und erinnert an das vorgeburtliche Dasein.

Mädchen träumen häufiger von Berührung und Nähe, sie idealisieren Beziehungen und fürchten Trennungen. Sie haben Angst vor Liebesverlust und idealisieren andere Menschen. Auch in diesem Zusammenhang erscheint Baron-Cohens *weibliches* Empathie-Gehirn als höchst plausibel.

Der Traum eines Mädchens: »Als ich im Hallenbad war, war meine Mutter dabei. Wir waren im Warteraum. Sie musste zur Kur. Ich weinte sehr. Es war ein trüber Tag. Plötzlich kam ein Auto. Ein Mann in Schwarz trat herein, ging zu meiner Mutter, sie ging mit. Sie stieg in das Auto und fuhr fort.« Trennungsängste und depressive Affekte werden spürbar.

Persönlichkeitsanteile bilden sich in Traumuntersuchungen immer direkt ab. Wir müssen davon ausgehen, dass sich bei Jungen stärker eine beziehungsfeindliche Neigung manifestiert, bei Mädchen eher eine Nähe suchende, so wie das auch klinisch festgestellt werden kann. Damit wird ein deutlicher Zusammenhang zwischen den Störungsbildern von Jungen und solchen Tendenzen erkennbar.

Welche Eigenschaften haben Jungen?

Bei manchen Jungen sind kaum Nähe meidende Neigungen festzustellen, bei anderen sind sie auffälliger, bei einigen sogar krankheitswertig.

Eine normale Männlichkeit lässt sich beschreiben mit Freude an den Außenwelten, am Abenteuer, gelegentlich auch am Rivalisieren und am Risiko. Natürlich in sublimierter und in nicht aggressiver oder autoaggressiver Weise. Eine solche Neigung besteht aus Begeisterung an der Entdeckung, in einem Interesse an der Technik und an Zahlen, an den Dingen und der Bewegung. Dies sind rundum positive Eigenschaften ohne schädliche und zerstörerische Auswirkungen, die solche Tendenzen durchaus bekommen können.

Eine Nähe suchende Tendenz besteht aus Freude an Nähe mit Lust am Zuhören und an Einfühlung, an wärmenden und haltenden Beziehungen, ohne in ein Festhalten, in Anklammerung oder gar in Kontrolle zu verfallen. Natürlich nicht in einer aufopfernden oder altruistischen Weise, auch im Berufsleben. Dazu gehört Begeisterung an den Innenwelten, den Sprachen, Gedanken, Fantasien und Symbolen. Auch diese Tendenz kann sich zu schädlichen Charaktereigenschaften entwickeln.

Ich bin der Meinung, dass *beide* Geschlechter immer *alle* diese Fähigkeiten besitzen und leben sollten und dennoch eine männliche oder weibliche Identität erwerben können. Erst die Identifikation mit der Mutter kann einen Mann einfühlsam werden lassen, so wie die Identifikation mit dem Vater das Mädchen stark machen *kann.* Ich stimme mit dem Psychoanalytiker Wolfgang Mertens überein, dass extreme Polarisierungen von Männlichkeit und Weiblichkeit eher neurotische Entwicklungen als Anzeichen einer gesunden Geschlechtsidentität darstellen. Ich habe jedoch den Eindruck, dass die jungenhaften *phallischen* Tendenzen in der heutigen Pädagogik nicht den gleichen Stellenwert besitzen, sondern »überwunden« werden sollen.

Angstlust, Thrill und Risiko

Angst ist in der Regel ein sehr quälendes Gefühl, das wir möglichst vermeiden wollen. Sie kann aber auch höchst lustvoll erlebt werden. Warum begeben sich Menschen in eine Geisterbahn? Oder fahren mit einer Achterbahn, voll mit kreischenden Menschen, wobei es durchaus zu Unfällen kommen kann? In solchen Augenblicken wird Angst ausgelöst und muss ertragen werden, weil man ihr nicht ausweichen kann. Es besteht bewusste Angst, weil eine echte äußere Gefahr droht. Der Handelnde setzt sich ganz bewusst der Gefahr und der von ihr ausgelösten Furcht aus. Doch vertraut er darauf, unverletzt in eine sichere Geborgenheit zurückzukehren. Viele dieser Vergnügungen sind mit Schwindel verbunden, mit Verlust der Standfestigkeit bis zu einem Verlust des Kontakts zur Erde. Bekanntlich reichen die Gelegenheiten, Angstlust zu erleben von der Schiffschaukel über das Bungee-Springen bis zum »freien Klettern« ohne Hilfsmittel. Auch viele Kinderspiele bestehen aus einer äußeren Gefahr, aus Spielern, welche die Sicherheitszone verlassen, in der Hoffnung wiederum Sicherheit zu gewinnen, wie etwa beim Verstecken, bei Fangspielen, Schlagspielen und natürlich beim Fußball. Besonders Jungen und Männer wollen gerne Angstlust erleben. Ein solcher Nervenkitzel ist die Triebfeder jenes Risikoverhaltens, das männliche Wesen in höchste Gefahr bringen kann.

Viele Jungen und Männer brauchen Angstlust und suchen das Risiko. Die folgende Geschichte lässt bereits einige Besonderheiten und Risikofaktoren bei Jungen erkennbar werden.

Ein sechsjähriger Junge wurde mir in einer Supervision vorgestellt. Er sei schon ganz früh durch sein großes motorisches Geschick aufgefallen. Mit drei Jahren sei er bereits Fahrradrennen gefahren. Zwischen seinem vierten und sechsten Lebensjahr erlitt der Junge dann mehrere, teils lebensgefährliche Unfälle. Mit dreieinhalb Jahren sprang er in einen Swimmingpool, obwohl er noch nicht schwimmen konnte; die Mutter hatte das nicht bemerkt – ein vierzehnjähriges Mädchen »fischte« ihn heraus, der Junge sei dabei fast ertrunken. Bei einem anschließenden Schwimmkurs erlitt der mittlerweile Vierjährige einen Panikanfall, bekam keine Luft mehr, ging unter und sei wiederum fast ertrunken; danach hatte er lange Zeit panische Angst vor Wasser.

Es ist nicht schwer, das Motiv des sechsjährigen Jungen zu erkennen:

- Lust an der Bewegung, Freude an den eigenen Fähigkeiten und ein Rausch von Größe. Es herrscht auch ein Drang zur Abfuhr von Spannungen über Handeln.
- Lust am Risiko, am Wagnis, die wir auch Thrill oder »Angstlust« nennen. Sie sind mit ausgezeichneten Fähigkeiten ausgestattet, doch nimmt der kleine Junge oft keine angemessene Furcht wahr und wird blind für Gefahren.
- Es besteht eine permanente Sehnsucht nach den grandiosen Weiten.

Es wurde rasch deutlich, dass die vielen Unfälle keineswegs Zufälle waren. Die Mutter des Jungen war latent depressiv, dem Kind gegenüber höchst ambivalent und schützte und behütete den Jungen nicht ausreichend. Wir können seine Unfälle als Ergebnis eines zu großen Wagnisses sehen, aber auch als verzweifelte Suche nach Halt und Grenze. Der kleine Junge hatte keine haltenden und schützenden Eltern verinnerlicht. Ein solches Verhalten eines Kindes wird auch als Variante einer bestimmten Bindungsstörung beschrieben, die als sogenannter Unfall-Risiko-Typ bekannt ist. Nach Aussagen des Bindungsforschers Karl Heinz Brisch sind solche Kinder häufiger in Unfälle mit Selbstgefährdung und Selbstverletzung verwickelt. Bei genauerer Analyse der Umstände des Unfallhergangs stellt sich oft heraus, dass sie diese Unfälle durch ihr ausgeprägtes Risikoverhalten selbst provoziert haben. Solche Verhaltensweisen können nicht mit reiner Neugier oder einem ausgeprägtem Erkundungsdrang erklärt werden. Karl Heinz Brisch: »Die Kinder vergessen oder unterlassen es vollständig, sich in einer gefährlichen Situation bei ihrer Bezugsperson rückzuversichern, wie wir dies in ängstigenden Situationen von sicher gebundenen Kindern kennen«. Es ist zu vermuten, dass dies mit einer frühen ambivalenten Mutter-Sohn-Beziehung zusammenhängt.

Das Risikoverhalten der Jungen

Eine vermeidende Persönlichkeit sucht unaufhörlich ihr »verlässliches Können«, ihre Fähigkeiten zu verbessern, um nicht auf die Hilfe von Objekten angewiesen zu sein. Der Junge will sich unentwegt dem Risiko stellen, er sucht den Thrill, die Angstlust. Wir können diese Neigungen beispielsweise bei Extrembergsteigern beobachten. Die höchsten Berge werden allein bestiegen, einige verzichten sogar auf den notwendigen Sauerstoff, um alles aus eigener Kraft zu leisten, Freeclimber lassen nichts zu außer ihren eigenen Fertigkeiten. Es ist ein Ziel des Extrembergsteigers, nach und nach auf Hilfsmittel zu verzichten, auf die Atemmaske, das Biwakzelt oder andere Ausrüstungsgegenstände. Er will ganz auf sich allein gestellt sein, um das Risiko zu erhöhen.

Die Psychologin Doris Bischof Köhler hat das Risikoverhalten von Jungen untersucht. Danach haben Jungen generell eine erhöhte Unfallrate, ertrinken viermal häufiger beim Spiel als Mädchen, sind doppelt so oft in Fahrradunfälle verwickelt und verletzen sich häufiger auf einer Rutschbahn, obwohl sie diese seltener benutzen als Mädchen. Die Bereitschaft zum Risiko korrespondiert mit weniger Angst vor den Konsequenzen riskanten Verhaltens, und in Verbindung dazu steht die ausgeprägtere Lust von Jungen an physischer Aggression. Tatsächlich tolerieren Mütter riskantes Verhalten eher bei Jungen. Jungen nehmen im Vergleich zu den Mädchen auch weniger Realangst wahr, die Gefahren werden ihnen nicht ausreichend deutlich. Die Folgen sind erschreckend: Durch Suizid und Selbstverletzung starben 2012 150 Jungen im Vergleich zu 54 Mädchen. Tödliche Verletzungen, beispielsweise bei Unfällen erlitten im Alter von 15–20 Jahren 150 Mädchen zu, jedoch 432 männliche Jugendliche, also dreimal so viel. Von den 18–24-Jährigen verunglückten 2010 4767 Menschen mit dem Motorrad. Davon waren 4052 männlich.

Der einsame Held, der Heros, kommt zwar in Gottesnähe, aber er kann in den Gefahren auch umkommen. Jungen und Männer führen ein riskantes Leben. Sie sterben im statistischen Durchschnitt 7,5 Jahre früher als Frauen. Das beginnt schon früh. Die

Süddeutsche Zeitung hat geschrieben, dass es mehr männliche als weibliche Kinder gibt, die nicht lebend zur Welt kommen. Auf 1000 Geburten kommen 6,23 männliche und 5,74 weibliche Totgeburten. Das ist, mit gewissen Schwankungen, weltweit so. Jungen reagieren empfindlicher auf Hormonschwankungen, Nahrungsmangel der Mutter und verschiedene Formen von Stress. Auch ist die Plazenta bei männlichen Babys nicht so stabil.

Die Lebenserwartung von Männern ist insgesamt geringer. Die im Risikoverhalten enthaltene ungestüme Aggression kann als Autoaggression zurückschlagen. Die allzu große Neigung zu Drogen und Genussmitteln wie Alkohol und Tabak, ihr Risikoverhalten im Straßenverkehr, ihr mangelndes Gesundheitsbewusstsein lassen Männer immer noch im statistischen Durchschnitt 7,5 Jahre früher sterben als Frauen. Dass es anders sein könnte und nicht auf die biologische Lebenserwartung zurückzuführen ist, haben Studien an Mönchen und Nonnen belegt: Hinter Klostermauern werden Männer fast genauso alt wie Frauen, während Nonnen die gleiche Lebenserwartung aufweisen wie ihre Geschlechtsgenossinnen innerhalb der Allgemeinbevölkerung. Die Differenzen im Gesundheitsverhalten werden auch mit der männlichen Geschlechterrolle erklärt: Männer grenzen sich gegenüber Frauen und deren Verhalten ab, sie fühlen sich anderen gegenüber überlegen und demonstrieren so ihre Unabhängigkeit – damit sind wir wieder bei ihren narzisstisch-philobatischen Tendenzen. Narziss zu sein, ist gelegentlich gefährlich.

In den vergangenen Jahren wurde immer häufiger von illegalen Autorennen mit Toten und Schwerverletzten berichtet: Diese werden zu 99 % von eher bildungsfernen Männern durchgeführt. Die Fahrer sind stolz auf ihre schnellen Autos, ihr Selbstbewusstsein steigt mit der Zahl von deren PS, der im umgekehrten Verhältnis zum vorhandenen IQ steht.

Der Psychologe C. G. Jung hat vom Archetypus des Helden berichtet. Der Flug des Ikarus über das Meer repräsentiert archetypisch die menschliche Entwicklung. Ikarus ist zwei Gefahren ausgesetzt. In der Nähe des Wassers können die Federn nass und schwer werden, der Mensch kann in Depression versinken. Die andere Gefahr besteht darin, dass exzessive Vorstellungen von eigener Größe, Selbstüberschätzung und Arroganz die Wirklichkeit so verstellen können, dass der Mensch seine Grenzen nicht mehr ausreichend wahrnimmt. Ikarus steigt zu hoch, kommt in die Nähe der Sonne, das Wachs schmilzt, und er stürzt ab. Er hat sich nicht an die väterlichen Gesetze gehalten, Hochmut kommt bekanntlich vor dem Fall.

Das Wichtigste auf einen Blick:

- Jungen bewegen sich gern. Bewegung ist für sie eine Möglichkeit für phallisches Lusterleben, für Risiko, Kräftemessen und Rivalitäten. Dabei kann es zu fast rauschhaften Freuden über das eigene Können kommen. Bei vielen Gelegenheiten sind Wagnisse und Lust am Risiko zu erkennen, auch Angstlust genannt. In der Regel versuchen Jungen, ausreichende Fähigkeiten für ihr riskantes Tun zu erwerben. Gelegentlich können sie wegen ihrer narzisstischen Überheblichkeit Gefahren übersehen und sich erheblich schädigen.

12

Aggression

Über die Entstehung von Aggression existieren teils simple Auffassungen. In der Vorstellung vieler ist sie ein Trieb, der sich jederzeit bemerkbar machen kann: Irgendwo existiert ein Behälter voller aggressiver Triebe, der sich immer wieder entleert, und ich kann mich vor Durchbrüchen schützen, indem ich beispielsweise auf einen Boxsack eindresche. Aber so einfach ist es nicht. Die Fragestellung lautet, ob Aggression angeboren ist oder ob sie über die Lebensumstände und Beziehungen erworben und geformt wird. Diese Überlegung hat Psychoanalytiker und Psychologen von Beginn der Entdeckung der Psychoanalyse beschäftigt. Wenn Aggression ausschließlich angeboren wäre, könnten Beziehung und Erziehung nur wenig verändern, auch wenn wir immer von einem Gehirn ausgehen, das durch Beziehungen wandelbar ist. Sigmund Freud hat beispielsweise einen uns alle innewohnenden Todestrieb vermutet, der als Zerstörung nach außen gelenkt werden kann.

Doch warum unterscheiden sich Jungen hinsichtlich des aggressiven Verhaltens so extrem voneinander? Da gibt es den ängstlichen Jungen, der zum Mobbingopfer wird und sich nicht mehr in die Schule traut. Er wird als *aggressionsgehemmt* bezeichnet, weil er sich nicht angemessen behaupten kann. Die meisten Jungen können sich wahrscheinlich angemessen durchsetzen und schaffen es auch, Wut und Hass im Zaum zu halten. Doch gibt es auch viele problematische Jungen, die ständig Wutanfälle bekommen und auf diese Weise ihre Umwelt tyrannisieren. Zwischen den Extremen finden sich alle möglichen Spielarten.

Bestimmte Bereiche von Aggression sind uns angeboren. Der

Psychoanalytiker Otto Kernberg hat instinktive Ursachen für Wut und Aggression beschrieben, wie sie auch im Tierreich vorkommen. Wut wird ausgelöst, wenn ein Junges von der Mutter getrennt wird. Einer Bache mit einem Frischling sollten wir unbedingt ausweichen, es könnte lebensgefährlich werden. Aggression kommt auf, wenn ein – sexueller – Rivale den Rang streitig macht. Eifersucht gilt als eines der häufigsten Motive von Morden innerhalb von Beziehungen und steht im Mittelpunkt vieler Theaterstücke. Der wohl gefährlichste Bereich ist jene unberechenbare Aggression, die entsteht, wenn das Territorium bedroht wird – viele Kriege wurden deshalb begonnen und endeten in grauenhafter Verwüstung.

Die wenigen Beispiele lassen deutlich werden, dass Aggressionen nicht ausschließlich aus instinkthaften Reflexen entstehen, ganz entscheidend ist die Wirkung der begleitenden Fantasien und welche Fähigkeiten wir erwerben, mit ihnen umzugehen.

Denn menschliche Aggressivität ist darum so unerschöpflich und bösartig, weil sie von bewussten und unbewussten Fantasien gesteuert wird. Banal erscheinende Kränkungen können durch unbewusste Fantasien den Charakter einer schweren Bedrohung bekommen und höchst prekäre destruktive Prozesse in Gang setzen. Fantasien und Denken können zwar gelegentlich wie eine Bremse wirken, sie sind andererseits aber auch der Motor für zerstörerische Aggressionen. Das Tier handelt nur im Augenblick, der Mensch besitzt die Fähigkeit, stetig zu fantasieren, und hat so den Feind ständig vor dem inneren Auge. Dann kommt es darauf an, ob er gelernt hat, mit inneren Spannungen umzugehen, wenn Gereiztheit, Ärger und Wut entstehen. Ein Kind muss lernen, Gefühlsspannungen und negative Affekte abzupuffern.

Gutartige Aggression und bösartige Destruktivität

Die bedeutendsten Langzeituntersuchungen zur Aggression stammen von dem Psychoanalytiker Henri Parens und seinen Mitarbeitern. Er hat fünfzehn Kinder von Geburt an fünf Jahre lang begleitet und beobachtet. Dabei hat er zwei unterschiedliche Ausprägungen erkannt, die gutartige, lebenserhaltende Aggression und eine bösartige feindselige Destruktivität.

Bei Kindern unter sechs Monaten fand Parens einen starken inneren Drang zu erkunden und ihr kindliches Selbst gegenüber der Umwelt zu behaupten. Diese nichtzerstörerische Aggressivität zeigte sich bereits wenige Wochen nach der Geburt. Andere Kleinkindbeobachter kamen zu ähnlichen Schlüssen. Parens beschreibt damit eine gutartige Aggression oder auch aggressive Ich-Durchsetzung. Wir brauchen sie zum Überleben. Aggressionsgehemmte Kinder schaffen es nicht, sich in der Außenwelt und innerhalb von Beziehungen angemessen durchzusetzen.

Mit dem Begriff feindselige Destruktivität, also Zerstörung, fasst Parens Verhaltensweisen zusammen, die bei unlustbezogener, aber auch bei lustbezogener Destruktivität zu beobachten sind. Wutreaktionen in der frühesten Kindheit sind die primitivsten Formen feindseliger Destruktivität und lassen sich bereits bei Neugeborenen beobachten. Dagegen besteht der Wunsch, einem anderen Objekt Schmerz zuzufügen oder es zu zerstören, nicht von Geburt an. Gemäß den Beobachtungen von Parens treten diese Absichten erst ab dem neunten Lebensmonat auf.

Der Ausdruck von Feindseligkeit ist ein angeborener Mechanismus. Feindselige Destruktivität entsteht jedoch nicht spontan. Damit sie aktiviert werden kann, muss übermäßige Unlust vorhanden sein. Zur Abfuhr feindseliger Destruktivität muss es aber auch dann nicht unbedingt kommen. Oft genügt es, die exzessive Unlust zu beseitigen. Die Schlussfolgerung von Parens für die Pädagogik lautet: »Je besser die Kinder vor unnötigen Erfahrungen übermäßiger Unlust geschützt werden, desto weniger wird in ihnen eine feindselige Destruktivität erzeugt«. Damit wird deutlich, dass das Maß und die Intensität der feindseligen Destruktivität, die sich in Kindern entwickelt, von Beziehungen beeinflusst werden kann.

Diese frühen Erfahrungen von Unlust sind natürlich keine normalen Versagungen, wie sie in der Versorgung von Kleinkindern zwangsläufig auf Befriedigungen folgen. Wie bereits im Kapitel über die Mutter beschrieben, gehören sie zur normalen Entwicklung. Übermäßige Unlust entsteht beispielsweise als Folge von Vernachlässigungen, Misshandlungen und Missbrauch oder schwerer Traumata in der frühen Kindheit. Bei solchen Kindern kommt es zu einer schweren Störung der Regulation von Gefühlen, der Fähigkeit, sie auszuhalten und aufzuschieben. Solche Kinder neigen später zu Wutdurchbrüchen und Gewalt. Es sind nicht wenige, die heutzutage wegen dieser Problematik behandelt werden müssen.

Marvin wird in ein therapeutisches Heim aufgenommen, weil er nirgends mehr tragbar war. Als die Eltern gehen, tobt und schreit er so, dass er festgehalten werden muss. Die ersten Stunden sind schwierig, dennoch scheint Marvin sich zu bemühen, seine neue Umgebung und die neuen Personen genau zu mustern. Am nächsten Morgen bricht beim Frühstück seine unbeschreibliche Gewalt hemmungslos aus ihm heraus. Aufgrund einer kleinen Anweisung einer Erzieherin droht er seine volle Tasse auf den Tisch zu kippen. Als diese mit einem lauten »Nein, so nicht!« reagiert und ihm die Tasse aus der Hand nimmt, wirft er den Stuhl zurück und spuckt der Erzieherin sein Essen ins Gesicht. In Sekundenschnelle klopft er mit seinem Messer drei Löcher in den Tisch und schreit, »Du Arschloch!« Der Junge ist gerade mal 4 Jahre und neun Monate alt. Neben seinen Affektdurchbrüchen fällt Marvin auch mit seiner kaum verstehbaren Sprache auf, er spricht noch wie ein Kleinkind. Marvin kann nicht still sitzen, wippt ständig mit dem Stuhl: Gefühle werden nicht wahrgenommen, sondern in Form von Bewegung und Unruhe abgeführt. Täglich geht etwas zu Bruch, er fegt blitzartig Regale mit der Hand leer, flutet Zimmer mit Wasser, wirft Stühle durch das Zimmer. Geringste Anforderungen oder Verweigerungen genügen, dass er erbarmungslos zu brüllen beginnt und unglaubliche Schimpfworte benutzt. Er attackiert jede Person, ob Erwachsene oder ein Kind mit Treten, Kratzen, Schlagen und Beißen. Einmal trifft er eine Erzieherin so heftig mit dem Schuh an die Stirn, dass sie eine Gehirnerschütterung bekommt.

Seine Therapeutin beobachtete, dass Marvin während seiner Wutanfälle keineswegs ›besinnungslos‹ ist. Vielmehr suchte er mit flackernden Augen nach Gelegenheiten, so zerstörerisch wie möglich zu sein, um sein Gegenüber zu vernichten. In solch schrecklichen Momenten sehnte sich der Junge offensichtlich nur nach Grausamkeit und roher Macht. Wie konnte es zu solch schwerwiegenden Störungen kommen?

Marvin ist das dritte von fünf Kindern eines unverheirateten Paars. Der Vater ist mit vielen Geschwistern unter desolaten Bedingungen groß geworden und hat zu seinen vielen Geschwistern und Halbgeschwistern heute keine Kontakte mehr. Er sei immer das schwarze Schaf und gleichzeitig der Prügelknabe gewesen. Dazu gibt er an, vom Vater missbraucht worden zu sein. Er ist später in Heimen und bei verschiedenen Pflegefamilien groß geworden. Bald zeigte sich eine dissoziale Entwicklung mit delinquentem Verhalten und vielerlei Süchten. Mit seiner Familie lebte er seit langem von Hartz IV mit sieben Personen in einer Dreizimmerwohnung. In der Familie hatten unberechenbare, unglaublich chaotische Zustände geherrscht. Die Kinder schrien unaufhörlich, tobten, spuckten und schlugen sich. Die Mutter war zu schwach, um auch nur ein wenig Ordnung ins Chaos zu bringen, der Vater versuchte es mit Brutalität und Gewalt. Es existierte kaum mütterliches Spiegeln der Gefühle, wenig Halten, keine Einfühlung. Aber es war auch kein väterliches Gesetz vorhanden, es erfolgten keinerlei Grenzsetzungen. Seiner Therapeutin erzählte Marvin einmal, dass er die Eltern auf dem Boden im Schlafzimmer beim Sex gesehen habe. Er erzählte auch, dass er und sein Papa nackt gewesen seien und dass der Papa mit ihm ›defit‹ habe. Der Vater habe auch seine Geschwister ›defit‹, dabei seien ebenfalls alle nackt gewesen. Seine Aussagen waren ganz spontan, ohne dass er danach gefragt wurde. Nach Besuchen seiner Eltern war Marvin immer besonders sexualisiert, seine Grenzenlosigkeit und Respektlosigkeiten wurden dann uferlos. Erst als keine Telefonate und Besuche der Eltern mehr stattfanden, ihn keine pathogene Familiendynamik immer wieder ins Nichts zurückfallen ließ, wurde Marvin ruhiger und konnte in seiner Entwicklung fortschreiten. Oft beginnt ein Kind erst mit Entwicklungsschritten, wenn die krankmachende Familiendynamik im therapeutischen Heim außer Kraft gesetzt wird.

Noch ein Wort über Schamgefühle. Scham entsteht im Verlauf des zweiten Lebensjahres, wenn ein Kind festgestellt hat, dass außer ihm und der Mutter noch andere Lebewesen existieren. Es möchte von ihnen abgegrenzt sein, sich schützen und entwickelt Schamgrenzen. Diese konnten bei Marvin nicht entstehen und wurden immer wieder von einem übergriffigen Vater zerstört. Scham richtet sich gegen eine maßlose Lust, sich zu zeigen und verhindert Bloßstellung. Wer sie nicht spürt, neigt zu schamlosem, unverschämtem Verhalten und kann übergriffig werden, weil er Grenzen zu anderen nicht erkennt und keinen Respekt wahrnimmt. Natürlich kann Scham auch zu groß werden und ein angemessenes Sich zeigen verhindern, dann kann es zu sozialen Ängsten kommen.

Wie entsteht die Fähigkeit, Gefühle zu regulieren?

Jungen müssen mehr Aggression als Mädchen verarbeiten und einbinden. Das fünfzehnmal höhere Testosteron lässt mehr innere Spannungen entstehen. Es muss darum immer wieder klar werden, dass wir sie nicht zu Menschen mit weiblichem Verhalten umerziehen können.

Die Fallgeschichte Marvin zeigt, wieviel Unlust zu der verheerenden Entwicklung dieses Jungen geführt hat. Marvin hat es nicht gelernt, Gefühle in sich zu behalten und aufzuschieben, weil es auch niemand sonst in der Familie konnte.

Doch wie lernt es ein Junge, auch negative Gefühle auszuhalten und aufzuschieben? Er muss lernen, eigene Gefühle zu erkennen, indem er die Reaktionen der Mutter und anderer auf sich wahrnimmt. Auf diese Weise lernt er, sich im Gegenüber zu erkennen. Wir bezeichnen einen solchen Vorgang auch als »Affektspiegelung«. Säuglinge zeigen lustvolle und unlustvolle Gefühle, Angst, Freude, Ärger oder Traurigsein, über ihr Mienenspiel, ihr Schreien und über Bewegung. Hierauf reagiert die Mutter ebenfalls mit mimischen und stimmlichen Äußerungen. Aber sie tut es ganz unbewusst auf eine besondere, etwas künstlich und übertrieben wirkende Weise. Damit werden die Äußerungen des Säuglings betont, ihre Gefühlsantwort wird erkennbar charakterisiert: Die Übertreibung der Mutter macht es dem Säugling möglich, festzustellen, dass die Eltern nicht nur etwas Eigenes ausdrücken, sondern auch etwas Getrenntes, Eigenes sind. Jetzt erlebt sich auch der Säugling getrennt von seinen Eltern und besitzt einen inneren Raum, um nachzudenken und zu fantasieren. Jetzt kann das Kind Gefühle in sich behalten, und es kann sich in andere Menschen einfühlen. Es hat verstanden, dass es selbst denken kann, aber auch, dass andere Menschen komplett anders denken. Dieser Vorgang wird in der Psychologie auch als *Mentalisierung* bezeichnet. Über die Bedeutung des Vaters, der die Affekte des Sohnes eingrenzt und moduliert, wurde bereits berichtet.

Rumpelstilzchen oder: Wenn Wut grenzenlos wird

Das Märchen vom Rumpelstilzchen ist den meisten bekannt. Für den Protagonisten endet es tragisch: Als der Kobold von der Königin mit seinem Namen benannt wird und nicht, wie er schon sicher erwartet hat, ihr Kind bekommt, geschieht bekanntlich Folgendes, nachzulesen bei den Brüdern Grimm: »Das hat dir der Teufel gesagt, das hat dir der Teufel gesagt«, schrie das Männlein und stieß mit dem rechten Fuß vor Zorn so tief in die Erde, dass es bis an den Leib hineinfuhr, dann packte es in seiner Wut den linken Fuß mit beiden Händen und riss sich selbst mitten entzwei.

Märchen erzählen von Menschen mit ihren Krisen und Entwicklungsschwierigkeiten in eindrücklichen Bildern. Sie zeigen auch, was Kinder bewegt und wie sie ihre Entwicklungsaufgaben bewältigen können. So wie Träume persönliche Wahrheiten vermitteln, enthalten Märchen viele allgemeingültige Wirklichkeiten.

Der ungezügelte Wutausbruch des Rumpelstilzchens mit seiner Neigung zur Selbstzerstörung zeigt etwas von der archaischen Wut eines kleinen Jungen, der gekränkt ist, oder dem etwas verwehrt wurde. Im Alter von vier bis sechs Jahren können Jungen mit höchster Wut reagieren, ich habe den Eindruck gewonnen, heutzutage häufiger als früher. Diese Entwicklungsstufe wird im Alltag auch »Trotzphase« genannt.

> Eine Mutter berichtet von ihrem fünfjährigen Jungen. »Obwohl mein Sohn am Ende das bekam, was er haben wollte, hat ihn das in solche Wut versetzt, dass er in sein Zimmer gerast ist und angefangen hat, alles durcheinander zu werfen. Alle Spielsachen, die er vorher aufgebaut hatte, versuchte er zu zerstören und in die Ecke zu werfen. Er kippte Bücher aus dem Regal, ganze Kisten mit Spielsachen warf er vor die Türe und einmal ist es sogar geschehen, dass er sein Regal kurz entschlossen mit einer riesigen Anstrengung auf den ganzen Spielzeughaufen draufgeworfen hat. Dabei hat er furchtbar gebrüllt, war erregt und war vor allem durch nichts abzuhalten, konnte nicht dazu gebracht werden, innezuhalten. Und als dann alles vorbei war, saß er in einer Ecke und hat bitterlich geweint.«

Was diese Mutter erzählt, ist ein grenzenloser Wutanfall, wie er mit dem alltäglichen Ärger und Zorn eines Kindes nichts gemein hat. Dagegen ähnelt sehr vieles dem archaischen Wutausbruch des Rumpelstilzchens, seiner Neigung zur Zerstörung, aber auch zur Selbstzerstörung.

Im Abschnitt zuvor habe ich beschrieben, dass gewalttätige und bösartige Fantasien für den Menschen problematisch sind. Langanhaltende Kränkungen und Entwertungen können Wut und Hassgefühle erzeugen. So lange diese in einem inneren Raum, in der Fantasie bleiben, wird niemand geschädigt. Entscheidend ist, wie ein Kind, ein Jugendlicher es gelernt hat, langfristig mit seiner Wut umzugehen. Das hängt zum einen davon ab, wieviel Unlust in der Kindheit erlebt worden ist. Maßgeblich ist, welche Fähigkeiten erworben wurden, Affekte zu bewältigen, sie auszuhalten und zu verarbeiten. Ansonsten kann sich Wut in erbarmungslose Gewalt umwandeln.

Der Psychoanalytiker Heinz Kohut hat die »narzisstische Wut« beschrieben. Sie entsteht so gut wie immer nach Entwertungen, Kränkungen mit schwersten Verletzungen des Selbstwertes. Narzisstische Wut ist unstillbar. Um die vorhandenen Gefühle von Hilflosigkeit und Minderwertigkeit zu bewältigen, brechen Hass und Zerstörung durch – destruktiv und meist auch selbstdestruktiv. Im Roman Moby Dick von Hermann Melville wird die Entstehung einer solchen narzisstischen Wut beschrieben. Der weiße Pottwal Moby Dick hat dem Kapitän Ahab ein Bein abgerissen, als dieser ihn mit der Harpune töten wollte und ist entkommen. Von jetzt an verfolgt ihn Ahab mit blindem Hass, um ihn zu vernichten. Nach langer Reise mit dem Schiff Pequod wird Moby Dick schließlich entdeckt. Drei Tage dauert die Jagd auf ihn. Schließlich wird die Pequod von Moby Dick gerammt und zum Sinken gebracht. Ahab wird in seinem Walfangboot von der Harpunenleine erfasst und von dem abtauchenden Wal ins Wasser gezogen und ertrinkt.

Zu dieser Thematik ein furchtbares Beispiel von narzisstischer Wut mit ihren grauenhaften Folgen: Ein 17-jähriger Jugendlicher namens Tim hat die Realschule abgeschlossen und besucht mittlerweile eine kaufmännische Berufsschule. Seine Leistungen sind mäßig. Der Vater, selbstständiger Unternehmer, ist von ihm enttäuscht, wahrscheinlich wird der Jugendliche von ihm immerzu unter Druck gesetzt. Bei Erfolgen wird

Tim dagegen mit Geld belohnt. In seiner Freizeit spielt Tim Tischtennis und ist im gleichen Sportschützenverein wie der Vater. Dieser besitzt fünfzehn Sportwaffen, die er zu Hause in einem Schrank aufbewahrt. Bei Wettbewerben bedrängt der Vater den Sohn ebenfalls, nie ist er mit seinen Leistungen zufrieden. Tim erfährt nur wenig Liebe und keine dauerhafte Anerkennung. Das Schlimmste für den Jugendlichen ist jedoch, dass er immerzu verspottet und gemobbt wird, Riesenbaby wird er genannt. In dem Brief eines nahestehenden Bekannten wird später stehen: »Ihr habt ihn gefoltert, ja gefoltert. Durch permanentes Mobbing, permanente Zurückweisung und permanente Ignoranz. Ihr habt ihm permanent extreme seelische Schmerzen zugefügt! Ihr habt ihn ausgegrenzt und gemobbt. Ihr mobbt ihn immer noch, indem Ihr ihn totschweigt, indem Ihr nichts versteht und begreift«. Siebzehnjährige träumen von ersten Erlebnissen mit Mädchen, aber auch hier erfährt der zurückhaltende Tim nur erbarmungslosen Spott und Ablehnung. Im vorher erwähnten Brief wird das wie folgt formuliert: »Na, liebe Mädels, wie war das? Tim war ruhig, ja, er war schüchtern, aber wer ist das nicht? Ein Looser, den man meiden muss oder den man vor allen bloßstellen und blamieren muss, war er nicht!« Tim bezeichnet sich selbst als depressiv und entwickelt mit der Zeit Tötungsfantasien. Er wird zu einigen Terminen bei einer Kinder- und Jugend-Psychiatrie vorstellig, dort spricht er über seine quälenden Gedanken. Die Untersuchungen führen jedoch zu keinem Ergebnis, die dringend erforderliche Therapie wird nicht veranlasst. Wie viele Altersgenossen verbringt Tim täglich viele Stunden am Computer mit so genannten Killerspielen. Die Experten sind sich einig: Killerspiele sind riskant für Jugendliche ohne festen inneren Halt. Es ist zu vermuten, dass die Tötungsfantasien immer drängender werden, weil die Quälereien durch Altersgenossinnen und -genossen immer verletzender werden. Was sonst noch alles auf den Jugendlichen eingewirkt hat, kann nicht mehr ausreichend geklärt werden. Die Nacht auf Mittwoch, den 11. März 2009, verbrachte Tim vor dem Computer und lud sich so genannte Bondage-Bilder herunter, Männer, die gefesselt sind und von Frauen gequält werden. Der Psychoanalytiker Horst Obleser hat in seiner gelungenen Analyse des Falls nicht die vordergründige perverse Fantasie gesehen, sondern einen symbolischen Ausdruck für die Qual der gefesselten Seele des Jugendlichen. Er war wehrlos geworden gegenüber all den Verletzungen, er litt nur noch daran, nicht an den Sonnenseiten des Lebens teilnehmen zu können.

Am Morgen holte Tim eine Pistole seines Vaters vom Typ Beretta 92 aus dem unverschlossenen Kleiderschrank im Schlafzimmer. Gegen 9.30 Uhr betrat er jene Realschule, die er einst besucht hatte. In zwei Klassenzimmern und einem Chemiesaal schoss er mit der Pistole auf die anwesenden Schüler und Lehrerinnen. Ein Schüler, sechs Schülerinnen und eine Lehrerin erlagen noch am Ort ihren Verletzungen, zwei Schülerinnen starben auf dem Weg ins Krankenhaus, neun weitere Schülerinnen und eine Lehrerin wurden verletzt in Krankenhäuser eingeliefert. Auf seiner Flucht erschoss Tim weitere Menschen. Insgesamt sind diesem Attentat 15 Menschen zum Opfer gefallen. Anschließend tötete sich Tim durch einen Kopfschuss selbst. Seine Urne haben die Eltern auf einem Waldfriedhof beigesetzt.

Das Beispiel von Tim lässt erkennen, welche zentralen Fakten zusammenwirken, bis es schließlich zum Durchbruch von narzisstischer Wut kommt und ein Mensch zum Attentäter wird. Amoktäter haben in ihrer Kindheit und innerhalb eines problematischen sozialen Umfeldes in der Regel schwere psychische Störungen entwickelt. So gut wie ausschließlich sind es junge Männer, die ihre Konflikte über grauenhafte Taten ausleben. Von ihrer Umgebung wurden sie nicht verstanden, in der Schule verachtet und gemobbt. Gewalthaltige, gewaltstimulierende Computerspiele wurden exzessiv durchgeführt – und sie verfügten über Waffen, in der Familie oder nach illegalem Kauf.

Mobbing und andere seelische Verletzungen

Eine seelische Struktur entsteht immer in Folge von Beziehungen. Schwierige Beziehungen können problematische Strukturen entstehen lassen, ängstliche, depressive, zwanghafte und andere. Diese Strukturen werden von äußeren Einflüssen unaufhörlich geformt und weiterentwickelt. Auch Traumata können auf sie einwirken, so dass sich langfristig eine Störung bilden kann, die krankheitswertig ist. Irgendwann kann diese Struktur von weiteren störenden Einflüssen überfordert werden, und ein letztes Ereignis führt zur Bildung von seelischen Symptomen.

Die Attentäter von Winnenden, Erfurt und München hatten schwerste demütigende Erfahrungen hinnehmen müssen. Der Vater von David aus München sagte später in der Presse, sein Sohn habe nur deswegen einen Hass auf Migranten entwickelt, weil er jahrelang von ihnen gemobbt worden sei, Mobber und Lehrer seien jedoch nie zur Verantwortung gezogen worden.

Nach Kohut reagiert ein geschwächtes Selbst auf seelische Verletzungen mit destruktivsten Formen von Wut. Die beiden Jugendlichen waren von ihrer Umwelt erbarmungslos gemobbt worden. David aus München und Tim aus Winnenden waren wegen ihrer Ängste und Depressionen bereits in kinderpsychiatrischer Behandlung. Bei Tim war der Auslöser möglicherweise ein verlorenes Tischtennisspiel, bei David war es der 5. Jahrestag der Untaten des Attentäters Breivik in Norwegen, den er verehrte. Der Schulattentäter Robert aus Erfurt war bis Anfang Oktober 2001 Schüler des Gymnasiums gewesen. Ende September 2001 war er einige Tage vom Unterricht ferngeblieben, als Entschuldigung hatte er ein ärztliches Attest vorgelegt. Schnell wurde bemerkt, dass es sich um eine Fälschung handelte. Wegen dieser Urkundenfälschung wurde Robert von der Schule ausgeschlossen. Im Gegensatz zu den meisten anderen Bundesländern gab es in Thüringen an Gymnasien keine Prüfungen oder eine automatische Zuerkennung der mittleren Reife nach Abschluss der 10. Klasse. Schüler, die das Abitur nicht bestanden oder – wie Robert – der Schule verwiesen wurden, hatten dadurch keinen Schulabschluss und somit kaum mehr eine berufliche Perspektive. Robert verschwieg den Rauswurf seinen Eltern. Am letzten Tag der schriftlichen Abiturprüfung erschoss er zwölf Lehrer, vier weitere Personen und sich selbst. Das auslösende Ereignis für seine Rache ist unmissverständlich.

Bei islamischen Terroristen kommen zwar noch weitere, unter anderem politische Faktoren hinzu. Doch auch bei ihnen ist ebenfalls narzisstische Wut das Ergebnis langfristiger Kränkungen. Nach dem französischen Psychoanalytiker Fethi Benslama fühlen sie sich von der westlichen Welt mit ihrer Dekadenz und sündhaften Sexualität bedroht und fürchten, in ihr unterzugehen. Sie rächen sich an der Gesellschaft und ihren Provokationen. Das Attentat auf die Satirezeitschrift »Charlie Hebdo« machte das besonders deutlich.

Der negative Held

Zu allen Zeiten gab es »Negativ-Helden«, die andere Menschen und Kulturgüter vernichtet haben und sich über Hass und Zerstörung unsterblich machen wollten. In dem Theaterstück »Märtyrer« wandelt sich ein Junge während seiner Adoleszenz zu einem tyrannischen Kämpfer für christliche Werte. Es wird schlüssig aufgezeigt, dass sich jede Ideologie eignet, um fanatische Kämpfer hervorzubringen.

Alle fundamentalistischen Religionen haben einen Anspruch auf Einzigartigkeit. Der eigene Glaube gilt als der einzig wahre. Alle Abweichler gilt es zu bekehren, gelegentlich mit Zwang und Gewalt bis hin zur Vernichtung. Der menschenfreundliche Kern einer Religion geht damit verloren. Wer dieses Projekt der absoluten Wahrheit behindert, bekommt Probleme, physisch und mental.

Fethi Benslama beschreibt den so genannten Übermuslim. Dieser möchte ein Leben ganz in Übereinstimmung mit dem Koran führen. Und er möchte der Welt den Stolz auf seinen Glauben zeigen. »Sie geben vor, die Stimme Gottes in der Welt zu sein, und ergießen ihren Hass über alle, die nicht Feuer und Flamme für ihren Glauben sind«. Gesetzesbrecher werden davon angezogen, weil sie sich auf diese Weise außerhalb des Gesetzes stellen können.

Der Psychoanalytiker Tilman Moser hat 2014 über solche radikalen Kämpfer in der Süddeutschen Zeitung berichtet. Seiner Meinung nach kann ein solcher absolut genommene Wahrheitsbegriff alle Hemmungen lösen. Es entstehen Gefühle von Selbstbestätigung und Triumph, aber auch archaische Aggression wird freigesetzt. Die Selbstliebe und das Größendenken werden geschürt, denn durch die Zugehörigkeit zum wahren Glauben kommt der Attentäter Gott nahe, wird sogar ihm gleich. In der Adoleszenz, wenn sich die Frage der Identität stellt, werden Jugendliche für solche kollektive Selbstvergottung besonders empfänglich. Für solche Fantasien sind vor allem Kinder anfällig, die in Armut aufgewachsen sind, die gedemütigt und misshandelt worden sind. Ihnen mangelt es an Selbstachtung; ihre Radikalisierung verwandelt diese negativen Gefühle in Hass gegen andere. Mit ihren Massakern versuchen Attentäter, sich gottähnlich zu machen. Auf viele Jugendliche können sie so Faszination und Bewunderung ausüben. Sie erkennen – wie etwa David – eine vermeintlich grandiose Tat und verkennen, dass es sich bei den Tätern um schwache und unglückliche, vom Leben gezeichnete und enttäuschte Menschen handelt, die letztendlich einen erweiterten Suizid begehen. Die Pädagogik ist gefragt zu deuten, dass im Zustand von Wahn Mordtaten begangen wurden, die nichts Bewundernswertes haben, sondern nur viele Opfer mit traumatisierten und trauernden Angehörigen. Es wäre wünschenswert, dass die Medien Zurückhaltung üben und sich auf sachliche Information beschränken.

Waffen

Eine der wichtigsten Voraussetzung für die Durchführung eines Attentates ist eine Verfügbarkeit von tödlichen Waffen. Nicht zuletzt finden auch die meisten Schul-Attentate in den Vereinigten Staaten statt. Robert aus Erfurt war in einem Schützenverein, besaß eine Waffenbesitzkarte und kaufte sich die Tatwaffen ganz legitim. Tim war ebenfalls im Schützenverein und konnte sich am Waffenarsenal des Vaters bedienen. David aus München bestellte die von ihm verwendete Glock 17 bei einem Waffenhändler im Darknet. Dieser wurde später verurteilt. Die Waffengesetze können nicht unnachgiebig genug sein, das machen uns die Verhältnisse in den Vereinigten Staaten deutlich.

Mir wurde mehrfach mitgeteilt, dass Jungen Waffen in die Schule mitgebracht hatten, vom Messer bis zur Schreckschusspistole. Sie hatten vor Mitschülern damit angegeben. Nicht selten wurde daraufhin die Polizei benachrichtigt. Meist wurde von den Verantwortlichen später geäußert, dass die Schulleitung nicht die Verantwortung dafür übernehmen wollte, dass Schlimmeres entstehen könnte. Doch Pädagogen müssen auch bedenken, wie leicht sie das Leben eines Jugendlichen beschädigen können. Eine Rückversicherung, dass Regeln und Gesetze eingehalten werden, ist nicht immer gute Pädagogik. Ratsam ist es, zunächst ein Gespräch mit dem Jugendlichen zu führen. Eventuell können die Eltern hinzugezogen werden. In vielen Fällen ist der Beweggrund lediglich Angeberei und Zeigelust, wie sie eben für Jungen typisch ist. Ein 14-jähriger Schüler hatte in die Schule ein Messer mitgebracht und es seinen Mitschülern gezeigt. Diese teilten das dem Rektor mit, und er rief sofort die Polizei. Ein Einsatz erfolgte, die Schule wurde umstellt. Der Schüler stürzte sich in Panik von der Treppe und verletzte sich schwer.

Vor einiger Zeit haben sich Eltern an mich gewandt. Die Polizei hatte ihren Sohn vernommen, weil er E-Mail-Kontakte mit einem Jugendlichen gepflegt hatte, der später Attentäter wurde. Nach der Vernehmung hatte der Jugendliche Angst bekommen und seinen

Eltern gestanden, dass er im Internet eine Pistole mit Munition gekauft habe. Der Polizei hatte er es verschwiegen.

Spielen findet in einem Raum zwischen Fantasie und Wirklichkeit statt. Es ist daher immer Ausdruck unbewusster Fantasien und Konflikte und symbolisch zu verstehen. Darum ist es wenig sinnvoll, kleinen Jungen ihren Umgang mit Spielzeugwaffen zu verbieten. Sie wollen ihre Wichtigkeit zeigen, ihre Lust am Jungensein demonstrieren, und das ist gut für ihre Entwicklung. Aber hier war es anders. Das Spiel hatte seinen symbolischen Charakter verloren, es war konkret geworden. Im gemeinsamen Gespräch wurde deutlich, dass der Junge völlig verzweifelt war, weil er in der Schule gequält und gemobbt worden war. Der Jugendliche war von den Ereignissen so erschreckt worden, dass er bereit war, eine Psychotherapie zu beginnen.

Computerspiele

Alle Attentäter, deren Geschichte ich studieren konnte, führten exzessiv gewalthaltige Computerspiele durch. Jungen sind von der Bewegung in Räumen, vom Risiko und von der Macht fasziniert. Daraus resultiert auch ihre Lust an den »Weiten« des Computers, die lediglich in der Fantasie existieren. Darum sind sie von Ego-Shooter-Spielen, gemeinhin »Baller-Spiele« genannt, fasziniert, auch weil der Spieler in die Handlung völlig integriert wird. Möglicherweise haben solche Spiele auf viele Jugendliche kaum Einfluss, und sie können sich dabei entspannen. Im Kapitel über Jungen und die digitale Welt habe ich aber bereits erwähnt: Bei entsprechend vorgeschädigten Jugendlichen können nach dem Computerspiel-Forscher Rudolf Weiß sozialschädliche Folgen auftreten wie Empathieverlust, Steigerung aggressiven Verhaltens und schulisches Leistungsversagen. In seiner späteren Analyse des Amoklaufs von Tim schlussfolgert auch der Psychoanalytiker Horst Eberhard Richter, dass es Jugendliche gibt, deren innere aggressive Spannungen immer weiter aufgeladen werden.

Das Wichtigste auf einen Blick:

- Wir unterscheiden inzwischen zwei unterschiedliche Ausprägungen von Aggression: eine gutartige, lebenserhaltende Aggression und eine bösartige feindselige Zerstörung, auch Destruktivität genannt.
- Alle Kinder zeigen schon wenige Wochen nach ihrer Geburt einen inneren Drang, ihre Umwelt zu erkunden und ihr kindliches Selbst gegenüber der Umwelt zu behaupten. Diese gutartige Aggression oder aggressive Ich-Durchsetzung ist angeboren, und wir brauchen sie zum Überleben. Ängstliche Kinder sind so gut wie immer aggressionsgehemmt und wenden Aggressionen gegen sich selbst.
- Feindselige Destruktivität (oder Zerstörung) entsteht nach außerordentlicher Unlust. Es muss nicht zum Durchbruch von Wut kommen, wenn die Unlust beseitigt werden kann. Übermäßige Unlust entsteht jedoch langfristig als Folge von Vernachlässigungen, Misshandlungen und Missbrauch oder schwerer Traumata in der frühen Kindheit.
- Bei solchen Kindern kann es zu einer schweren Störung der Gefühlsregulierung kommen und der Fähigkeit, Spannungen auszuhalten und aufzuschieben. Schwere Kränkungen, etwa nach langem Mobbing, entladen sich dann über so genannte narzisstische Wut. Die schlimmsten Ausprägungen einer solchen Wut erleben wir beim School-Shooting und anderen Formen von grausamer Gewalt.

13

Bewegungsunruhe, Aufmerksamkeit und die ADHS-Frage

Es ist deutlich geworden, dass Räume und Bewegung für Jungen eine besondere Bedeutung besitzen. Mancher hat schon die riskanten Sprünge von Jungen mit ihren Skateboards in einer Halfpipe miterlebt oder ihre Streitereien mit ausuferndem Gebrüll. Jeder kennt den schwitzenden Jungen, der mit hochrotem Kopf hereingerannt kommt, etwas trinkt und mit viel Geschrei wieder nach draußen läuft. Auch ist ein rauer und grober Spielstil für Jungen charakteristisch, schon im Kindergarten stören sie häufiger als Mädchen. Jungen können das Hochtourige nur schlecht zurückfahren, sie sind darum schwerer zu beruhigen. Es ist also – schon von dieser Gegebenheit her – kein Wunder, dass Männer im fortgeschrittenen Alter häufiger an hohem Blutdruck leiden, am Herzen erkranken und früher sterben als Frauen.

Einmal habe ich fünf etwa 16-jährige Jungen in einer U-Bahn beobachtet. Vor jeder Station wurde eine bestimmte Route festgelegt, die jeder von ihnen laufen musste. Hielt der Zug an, rannte einer nach dem anderen, als ginge es um sein Leben, die vereinbarte Runde und sprang in letzter Sekunde wieder in den Zug, dessen Türen sich schon schlossen. Begleitet wurde alles von einem wilden Schreien und angeberischem Hahnenkampfgehabe. Es war viel archaische Lust an der Bewegung, am Rivalisieren und vor allem an Angstlust zu spüren, was ansteckend wirkte, allerdings, so denke ich, nur auf männliche Wesen.

Dieser Drang nach Bewegung besteht offensichtlich bereits im Mutterleib. Dafür zuständig, wie für weitere Geschlechtsunterschiede, ist das Testosteron. Der männliche Fötus bewegt sich mehr und ungestümer als der weibliche. Neugeborene Jungen sind impulsiver, geraten rascher in emotionale Erregung und lassen sich nur schwer beruhigen. Bewegung ist von Beginn des Lebens an männlich besetzt. Der Psychoanalytiker Wolfgang Mertens hat geschlechtstypische Reaktionen beschrieben, einige will ich erwähnen. Der Beginn dieses Prozesses kann bereits vom ersten Lebensjahr an beobachtet werden. Neugeborene Mädchen reagieren empfindlicher auf Geschmack und Berührung. Mütter finden bald heraus, dass sich Mädchen auf orale Weise – beispielsweise mit Schnuller – gut beruhigen lassen, während Jungen stärker darauf ansprechen, gewiegt zu werden. Ich vermute, dass Mütter die Nähewünsche ihrer Töchter intuitiv erspüren sowie die Wünsche nach Bewegung bei den Söhnen. Ab dem dritten Lebensmonat bekommen Mädchen mehr zärtlichen Körperkontakt, während bei den Knaben die Muskelaktivität stärker gefördert wird. Auch unterstützen Mütter von jetzt an bei Söhnen stärker ein explorierendes, selbstständiges, loslösendes Verhalten. In Spielsituationen bewegen sich Jungen deshalb schon weiter von ihren Müttern weg als die Mädchen. Aus kleinen Unterschieden werden große, indem sie die Fantasien und das geschlechtstypische Handeln der Eltern weiterhin beeinflussen: Jungen bewegen sich früher von den Eltern weg, die körperlichen Aktionen werden stärker narzisstisch bestätigt – oder in einer anderen Begriffssprache – »positiv verstärkt«.

Darum beantworten Jungen innere Unruhe und depressive Ängste schon in jungen Jahren mit motorischer Unruhe und Getriebenheit: Das Symptombild der Depression bei Kindern unterscheidet beispielsweise stark zwischen Jungen und Mädchen. Depressionen kommen bei Jungen nicht etwa seltener vor, die depressiven Affekte werden nur häufiger von einem lärmenden aggressiven und unruhigen Handeln zugedeckt, was irgendwann als Hyperkinetische Störung diagnostiziert werden kann. Bekannt ist der kleine Junge, der anlässlich jener Schwellensituationen, welche Trennungen, wie in Kindergarten und Schule, erforderlich machen, unruhig und getrieben wird und nicht mehr still sitzen kann. Die Soziologin Ulrike Schmauch hat Kinder in einer Krabbelgruppe beobachtet: »Die Mädchen wurden im Laufe ihrer Entwicklung ›mädchenhafter‹, in den offenen Äußerungen ihrer Aggression gehemmt, häufig depressiv ängstlich, und die Jungen ›jungenhafter‹, nämlich oft aggressiv und grandios agierend.«

In den zuletzt beschriebenen Fallgeschichten wurde jedoch noch anderes deutlich. Offenbar können Jungen Spannungen schwerer in sich halten und aushalten als Mädchen, sie werden schneller unruhig. Doch werden häufig nicht mehr die eigentlichen Ursachen für die Bewegungsunruhe, vor allem Ängste gesehen, sondern lediglich die Folgen. Wer vermutet schon, dass Jungen in der Grundschule darum herumkaspern und -turnen, weil sie Angst in der neuen Situation haben, sie aber als »typischer Junge« nicht zeigen dürfen?

Sogar bei erwachsenen Männern ist es ähnlich. Statt klassischer depressiver Symptome kann sich bei ihnen feindseliges, aggressives oder riskantes Verhalten zeigen. Andere wiederum stürzen sich in Arbeit, werden spielsüchtig oder alkoholabhängig. Da solche Verhaltensweisen immer noch als »typisch männlich« angesehen werden, denkt in der Regel niemand an eine Depression.

Motorik, Aggression und Sexualität sowie Lust an der Bewegung sind bei Jungen eng miteinander verknüpft. Weil die Bewegungsfunktion für sie so wichtig ist, ihnen aber gleichzeitig wenige Möglichkeiten zur Regelung ihres Gefühlshaushaltes zur Verfügung stehen, machen Jungen aus dieser Not eine vermeintliche Tugend. Sie wandeln die Gefühlsspannungen in Bewegung um und richten sie nach außen. Den Mädchen ist es offenbar schon in den ersten Lebensjahren möglich, Gefühle direkt wahrzunehmen, und sie sind in der Lage, leichter Beziehungen einzugehen.

Vorgänge von Spannungsabfuhr sind fast allen Menschen aus eigener Erfahrung bekannt: Bei großer Freude, Angst, Wut, gelingt es selbst erwachsenen Menschen nicht immer, ihre Gefühle ausschließlich bei sich und in ihrer Fantasie zu behalten. Sogar reifere Persönlichkeiten können dann schon mal mit Auf- und Abgehen, Händeklatschen, zitternden Beinen, Nägelkauen und anderen kleinkindhaften Auffälligkeiten reagieren. Das geschieht allerdings erst, wenn wir an unsere Grenzen stoßen, dann läuft – bildlich gesprochen – das Fass mit unseren Gefühlen über.

Ein ganz alltäglicher Vorgang: Ein achtjähriger Junge arbeitet an seinen Hausaufgaben. Er schreibt eine Zeile, dann streckt er sich, gähnt laut. Der Radiergummi fällt herunter. Der Junge kriecht unter den Schreibtisch. Eine Weile kommt er nicht mehr hervor. Als er wieder auftaucht, sieht er seinen Nintendo und fängt an, alles um sich vergessend, damit zu spielen. Von der Mutter mehrfach ermahnt, lässt er endlich davon ab, setzt sich wieder an den Schreibtisch, nestelt an seiner Hose. Er fängt wieder an zu schreiben, dabei schiebt er die Schachtel mit Stiften weg, diese fällt herunter, alle Stifte schießen umher.

Solche Situationen nerven Eltern ganz schrecklich, vor allem weil sie sich dauernd wiederholen. Es hat erkennbar mit Lust und Unlust zu tun, was andererseits auch ein Problem aller Menschen ist. Und es gibt Jungen, die es nicht gelernt haben, Gefühle zu erkennen, wahrzunehmen und über Beziehungen auszuleben. Über Störungen der Affektspiegelung und nachfolgende Mentalisierung wurde bereits berichtet.

Jungen externalisieren

Jungen verspüren an der Bewegung große Freude, sie ist eine ständige Lustquelle. Gleichzeitig kann Bewegung auch genutzt werden, um Spannungen aller Art abzuführen. Das kann in sehr roher Weise geschehen, in Form von Gewalt und Geschrei.

Unerträgliche Gefühle können in Form von ungesteuerter Bewegung nach außen verlagert werden. Dies führt immer zur seelischen Erleichterung. Es kann aber auch zu einer dauerhaften störenden Bewegungsunruhe führen. Mädchen können Spannungen immer besser aushalten. Wenn sie in seelischer Not sind, flüchten sie in Tagträumereien und Fantasien. Bei Jungen bleibt so gut wie immer ein Rest von Abfuhr in die Außenwelt erhalten. Lebenslang bleibt die Muskulatur Abfuhrorgan für überschüssige Spannungen. Andererseits: Im entspannten Zustand, beispielsweise bei Meditation und Entspannungsübungen, ist Angst nicht möglich.

Warum ist das so? Es wurde bereits erwähnt: Jungen müssen mehr aggressive Impulse verarbeiten als Mädchen. Die Mütter können ihnen gegenüber ambivalent sein. Wenn dann noch der Vater zu wenig Grenzen setzt, scheitert die Entwicklung einer hinreichenden Affektbewältigung.

Ein bestimmtes Maß an Bewegungsunruhe, aber auch an affektgeladener Motorik gehört also zur normalen Entwicklung des Jungen. Die Bandbreite von Bewegung reicht somit von einer motorischen Abfuhr von Affekten über Bewegung hin zu einer lustvollen und zeigefreudigen, auch rivalisierenden Bewegungsfreude, die jedoch stets vom Denken kontrolliert wird. Diese natürliche Lust des Jungen an Bewegung und am Kräftemessen sollte von einer hilfreichen Pädagogik unterstützt werden, auch zur Förderung einer männlichen Identitätsbildung. Bewegung ist für den Jungen *Lust*, kann den Außenstehenden aber auch gehörig zur *Last* fallen.

Der Weg zur zielgerichteten Steuerung von Bewegungen

Die Fähigkeit jedes Menschen, sich kontrolliert zu bewegen, ist einer Entwicklung unterworfen. Säuglinge machen zunächst unkoordinierte Bewegungen, sie schreien, zappeln, zeigen bizarre Bewegungen mit den Fingern etc. Ihre Gefühle drücken sie noch überwiegend motorisch, also über Mimik und Bewegungen und Schreien, Weinen aus. Im Lauf seiner Entwicklung handelt ein Kind immer zielstrebiger, es muss lernen, seine Motorik bewusst zu steuern, schon weil das die Umwelt so verlangt. Am Ende dieses Prozesses steht Unabhängigkeit, auch seelische. Jetzt kann das kleine Kind seine Bewegungen gezielt steuern und zu bewussten Handlungen einsetzen. Aber auch diese Entwicklung eines Menschenkindes kann grundlegend anders verlaufen.

Im Kinderheim hatten wir häufig Jungen wie den neunjährigen Sven, den kaum jemand ertragen konnte, weil er ein Störenfried war: zunächst im Kindergarten, später in der Schule und besonders in der Familie, vor allem nachdem sein Halbschwesterchen geboren wurde. Sven hatte die folgenden Probleme: Er konnte sich nicht beherrschen, konnte nichts durchhalten und sich vor allem nicht längere Zeit konzentrieren. Er war in ständiger Unruhe, unaufhörlich getrieben und in Bewegung. Ich habe zuvor darauf hingewiesen, dass es ein Problem aller Menschen ist, dauerhaft Gefühle in sich und in der Fantasie zu behalten. Bei Sven war das aber immer so. Er war nicht nur unruhig und unkonzentriert. Sven wollte immer der King sein, er setzte andere Kinder herab, kränkte sie und machte ihre Sachen kaputt. Folglich fand er keine Freunde, erfuhr wegen seines Verhaltens zunehmend Ablehnung und war bald zum Außenseiter geworden.

Eine ambulante Psychotherapie hatte keine befriedigenden Änderungen erbracht, so dass Sven in unsere psychotherapeutische Einrichtung gebracht wurde. Kaum war Sven im Therapiezentrum angekommen, gab es ringsum Auseinandersetzungen, da er auch hier keine Grenzen akzeptierte. Die Erzieherinnen im Haus, in welchem Sven jetzt mit anderen Kindern lebte, meinten den Jungen überall und gleichzeitig wahrnehmen zu können. Er rannte durch das Zimmer, eilte die Treppe hinauf, rutschte das Geländer herunter, zwischendrin bekam ein Kind einen Fußtritt, einem Erwachsenen wurde der Stinkefinger gezeigt, alles geschah mit einer Energie und Geschwindigkeit, welche fassungslos machte. Innerhalb weniger Minuten brach er mindestens fünf Regeln und fragte gleichzeitig mit Unschuldsmiene, warum sich denn alle so aufregten.

Zunehmend wirkte Sven wie ein Strudel, in den andere Kinder mit ihrem Verhalten und ihren Affekten hineingezogen wurden. Wurde der Gruppe vorgelesen, mündete alles im Chaos. Beim Basteln flogen in Kürze die Materialien umher. Sven zeigte eine außergewöhnliche Dünnhäutigkeit, mit durchlässigen Grenzen zwischen sich und seiner Umwelt, und er hielt einfach nichts aus: Er konnte nicht still sitzen, nicht aufmerken, nicht spielen, alles mündete über kurz oder lang in einer hektischen Unruhe. Zudem infizierte er die anderen Kinder mit seinem unruhig-aggressiven Verhalten, indem er sie störte und ebenfalls aggressiv machte, sodass sich in der Gruppe bald extreme Unruhe ausbreitete. Er bewies somit auch eine ausgeprägte Fähigkeit, vorhandene Erregung auf andere Menschen zu übertragen.

Wir unterscheiden bei den Bewegungsfunktionen zwei Hauptelemente: Eine Ausdrucksmotilität des Säuglings sowie eine Leistungsmotorik des reifen Kindes. Die Ausdrucksmotilität ist noch ganz unbewusst, die Leistungsmotorik Bestandteil eines schon reiferen Bewusstseins. Diese beiden Teilbereiche sind zu Beginn des Lebens noch untrennbar, erst mit zunehmender Reifung entwickeln sie sich auseinander. Sven ist bei der typischen Abfuhr von Spannungen über Bewegung des Säuglings stehengeblieben. Zwar hat er ein gewisses Maß an Steuerung seiner Bewegungen erlernt, doch bei heftigen Gefühlen reagiert er immer wieder mit unkoordinierten Bewegungen. Bei ihm ist das normale Maß überschritten, er leidet unter einer so genannten *externalisierenden Störung*, er ist *hyperaktiv*.

Jungen werden bis zu viermal häufiger als Mädchen bei psychologischen Beratungsstellen vorgestellt, weil sie wegen ihres störenden und aggressiven Verhaltens, wegen Unaufmerksamkeit und Unruhe Schulprobleme bekommen und Sand in das soziale Getriebe tragen. Mit beginnendem Jugendalter werden die Geschlechtsunterschiede noch deutlicher. Männliche Jugendliche zeigen häufiger sozial störende Verhaltensformen mit Aggressionen und Hyperaktivität. Mädchen leiden dagegen stärker unter psychosomatischen und neurotischen Störungen, mit einer vermehrten Neigung zu Depression und Ängsten.

Es wurde schon mehrfach betont, dass es Mädchen in der Regel besser gelingt zu fantasieren und ihre Gefühle in sich zu halten. Dass Mädchen Aggressionen nicht nach außen, sondern nach innen richten, ist ein anderes Problem, sie entwickeln darum Essstörungen, Depressionen und selbstverletzendes Verhalten. Jungen führen beunruhigende Gefühle häufiger über Bewegung ab und wirken damit unruhig und getrieben. Jungen machen also den Schulhof zum Kampfplatz, Mädchen den eigenen Körper.

Jungen haben viel Freude an Bewegung. Wäre es hilfreich, hyperaktive Jungen mit viel Sport und Bewegung einzudecken? Könnten sie so ihre überschießende Erregung abführen? Nur bedingt. Natürlich ist Bewegung besser als stundenlanges Sitzen vor einem Bildschirm, egal welcher Art. Doch die zugrundeliegenden seelischen Spannungen würden sich nicht verändern. Lust und Freude an Bewegung sind wichtig, sie sollten in jeder Weise unterstützt werden. Übermäßige, störende Bewegungsunruhe, zumeist begleitet von Aufmerksamkeitsproblemen hingegen, muss von Fachleuten sorgfältig festgestellt und psychotherapeutisch behandelt werden, damit die massiven zugrundeliegenden Störungen bewältigt werden. Medikamente allein können nicht genügen, weil sie nur Symptome unterdrücken, aber keine Veränderung schaffen.

Aufmerksamkeit und Aufmerksamkeitsstörungen

Die Veränderungen des Aufmerksamkeitsverhaltens von Kindern und Jugendlichen werden mittlerweile ausgiebig diskutiert. Dennoch scheint es, als sei vielen Eltern nicht ausreichend klar, was Aufmerksamkeit bedeutet. Es herrscht die einfache Vorstellung, sie wirke wie ein Scheinwerfer, dessen Spot sich auf die Dinge richtet, die erlernt werden sollen.

Aufmerksamkeit ist komplizierter als es dieses Bild vorgaukelt.

Denn sie kann von inneren und äußeren Reizen beeinflusst und gestört werden. Bei Kindern, deren Aufmerksamkeit gestört ist, wird der auf die Lernziele gerichtete Scheinwerfer immer wieder abgelenkt, weil anderes interessanter erscheint.

Säuglinge sind bestens ausgestattet, unterschiedliche Informationen aus der Umwelt gleichzeitig aufzunehmen. Gierig raffen sie so viele Informationen wie nur möglich. Aber sie lassen das Thema sofort wieder fallen, wenn etwas Interessanteres ihren Weg kreuzt. Genau das macht Babys so anstrengend, weil sie nur eine kurze Aufmerksamkeitsspanne besitzen. Auf dieses Niveau fallen auch viele unserer heutigen Schüler zurück.

Die Säuglingsforscherin Alison Gopnik hat die Welt der zweijährigen Kinder beobachtet. Als Beispiel beschrieb sie den Weg zu ihrem Laden, der zwei Wohnblöcke entfernt ist: »Ich gehe normalerweise zwei Minuten dahin, ohne darüber nachzudenken. Wenn ich das mit einem zweijährigen Kind mache, dauert es fünfmal so lange, weil es so viele aufregende, interessante Dinge zu sehen gibt: Pizzareklame, Hunde, Kronkorken, Krabbeltiere … Wenn man zum Laden geht, um Milch zu holen, steht das Wesen der Krabbeltiere nicht wirklich oben auf der Agenda. Aber wenn es dein Job ist, die Welt zu verstehen und herauszukriegen, wie etwa lebendige Tierchen oder Objekte oder gar andere Menschen funktionieren, dann sind diese zwei Blöcke vollgestopft mit Informationen«. Die Aufmerksamkeit von Kleinkindern wird so gut wie ausschließlich von äußeren Reizen bestimmt. Diese bestimmen Intensität und Größe der Aufmerksamkeitsspanne, denn sie dauert immer nur bis zum nächsten Reiz.

Auch bei Erwachsenen wird Aufmerksamkeit durch äußere Reize bestimmt. Mittlerweile haben sich aber auch innere Vorstellungen und Fantasien entwickelt, auf die sich Kinder, Jugendliche oder Erwachsene konzentrieren können. Aufmerksamkeit kann bei Erwachsenen von jenen Fantasien, Bestrebungen, Motiven, Vorlieben und Interessen geleitet sein, aber auch von eben den gleichen Vorstellungen gestört werden.

Ein Beispiel: Ich höre einen Vortrag, der mich langweilt, weil er wenig Neues für mich enthält. Meine Gedanken wandern ab. Ich denke an einen eigenen Artikel, den ich demnächst abgeben muss, denke an Gliederung und Literatur. Würde man mich nach dem Vortrag über seinen Inhalt befragen, wüsste ich nicht viel.

Genauso geht es vielen Schülern heutzutage. Ihre Aufmerksamkeitsspanne ist nur kurz, rasch wandern ihre Gedanken in andere Gefilde. Fragt man sie, warum das so ist, sagen die meisten, weil das Gesagte langweilig sei. Eine schwierige Aufgabe von Lehrkräften besteht in der Gestaltung eines ansprechenden Unterrichts, eine Aufgabe, die zunehmend schwieriger wird. Ich gehe davon aus, dass sich die meisten Lehrerinnen und Lehrer sorgfältig und fantasievoll vorbereiten. Aber auch sie stellen fest, dass sie dennoch eine größere Gruppe nicht mehr erreichen. Die Gründe liegen woanders.

Vom Umgang mit Reizen

Sie übernachten in einem Hotel, dessen Fenster schlecht schallgeschützt sind. Die Straßenbahn fährt vorbei. Jedes Mal schrecken Sie hoch und können nur schwer wieder einschlafen. In der nächsten Nacht schlafen Sie schon fester und nach einigen Tagen nehmen Sie die Straßenbahn nicht mehr wahr. Wir würden sagen, Sie haben sich an die regelmäßigen Geräusche gewöhnt.

In einem solchen Fall sprechen wir von Habituation. Sie ist eine Art Gewöhnung, die dann eintritt, wenn ein Reiz wiederholt dargeboten wird. Der Umgang mit gleichen oder ähnlichen Reizen ändert sich im Lauf der Jahre, so wie sich auch die Gesellschaft verändert. 1965 wird in einer Schulklasse ein Filmprojektor, sogar mit Tonwiedergabe aufgebaut. Ein Lehrer zeigt den Schwarzweißfilm »Quick, das Eichhörnchen«, ein anderes Mal sogar einen Wildwestfilm. Helle Begeisterung bei den zehn- bis elfjährigen Schülerinnen und Schülern. Konzentriert verfolgen sie das filmische Geschehen. Einen Film anzusehen ist nach Vorlesen das wohl größte Geschenk, das ihnen ein Lehrer machen kann.

2018 baut ein Lehrer einen Beamer bei zehn- bis elfjährigen Schülern auf, legt eine DVD in den Computer über das Leben des Maulwurfs, später einen für junge Menschen empfohlenen Spielfilm. Beide Male das gleiche Ergebnis. Schimpfen, dass nichts Besseres, Spannenderes geboten werde. Versuche, Füße hochzulegen, eine entspannte Haltung einzunehmen. Tüten mit Süßigkeiten rascheln, permanente Unruhe, Langeweile …

Bei beiden Beispielen haben sich nicht die Reize verändert, sondern wir haben heute Schüler, die täglich viele Stunden Filme anschauen, viele Stunden Smartphones benutzen, viele Stunden Spiele am Computer durchführen.

Wie schon erwähnt, ist Habituation eine Art Gewöhnung, die dann eintritt, wenn ein Reiz wiederholt dargeboten wird. Der Hirnforscher und Nobelpreisträger Eric Kandel führt hierzu ein gängiges Beispiel an. Wird ein neuer Reiz zum ersten Mal dargeboten, zieht er sofort die Aufmerksamkeit auf sich, und Herz- und Atemfrequenz erhöhen sich. Wird dasselbe Geräusch wiederholt, lernt man schnell den Ton zu erkennen, und die Aufmerksamkeit samt Körperreaktionen lassen allmählich nach. Habituation besteht also darin, Reize erkennen zu lernen und dann zu ignorieren, wenn sie den Charakter des Neuen oder ihre Bedeutung verloren haben. Es ist also keine Frage, dass in einer »Gesellschaft des Spektakels«, wie sie der Philosoph Christoph Türcke genannt hat, in der ein Trommelfeuer unzähliger Medien rund um die Uhr auf jeden – mehr oder weniger – einprasselt, eine Filmvorführung den Charakter des Neuen verloren hat, nur noch die Sensation beachtet und anderes für langweilig und uninteressant erklärt wird. Mit dem Behälter des Mediums wird aber auch sein Inhalt für langweilig und uninteressant erklärt, weil die Reize nicht mehr genügend Faszination versprechen. Das Beispiel mit der Filmvorführung lässt sich generalisieren: In einer solchen Welt besitzt auch die Aneignung von Wissen und Bildung keinen besonderen Wert mehr.

Welche Chancen hat ein Lehrer? Sollte er Reize immer mehr verstärken, um das Interesse wieder zu wecken, quasi ein Gegenfeuer abfackeln? In der Schule werden Gruppen unterrichtet. Die Gefahr bestünde, dass immer mehr Reize eingesetzt würden, die für den einen zu gering, für den anderen viel zu stark wären und bei beiden nicht den richtigen Aufmerksamkeitslevel erzeugen würden. Stellen wir fest: Die heutige Gesellschaft hat viele Menschen gegenüber feineren Reizen immunisiert, sie sind nicht mehr fühlbar. Wer ausschließlich elektrisch verstärkte Heavy-Metal-Musik anhört, wird mit Streichquartetten von Franz Schubert wenig anfangen. Die Pädagogik muss demzufolge versuchen, mit weniger groben Reizen zu arbeiten, um die Gewöhnung nicht noch mehr zu verstärken. Das Gegenteil von Gewöhnung ist die »Sensitivierung«, um die Intensität von Reaktionen wiederherzustellen. Gefragt wäre also eine Pädagogik – auch – der leisen Töne.

Über Lust und Unlust

Sigmund Freud hat für das psychische Geschehen zwei Prinzipien eingeführt, das Lustprinzip und das Realitätsprinzip. Jedes Kind muss es schaffen, die Wirklichkeit mit ihren Anforderungen anzuerkennen und Unlust, die sie begleiten kann, hinzunehmen. Lernen kann bekanntlich große Mühen bereiten und die Sehnsucht aufkommen lassen, wieder ins Lustprinzip wegzutauchen.

Kinder können über Verwöhnungen daran gehindert werden, eigene Erfahrungen mit der Bewältigung von Schwierigkeiten und Problemen zu machen. Sie werden später jede Anstrengung als Unlust wahrnehmen, weil sie nie Freude und Genugtuung an eigener Leistung erfahren haben.

Der Arzt und Psychotherapeut Ingo Schymanski beschreibt in seinem Buch »Im Teufelskreis der Lust« das folgende Experiment. Mäuse, die entsprechend präpariert sind, können ihr Lustzentrum über einen schwachen Stromstoß reizen. Bald tun sie den ganzen Tag nichts anderes mehr als es ununterbrochen zu stimulieren. Sie vernachlässigen die Nahrungsaufnahme genauso wie die Körperpflege oder soziale Kontakte. Nicht einmal an Sex haben sie noch

Interesse. Einzig trachten sie danach, auf *einfachste* Weise ihr Lustzentrum zu stimulieren. Der »Genuss« des über den Tastendruck vermittelten Stromstoßes im Lustzentrum ist so groß, dass die Mäuse den entsprechenden Hebel mehr als tausend Mal pro Stunde auslösen – bis zur völligen Erschöpfung, ja sogar bis zum Tod.

Eine Szene, aus einer Supervision: Ein siebzehnjähriger Jugendlicher verbringt seine gesamte freie Zeit vor dem Computer, bei Ego-Shooter-Spielen oder »World of WarCraft«. Im Wechsel dazu betrachtet er pornografische Webseiten und masturbiert exzessiv. Seine Schulleistungen werden immer schlechter, es ist ihm gleichgültig. Seine Freundin verlässt ihn, weil er sie kaum mehr sieht. Unbewegt nimmt er das zur Kenntnis, an zwischenmenschlicher Sexualität hat er ebenfalls das Interesse verloren.

Ich habe diesen Fall nicht der Sensation wegen vorgestellt. Ähnliche Störungen sind heute nicht selten, auch wenn sie nicht immer derart drastisch sind. Die Fähigkeit, Triebe und Affekte auszuhalten und aufzuschieben, ist augenscheinlich geringer geworden. Viele Kinder meiden reale Anforderungen und fallen immer wieder ins Lustprinzip zurück. Sie besitzen keinen ausreichenden Spannungsbogen, um Strecken mit übenden und wiederholenden Tätigkeiten durchzustehen. Langeweile wird dann zu einem dominierenden Gefühl.

Aufmerksamkeit ist eine sorgfältige und gezielte Prüfung, gemäß dem Philosophen Waldenfels ein Hinsehen, Hinhören oder Abschmecken, bei dem wir ganz mit Auge, Ohr und Zunge bei der Sache sind. Aber schon dabei wird deutlich, wie vielschichtig dieser Begriff ist. Ist ein Jugendlicher unaufmerksam, der bei Goethes Werther oder chemischen Gleichungen völlig abschweift, jedoch beim Computerspiel World of WarCraft hochkonzentriert und überlegt spielt und darum immer siegt? Wer bestimmt das Motiv, wer das Ziel? Eindeutig bestimmt es die Realität. Wer das Abitur bestehen will, muss auch dann lernen, wenn es zu Gefühlen von Langeweile und Unlust kommt. Also ist dieser Jugendliche dann aufmerksamkeitsgestört, wenn er das Realitätsprinzip missachtet. Er kann nur dann aufmerksam sein, wenn das Lernziel mit seinem Luststreben übereinstimmt.

Kinder, die ein Lernziel aufmerksam verfolgen sollen, müssen einen ausreichenden Spannungsbogen besitzen, darunter verstehen wir eine ausreichende Fähigkeit, auch Unlust zu ertragen. Äußere und innere Reize dürfen sie nicht zu stark ablenken. Viele Kinder und Jugendliche sind in der heutigen Gesellschaft einer solchen Fülle von Reizen ausgesetzt, dass sie sich daran gewöhnt haben. Der Vorgang von Gewöhnung hat ihre Fähigkeit, auch schwächere Reize wahrzunehmen, eingeschränkt.

Die Neigung im Lustprinzip zu verharren oder immer wieder dorthin zurückzufallen, ist größer geworden.

Die Befähigung, Spannungen in einem inneren seelischen Raum zu halten, entscheidet über andere zentrale Fähigkeiten:

- über die Fähigkeit, Affekte auszuhalten, sie in Beziehungen auszuleben und nicht mit Wutdurchbrüchen zu reagieren;
- über die Fähigkeit, entstehende Spannungen nicht über Bewegungsunruhe abzuführen;
- über die Fähigkeit, aufmerksam zu sein und sich konzentrieren zu können, wie es den jeweiligen Anforderungen entspricht.

Leider ist festzustellen, dass sich diese Fähigkeiten bei vielen Kindern erheblich verschlechtert haben. Aus den drei Mängeln wurde inzwischen eine Störung konstruiert, die angeblich ausschließlich genetisch bedingt ist und reine hirnphysiologische Ursachen haben soll, das Störungsbild Aufmerksamkeits-Defizit-Hyperaktivitäts-Störung, kurz ADHS.

Eine medizinische Diagnose: ADHS

Organische und psychische Störungen werden in Klassifikations-Manualen beschrieben, beispielsweise im ICD. Die Abkürzung ICD steht für »Internationale statistische Klassifikation der Krankheiten«. Daneben gibt es den DSM, den »Diagnostischen und Statistischen Leitfaden psychischer Störungen. Im Jahr 1987 wurde

ADHS im DSM-III-R und nachfolgenden Versionen erstmalig als »ADHS« (Aufmerksamkeitsdefizit-/Hyperaktivitätsstörung) definiert. Bis dahin war ADHS als »Syndrom« bezeichnet worden, darunter versteht man eine Gruppe von Symptomen, die für eine Krankheit typisch sind. Das geeignete Präparat, Ritalin, war schon auf dem Markt – zufällig oder auch nicht. Es wurde in Deutschland zunächst rezeptfrei abgegeben, erst 1971 dem Betäubungsmittelgesetz unterstellt. Der darin enthaltene Wirkstoff »Methylphenidat« (MPH) wirkt anregend und aufregend. Er unterdrückt Müdigkeit und Hemmungen und steigert kurzfristig die körperliche Leistungsfähigkeit. Auftretende Warnsignale wie Schmerz und Erschöpfungsgefühl werden verringert. Es hemmt zudem den Appetit und kann Einschlafstörungen zur Folge haben. Methylphenidat wird im Rahmen einer therapeutischen Gesamtstrategie zur Behandlung von ADHS bei Kindern ab einem Alter von 6 Jahren und Jugendlichen eingesetzt, wenn sich andere therapeutische Maßnahmen als unzureichend erwiesen haben. Die Symptome einer ADHS werden zumeist gemildert, manchmal bleibt es unwirksam. 2018 wurde eine neue Leitlinie geschaffen, von jetzt an soll die Verschreibung für Schulkinder auch bei mittelschwerer Ausprägung möglich werden.

Unruhige Kinder hat es immer gegeben. 1845 ist das Buch des Psychiaters Heinrich Hoffmann erschienen, in dem der Zappel-Philipp beschrieben wird: »Er gaukelt und schaukelt, er trappelt und zappelt auf dem Stuhle hin und her, ›Philipp, das missfällt mir sehr‹!«

Ich zitiere aus einem Lehrbuch: »Wohl selten sind die Entwicklungsbedingungen der Kinder so unruhig und ungeordnet gewesen wie in den vergangenen zehn oder gar fünfzehn Jahren. … Jeder Lehrer klagt über die nicht zu bändigende Wildheit und motorische Unruhe der prozentual stark hervortretenden sogenannten ›Störer‹. Die Hoffnung, dass man mit einfachen, billigen, leicht zu handhabenden Maßnahmen diese so störend unruhigen Kinder zur Ruhe bringen möchte, wird immer wieder ausgesprochen. Dass diese Hoffnung kaum verwirklicht werden kann, leuchtet von selber ein, wenn man nur einen kurzen Augenblick der Bemühung darauf verwendet, die Kinderschicksale solcher ›Störer‹ wirklich zu überdenken«

Dieser Text wurde zum ersten Mal 1954 veröffentlicht und stammt aus dem Buch *Psychogene Erkrankungen bei Kindern und Jugendlichen* der Psychiaterin Annemarie Dührssen. Die von ihr erwähnten unruhigen Kinder mit den bewegenden Schicksalen sind die während des Zweiten Weltkriegs und danach geborenen Kinder. Eine große Zahl von bewegungsunruhigen Kindern gab es also auch zu anderen Zeiten. Man kann daraus folgern, dass es ADHS schon immer gegeben hat, und somit wahrscheinlich ist, dass es sich um einen angeborenen hirnorganischen Defekt handelt.

Aber es beweist anderes. Die so genannte »Langeoog-Untersuchung« ist wohl die wichtigste und zugleich exemplarische Beschreibung von traumatisierten Kriegskindern des Zweiten Weltkriegs. In den Jahren ab 1947 waren 50 000 Schüler der Geburtsjahrgänge 1927 bis 1941 im Lebensalter zwischen 6 und 20 Jahren untersucht worden. Festgestellt wurden damals »nervöse Störungen«, übergroße Schreckhaftigkeit, motorische Unruhe, mangelnde Konzentrationsfähigkeit, Schlaf- und Sprachstörungen vor dem Hintergrund von Trennungstraumata und Vaterlosigkeit; Symptome, welche der heute so häufig diagnostizierten ADHS tatsächlich außerordentlich geähnelt haben. Diese Untersuchung weist vor allem auf einen augenfälligen Zusammenhang zwischen Trauma und ADHS. Ich selbst lebte zu jener Zeit jahrelang in einem Flüchtlingslager und erkenne die von Dührssen beschriebenen Phänomene wieder. Doch damals durften Jungen ihren Bewegungsdrang austoben, die Welt war noch nicht zubetoniert, und Kinder waren auch nicht an den Computer gefesselt und zappelten dort herum.

Aber warum gibt es heute so viele unruhige, unkonzentrierte und unbeherrschte Kinder? Könnte es sein, dass es ähnliche Ursachen wie damals sind? Trennungstraumata, Vaterlosigkeit, erregte Zeiten? Wie ist es überhaupt zu der tsunamiartigen Zunahme der

Diagnose »ADHS/Hyperkinetische Störung« gekommen? Bewegung, Aufmerksamkeit sowie Affektbewältigung waren ursprünglich psychische Phänomene und standen immer im Zentrum der Pädagogik; Bewegungsunruhe, Aufmerksamkeitsstörungen sowie Affektdurchbrüche sind Störungen vor dem Hintergrund von belastenden Lebensereignissen, Beziehungsstörungen, Deprivationen, Traumatisierungen. Natürlich ist das, was wir als unseren Geist verstehen, immer ein Ausdruck der Funktionsweise unseres Gehirns. Alle geistigen Prozesse, selbst die vertracktesten psychologischen Prozesse, leiten sich nach dem Hirnforscher Eric Kandel von Operationen des Gehirns ab. In Gedanken, Fantasien und Beziehungen werden jedoch biologische Vorgänge wieder zu psychischem Erleben, und auch neurobiologische Niederschläge können durch Einflüsse von Pädagogik und Psychotherapie wieder verändert werden. Es besteht ein ständiges Wechselspiel zwischen Leib und Seele sowie einer störenden und fördernden Umwelt. Dies wird in der Regel bei allen seelischen Erkrankungen im Kindes- und Jugendalter akzeptiert, nur nicht bei Bewegungsunruhe, Aufmerksamkeitsstörungen sowie bei einer fehlenden Beherrschung von Gefühlen und aggressiven Fantasien.

Warum aber wird starr, gelegentlich auch kämpferisch an einer *ausschließlich* biologischen Verursachung festgehalten?

Manchmal ist es ein Vorteil alt zu sein, um Zusammenhänge besser zu erkennen. Ich arbeite seit 1965 pädagogisch und psychotherapeutisch mit Kindern und Jugendlichen. Von 1973 bis 1995 hatte ich kein Kind ausschließlich wegen Bewegungsunruhe oder Unaufmerksamkeit in psychotherapeutischer Behandlung, auch nicht mit ähnlichen Begleitsymptomen und auch nicht im alten Kostüm MCD (Minimale Cerebrale Dysfunktion). Das war früher eine beliebte Diagnose, die vom Hyperkinetischen Syndrom, von ADS und ADHS abgelöst wurde. Meine Erfahrungen mit der Diagnose ADHS begannen erst, als ich Mitte der 90er-Jahre therapeutischer Leiter eines psychotherapeutischen Kinderheims wurde. Damals habe ich begonnen, über die Seele der Jungen nachzudenken, als immer mehr Jungen mit der Diagnose ADHS vorgestellt wurden, die, so hatte ich aus den Unterlagen erfahren, an Störungen ihrer Transmittersubstanzen im Gehirn leiden sollten. Dabei waren es die gleichen, wie wir sie immer aufgenommen hatten. Doch weitete sich die Diagnose ADHS immer mehr aus und ersetzte mit der Zeit alle Störungen des Sozialverhaltens: Seit den neunziger Jahren hat die Diagnose ADHS lawinenartig zugenommen, die Verordnung von Methylphenidat in gleicher Weise. Waren es 1991 noch etwa 1500 Kinder mit dieser Diagnose, so waren es im Jahr 2011 in Deutschland bereits 757 000 Kinder und Jugendliche, 558 000 davon sind Jungen, dies sind etwa 75 %, wie das der BARMER_GEK-Arzt-Report im Jahr 2013 festgestellt hat. Seither ist die Zahl der Diagnosen nochmals angestiegen. Mittlerweile bekommen etwa 12 % aller zehnjährigen Jungen diese Diagnose, also jeder achte Junge. Aus psychoanalytischer Sicht waren es so gut wie immer soziale Störungen, allerdings hatten Jungen immer häufiger zusätzliche Probleme mit der Beherrschung ihrer Affekte.

Wie erwähnt, hat es dieses Störungsbild schon immer gegeben, es war in unterschiedliche Gewänder gekleidet. Aber es waren immer ganz wenige: Der Kinderpsychiater Nissen schreibt in seiner Geschichte der Kinderpsychiatrie, dass neuere Untersuchungen auf eine hirnorganische Kerngruppe von 1–2 % mit diesem Störungsbild verweisen. In allen Untersuchungen werden auch Geburtsschäden beschrieben, aber diese sind leicht zu erkennen.

Seit den 90er-Jahren wurde also die ursprüngliche Zappelphilipp-Diagnose in kurzer Zeit auf alle sozialen Störungen ausgeweitet, seelische Ursachen wurden ausgeblendet und die Störungen ausschließlich mit einem Defekt im Gehirn erklärt. Damit wurde die Seele entsorgt, zentrale Bereiche der Pädagogik wurden zu medizinischen erklärt. Auf diese Weise wurden auch alle aus der erzieherischen Verantwortung entlassen, Eltern, Erzieher, Lehrer – von jetzt an war nur noch Chemie angesagt, im Kopf und als Medikation. Über den Topf mit brodelnden Konflikten kam ein eiserner Deckel mit einer Diagnose ADHS, die nicht mehr angezweifelt werden durfte. Ansonsten wurde man der Unwissenschaftlichkeit geziehen, auch weil man – angeblich – Eltern beschuldigte, indem man davon ausging, sie trügen Verantwortung für die Auffälligkeiten ihrer Kinder.

Ich bin für Medikation dankbar, weil sie unser aller Leben verlängert. Ich bin in sicher indizierten Fällen auch für die Gabe von Methylphenidat, um leichter pädagogisch und psychotherapeutisch arbeiten zu können. Manche Jungen können erst so wieder am sozialen Leben teilnehmen. Aber was bedeutet es für die Identitätsbildung eines Kindes, nur dann funktions- und leistungsfähig zu sein, wenn es über viele Jahre seiner Kindheit ein Medikament bekommt? Wenn ihm so suggeriert wird, dass sein Gehirn krank sei – vor allem dann, wenn keine psychotherapeutischen Maßnahmen stattfinden?

Die Diagnose hat – wie zuvor aufgezeigt – in einem extremen Maß zugenommen. Wie kann das sein, wenn es sich ausschließlich um hirnorganische Defekte handeln soll? Die häufigste Antwort hierauf ist, weil dieses Störungsbild heutzutage so sorgfältig diagnostiziert wird. Das ist wenig überzeugend, bewegungsunruhige und unbeherrschte Kinder hat auch früher niemand übersehen. Die Antwort lautet, dass ADHS meist sehr oberflächlich und unzureichend diagnostiziert wird. Die Süddeutsche Zeitung vom 15.6.2018 berichtet darüber, dass die Kinderpsychologin Silvia Schneider einer Gruppe von Ärzten fiktive Fallbeschreibungen zugeschickt hat. Erschreckend viele Einschätzungen lagen krass daneben, so dass festgestellt wird, dass ADHS auch von Experten überdiagnostiziert wird.

Betrachtet man die folgenden Fakten, kann man nicht daran festhalten, dass ADHS eine ausschließlich hirnorganische Störung sei, deren Entstehung nichts mit Beziehung und nichts mit einer veränderten Gesellschaft zu tun habe. Ich benutze hierzu bekannte Untersuchungsdaten:

- Es sind überwiegend Jungen.
- ADHS wird umso häufiger bei Kindern diagnostiziert, je jünger deren Eltern sind.

- In unteren Schichten wird mehr und in höheren Schichten weniger ADHS diagnostiziert.
- Bei Kindern und Jugendlichen wird häufiger ADHS diagnostiziert, je mehr Zeit sie am Computer verbringen.
- Bei Söhnen alleinerziehender Mütter, also bei fehlenden Vätern, wird häufiger ADHS diagnostiziert.

Diese einfachen Feststellungen sollten genügen. Kann man an einem Störungsbild festhalten, das angeblich *nur* auf Gendefekten und Schaltfehlern im Gehirn beruht und die Seele eines Kindes außen vor lässt?

Betrachten wir die empirischen Ergebnisse, so können wir feststellen, dass frühe Bindungs- und Beziehungsstörungen beteiligt sind. Dass in Familien klare Rahmenbedingungen vorherrschen sollten und die Bewegungsunruhe von Jungen zunimmt, wenn sie nicht von Vätern begrenzt werden. Wie vorher schon festgestellt, wirkt der Einfluss von Medien ebenfalls mit.

Psychische Störungen haben wahrscheinlich nicht zugenommen, doch hat sich ihre Qualität verändert, und die Risikofaktoren verdichten sich bei bestimmten Gruppen. Störungen des Sozialverhaltens und hyperkinetische Störungen kommen bei den Jungen häufiger als früher vor. Dabei vermute ich verschiedene Ursachen, die ich zunächst nur verkürzt und plakativ wiedergeben kann.

Der gesellschaftliche Einfluss auf Erziehung und das Entstehen von neurotischen Störungen wird beim ADHS vehement verneint. Zitat aus einem Rundbrief der deutschen Kinder- und Jugendpsychiater: »ADHS ist eine Krankheit, keine gesellschaftliche Fehlentwicklung«. Dies geschieht in einem apodiktischen Ton, der keinen Widerspruch duldet. Wer es wagt zu widersprechen, dem weht ein eisiger Wind entgegen. Doch letztendlich wissen alle, dass es weniger um Wahrheiten geht als um Macht und Geld. Dies wird allein schon daran deutlich, dass 70 % der Wissenschaftler, die am Diagnose-Manual DSM mitarbeiten, als Berater für Pharma-Firmen arbeiten und dass Forschungen zum ADHS an Universitäten von der Pharma-Industrie finanziert werden, wie es übrigens auch für andere medizinische Forschungen mittlerweile üblich ist.

Der Psychotherapieforscher Volker Tschuschke weist 2018 in seinem Buch darauf hin, dass die herrschende Gesundheitsindustrie eine Entwicklung hin zu einer einseitigen biologischen Sichtweise des Menschen bewirke. Die mächtige Lobby der Arzneimittelhersteller beeinflusse über intensive Einwirkung die öffentliche Meinung und Politiker, so dass immer mehr Psychopharmaka anstelle von psychotherapeutischen Behandlungen verschrieben würden. Er betont, dass je komplexer ein Störungsbild sei, desto ungeklärter die Ursachen desselben seien, und dass über Medien überwiegend unhinterfragte Glaubenssätze in die Öffentlichkeit hineingetragen würden.

Selbst wenn wir davon ausgehen, dass ADHS primär hirnorganisch oder biochemisch verursacht sei, so kann der Einfluss der Gesellschaft trotzdem nicht ausgeschlossen werden. Störungen des Gehirns können in einem ausgeglichenen Milieu ausgeglichen werden, eine gestörte Umwelt mit Reizüberflutung führt jedoch zu psychischen Fehlentwicklungen. Betrachten wir die Zunahme von externalisierenden Störungen, so müssen wir darauf schließen, dass das Milieu, in welchem Kinder heute leben, nicht optimal ist, um Verletzlichkeiten und Folgen früher Beziehungsstörungen auszugleichen.

In einer großen Studie hat die Psychoanalytikerin Marianne Leuzinger-Bohleber mit ihren Mitarbeiterinnen festgestellt: Psychoanalytische Behandlungen sind sehr wirksam. Damit wurde auch nachgewiesen, dass den Symptomen von ADHS unbewusste Konflikte und mangelnde Steuerungsfähigkeiten zugrunde liegen. ADHS ist keine einheitliche Gruppe, zugrunde liegen unterschiedliche Ursachen. Diese Erkenntnisse werden kaum überraschen. Käme jemand bei »Bauchschmerzen« auf die Idee, dass diese immer auf die gleiche organische Ursache zurückzuführen seien und dass man sie darum ausschließlich mit schmerzlindernden Medikamenten behandeln müsste?

Der in der Untersuchung am häufigsten aufgetretene biologische Risikofaktor betraf alle Arten von vor- und nachgeburtlichen Stressauslösern, belastete Schwangerschaften, Frühgeburten, Bindungsstörungen. Bei den psychosozialen Risikofaktoren ist am häufigsten Alleinelternschaft mit einem Aufwachsen ohne väterliches Gegenüber festzustellen, beispielsweise nach Trennung der Eltern und Desinteresse des Vaters. Hinzu kommen unverarbeitete Trennungstraumata und Beziehungsabbrüche. Diese Befunde werden kaum einen Kinderanalytiker überraschen. Es ist zudem zu beobachten, dass zu frühe und unvorbereitete Unterbringung (in den ersten 12 Lebensmonaten) in einer nicht entsprechend ausgestatteten Kinderkrippe bei Jungen ebenfalls ein erheblicher Risikofaktor sein kann, weil Bindungsstörungen die Folge sein können.

Gesellschaftliche Probleme werden heutzutage entweder schöngeredet oder mit Medikation zugedeckt. Die Leidtragenden sind vor allem die Jungen.

Ich will zum Schluss eine Sequenz einfügen, die ich für fast kabarettreif halte, wäre der Inhalt nicht so traurig: Immer häufiger werden unruhigen Kindern in Schulen sandgefüllte, kilogrammschwere Westen angezogen, um über den physischen Druck eine Beruhigung des Verhaltens zu bewirken. Damit werden Kinder wahrhaftig diskriminiert und es wird wiederum von den eigentlichen Ursachen abgelenkt. Solche hilflosen Versuche sind keine überlegten pädagogischen Maßnahmen, sondern erinnern an die Schwarze Pädagogik von Daniel Gottlieb Moritz Schreber aus dem 19. Jahrhundert.

Das Wichtigste auf einen Blick:

- Säuglinge zeigen lustvolle und unlustvolle Gefühle wie Angst, Freude, Ärger oder Traurig sein nicht direkt, sondern über ihr Mienenspiel, ihr Schreien und Bewegung. Hierauf reagiert die Mutter ebenfalls mit mimischen und stimmlichen Äußerungen. Mit der Zeit erlebt sich der Säugling getrennt von seinen Eltern und entwickelt einen inneren Raum, um nachzudenken, zu fantasieren und sich zu beherrschen. Dann kann das Kind Gefühle in sich behalten und sich in andere Menschen einfühlen. Körperliche Spannungen haben sich in seelische Vorstellungen gewandelt. Missglückt die Affektspiegelung, so kann der Junge seine Affekte nicht beherrschen und kontrollieren.
- Nicht auszuhaltende innere Spannungen führt ein Junge über Affekte oder Bewegung ab. Diese Spannungen führen auch zur Unkonzentriertheit. Reizüberflutung bewirkt eine fortschreitende Anpassung, die so genannte Habituation: Die heutige »erregte« Gesellschaft hat viele Menschen gegenüber feineren Reize abgestumpft, so dass sie nicht mehr fühlbar sind.
- Spannungen in einem inneren seelischen Raum aushalten zu können, entscheidet über drei zentrale Fähigkeiten, nämlich über:
  - die Fähigkeit, Affekte auszuhalten, sie in Beziehungen auszuleben und nicht mit Wutdurchbrüchen zu reagieren,
  - die Fähigkeit, entstehende Spannungen nicht über Bewegungsunruhe abzuführen,
  - die Fähigkeit, aufmerksam zu sein und sich konzentrieren zu können, wie es den jeweiligen Anforderungen entspricht.
- Die medizinischen Diagnose-Systeme fassen diese drei Symptome unter dem Begriff ADHS zusammen und definieren sie als ausschließlich genetisch bedingte hirnorganische Störungen. Diese Vorgehensweise ignoriert psychische und soziale Einflüsse, was falsch ist und pädagogische und psychologische Maßnahmen als nicht sinnvoll erscheinen lässt.

14

Kernthesen zum Verständnis von Jungen

In der öffentlichen Wahrnehmung sind Jungen und ihre Anliegen in den vergangenen Jahren in den Hintergrund getreten. Es ist nicht en vogue, sich für sie einzusetzen, sie haben ein respektables Imageproblem.

Ich will einige Behauptungen hinterfragen, die in der Presse oft als *alternativlos* vorgetragen werden. Gemeinsam ist den meisten, dass sie nicht aus eigenem Erleben, aus Beobachtungen und Kenntnis *aller* Wissenschaften entstanden sind, sondern aus einseitigen Theorien, vor dem Hintergrund von Ideologien und dogmatischen Überzeugungen. Ich will einige solcher Annahmen richtig stellen und die meist komplexen Ursachen kurz erörtern.

1. Jungen und Mädchen haben von Geburt an natürliche Vorlieben für bestimmte Spielsachen

Nach 45 Jahren Kinderpsychoanalyse bin ich davon überzeugt, dass Jungen bei neutraler Haltung und gleichschwebender Aufmerksamkeit bevorzugt mit Klötzen spielen, mit Autos und mit Technik. Diese Neigung ist ein Ergebnis von angeborenen und sozialen Faktoren. Auch die Süddeutsche Zeitung Nr. 280 vom 18.12.2017 referiert das Ergebnis einer Studie und stellt dazu fest: »Mädchen und Jungen bevorzugen *unterschiedliches* Spielzeug, egal wie die Eltern das finden. Und kein Kind geht automatisch an die dunkle Seite verloren, wenn sein Lieblingsspielzeug den gesellschaftlichen Vorstellungen seiner Eltern widerspricht«.

SPIEGEL online berichtete am 20.12.2010 darüber, dass Wissenschaftler beim Spielverhalten von Schimpansen Geschlechtsunterschiede entdeckt haben: Junge weibliche Schimpansen spielten mit Stöcken ähnlich wie Mädchen, die sich mit Puppen beschäftigen. Männliche Schimpansen zeigten dieses Verhalten hingegen nicht. Diese Beobachtungen deuten ebenfalls auf eine genetische Anlage, die in der Gemeinschaft sozial ausgeformt wird.

2. Jungen werden nicht automatisch gewalttätig, weil sie mit Spielzeug-Waffen spielen!

Eine zentrale Sorge vieler Eltern, Erzieherinnen und Lehrer ist, ob Jungen mit Spielwaffen spielen dürfen. Ganz selbstverständlich wird davon ausgegangen, dass das Spielen mit Waffen Jungen gewalttätig werden lässt. Ist etwas Wahres daran? Jungen durchleben eine sogenannte *phallische Phase,* körperliche und verbale Auseinandersetzungen erfolgen in Gestalt von Wettstreit und Rivalität. In ihren Rollenspielen agieren die Jungen als heldenhafte Abenteurer, etwa als Superman, Batman oder anderen wehrhaften Gestalten. Sie erfinden Spielhandlungen, in denen Gefahr und Kampf im Vordergrund stehen. Erzieherinnen berichten, wie erfinderisch Jungen beim Bauen von Gewehren und Schwertern sein können, wenn sie keine realistisch wirkenden Spielzeugwaffen benutzen dürfen. Dennoch wird es immer wieder kritisch gesehen, wenn Jungen mit Pistolen spielen, in Kindergärten, Schulen, bei Freizeiten. In der Vergangenheit wurden sogar Aktionen gestartet, dass Jungen ihre ›Waffen‹, Wasserpistolen und lärmende Cowboy-Pistolen abgeben mussten, um – angeblich – friedlicher zu werden.

Über sein Spielen erobert ein Kind die Welt. Im Spiel eröffnet sich ein gemeinsamer Raum für Wahrnehmungen der Wirklichkeit und der Fantasie, bis es dem Kind etwa ab dem vierten Lebensjahr möglich ist, symbolisch zu denken. Übersehen wird bei solchen Schnellschüssen, dass Waffen von den Jungen in symbolischer Weise verwendet werden und dass ein phallisch gefärbtes »Als-ob-Spiel« stattfindet. Noch nie wurde ein Krieg darum begonnen, weil Diktatoren als Kinder zu viel mit Wasserpistolen gespielt haben. Wenn Kinder mit Waffen spielen oder Jugendliche entsprechende Spiele durchführen, so führt das keineswegs zur Entstehung von Gewalt. Ganz im Gegenteil: Spielen hilft Aggressionen zu verstehen und besser zu bewältigen.

Wichtig ist hingegen für Jungen, dass sie einen Vater erleben, der ihre aggressiven Tendenzen und Fantasien begrenzt. Es wurde festgestellt, dass vor allem innerfamiliäre Gewalt für spätere Gewalttaten eines männlichen Jugendlichen verantwortlich ist. Von ihren Eltern brutal und häufig geschlagene Jungen werden später fünfmal häufiger Gewalttäter als gewaltfrei erzogene. Sie zeigen zudem dreimal häufiger rechtsradikale Überzeugungen. Weitere Einflüsse wirken über delinquente Gruppen sowie durch den Konsum von Alkohol und illegalen Drogen.

3. Erziehung muss ohne Gewalt, ohne Schläge stattfinden!

Das Gefährliche beim Schlagen ist, dass die Gewalt von Generation zu Generation weitergegeben wird. Manche Eltern gehen auch heute noch davon aus, dass es eine Erziehung ohne körperliche Züchtigung nicht geben kann. Ein gefährlicher Satz lautet, »aber ein Klaps hat noch niemandem geschadet«. Andere sagen: »Ich habe meinen Sohn genauso geliebt wie meine Tochter, aber er musste Schläge kriegen, damit er folgt«! »Ich kann nicht feststellen, dass mir Schläge geschadet haben!« Diese Sätze lockern Grenzen. Schlagen ist *immer* eine Grenzüberschreitung, es gibt kein »ein bisschen« Schlagen oder viel Schlagen, es gibt kein gutes Schlagen und kein schlechtes Schlagen. Kinder werden durch Schläge unterwürfig und »verschlagen« und geben die Gewalt weiter, wenn sie selbst einmal die Macht besitzen.

Der autoritäre Erziehungsstil ist heute glücklicherweise seltener geworden. Ein Kind braucht Mutter und Vater, die sich auf seine frühen Bindungs- und Nähebedürfnisse einlassen, es braucht in seinen ersten Jahren die schützende Aufmerksamkeit beider Eltern. Es muss Respekt verspüren und Achtung vor den anderen Menschen lernen.

Die Ächtung der Prügelstrafe führte anfänglich bei manchen Erziehenden zu Hilflosigkeit. Der Laissez-faire-Erziehungsstil hat zugenommen und Eltern haben ihre Kinder häufiger verwöhnt, denn eine Erziehung ohne Gewalt braucht mehr Einfühlung und Fantasie. Das Ergebnis ist erfreulich. Das Kriminologische Institut Niedersachsen hat festgestellt, dass die Gewalt durch Minderjährige um die Hälfte gesunken ist. Die Forscher führen dies auf eine immer gewaltfreiere Erziehung zurück. Wir können also davon ausgehen, dass Familien, Schulen und andere Einrichtungen »entbrutalisiert« worden sind.

4. In der öffentlichen Erziehung fehlen Männer, so genannte »öffentliche Väter«!

Die Erziehung von der Familie über Kindergärten bis zu den Grundschulen wird von Frauen dominiert, Männer sind immer häufiger unterrepräsentiert. Dass Frauen für Ausübung von Pädagogik und Psychologie bestens ausgestattet sind, muss nicht hinterfragt werden. Doch geht es in der Schule um mehr als um reine Wissensvermittlung. Die Psychoanalytikerin Marianne Leuzinger-Bohleber hat schon 2008 geschrieben, dass die heutigen unruhigen Jungen in den von Frauen dominierten Bildungsinstitutionen eine Art Gegenbesetzung zu weiblich-ruhigem Verhalten bilden. Von Erzieherinnen und Lehrerinnen würden sie kaum mehr ausreichend erreicht.

Niemand wird bestreiten, dass Männer für die Entwicklung von Kindern von größter Bedeutung sind. Ich gehe davon aus, dass verantwortungsvolle und psychisch präsente Väter auch in den Schulen entscheidend dazu beitragen würden, dass sich Unruhe, Unaufmerksamkeit und Unbeherrschtheit der Jungen messbar zurückbilden. Der Psychoanalytiker Frank Dammasch hat nicht beschulbare Jugendliche in Einzelfallstudien untersucht und kam 2009 zur folgenden Feststellung: »Jungen mit dominierenden Müttern und emotional abwesenden Vätern stören in einer von Frauen dominierten Grundschule«. Solche zuverlässigen Väter wünsche ich mir nicht nur in der Familie, sondern als öffentliche Väter in der gesamten institutionalisierten Erziehung. Den Begriff »Public Fathers«, öffentliche Väter, hat der Erziehungswissenschaftler und Psychoanalytiker Josef Aigner 2015 geprägt. Er meint damit Männer, die in der öffentlichen Erziehung in der Lage sind, eine väterliche Instanz oder Rolle zu repräsentieren. Kinder und Jugendliche möchten und sollten von beiden Geschlechtern erzogen werden, in der Familie wie in öffentlichen Einrichtungen. Auch für die Entwicklung von Weiblichkeit der Mädchen ist eine liebevoll-anerkennende und erotisch-zärtliche Beziehung zwischen Vater und Tochter von höchster Bedeutung. Diese Väter fehlen in der Familie und in den öffentlichen Einrichtungen.

5. Bewegungsunruhe und Aufmerksamkeitsstörungen (ADHS) sind psychische Störungen vor dem Hintergrund von Beziehungsstörungen, unzureichenden väterlichen Begrenzungen und einer veränderten Gesellschaft

Die kämpferische Überschrift einer Pressemitteilung des Berufsverbandes für Kinder- und Jugendpsychiatrie vom 23.2.2012 lautete: »ADHS ist eine Krankheit, keine gesellschaftliche Fehlentwicklung«! Beim ADHS liegen bekanntlich Bewegungsunruhe, Unaufmerksamkeit und Affektdurchbrüche vor; davon betroffene Kinder können nur schwer Affekte in sich halten und aushalten. Dieses »Hyperkinetische Syndrom« wurde schon vor Jahrhunderten diagnostiziert, jedoch handelte es sich bei den wenigen Fällen meist um organische Störungen. Inzwischen bekommen fast alle Kinder mit sozialen Auffälligkeiten ein Medikament. Wie schon in der Einleitung festgestellt: Etwa 75% von allen ADHS-Diagnosen betreffen Jungen und ungefähr 12% aller zehnjährigen Jungen erhalten diese Diagnose, also jeder achte Junge. Um die Diagnose ADHS hat sich ein geschlossenes System etabliert:

- Viele Kinder- und Jugendpsychiater sind beruhigt, dass ihnen für soziale Störungen ein Medikament zur Verfügung steht, das schnelle Hilfen verspricht.
- Eltern fühlen sich entlastet. Symptome einer angeborenen Transmitterstörung haben nichts mit ihnen und ihren Beziehungen zu tun.

- Viele Kinder bekommen in Schulen von Lehrerinnen und Lehrern nach kurzer Beobachtung ihres Verhaltens die Diagnose ADHS, obwohl ihnen in der Regel die notwendigen Kenntnisse fehlen.

Krankheiten und psychische Störungen werden mit »Klassifikationsmanualen« erfasst. Diese berücksichtigen keine Temperamentsunterschiede, die Störung wird darum mehrheitlich bei Jungen diagnostiziert, weil diese grundsätzlich bewegungsfreudiger sind. Die Bedeutung der Umwelt, der Beziehung, des Bindungsverhaltens, der familiären Konfliktstruktur und die Rolle der gesellschaftlichen Erwartungen und Normen, die die Toleranzschwelle gegenüber störenden Verhalten bestimmen, werden von der Diagnose nicht berücksichtigt. Darum konnte die ursprüngliche »Zappelphilipp-Diagnose« im Lauf der Zeit auf fast *alle* sozialen Störungen ausgeweitet werden. Seelische Ursachen wurden ausgeblendet und alle Auffälligkeiten mit einem Defekt im Gehirn erklärt. Das Verhalten von Jungen wird damit einseitig auf biologische Ursachen zurückgeführt, über die eigentlichen Ursachen darf nicht gesprochen werden. Das liegt auch daran, dass es nicht unbedingt um Tatsachen geht, sondern um Macht und Geld.

6. Der Vater setzt Grenzen, er ist der Dritte im Familienverbund, und er ist das erste männliche Vorbild

Der Vater unterscheidet sich von der Mutter in vielerlei Weise, unter anderem durch seine andere Art zu spielen, das rücksichtsloser und fordernder ist. So wird er von Anfang an als ein Dritter spürbar. Väter als Dritte fördern schon in den ersten Lebensjahren die Eroberungsfreude der kleinen Jungen und werden zu zentralen Bindungspersonen. Für den Sohn wird der Vater Vorbild, Lehrer, aber auch Rivale. Der Sohn identifiziert sich mit ihm und findet auch auf diese Weise zu einer eigenen männlichen Identität.

Die Bedeutung des Vaters als Dritter wird immer wieder angezweifelt. Aber ein Kind wünscht sich nichts mehr als zwei liebende, einander verstehende Eltern, was eine förderliche Voraussetzung für den Vater als »Dritten« ist. Auch nach Jahren der

Trennung herrschen »Wiedervereinigungsfantasien« bei Kindern. Manchmal sind Scheidungen unvermeidbar, doch selbst dann ist es möglich, für alle Beteiligten eine gute Lösung zu finden, wie eine elterliche Allianz wirken kann.

7. Jungen müssen lernen, Frauen zu achten, zu lieben, zu verehren

Der frühe Beziehungsaustausch zwischen Mutter und Sohn legt Körpergrenzen fest und lässt ein erstes Bewusstsein für das eigene Geschlecht entstehen. Der aufwertende, im ungünstigen Fall auch entwertende Blick der Mutter entscheidet über die positive Besetzung seines Geschlechts und seiner Männlichkeit. Jungen erwerben so eine sichere Bindung und werden die Weiblichkeit ihrer Mutter als etwas Wertvolles aufnehmen und in sich schätzen. Ganz entscheidend ist die Erfahrung, wie der Vater mit der Mutter umgeht, wie er sie respektiert, achtet und liebt. Wenn Jungen auf eigene – und öffentliche – psychisch präsente Väter treffen, die sie liebevoll und konsequent begrenzen, können sie sich zum reifen Mann entwickeln. Dieser Mann wird Frauen lieben, verehren und sie niemals entwerten. Die Erwachsenen, Eltern, Erzieherinnen und Lehrer können durch ihr Vorbild dafür sorgen, dass Jungen einfühlsam werden und Mädchen wertschätzen.

Literatur

Behr, S.; Häsing, H. (1980): Ich erziehe allein. Problemlösungen und Ermunterungen für die Erziehung ohne Partner. Reinbek: Rowohlt Taschenbuch Verlag

Bovensiepen, G.; Hopf, H. u. Molitor, G. (Hrsg.) (2004): Unruhige und unaufmerksame Kinder. Psychoanalyse des hyperkinetischen Syndroms. Frankfurt am Main: Brandes & Apsel, 2. Auflage

Dammasch, F. (2013): Das Kind in der Moderne. Sozialpsychologische und psychoanalytische Gedanken. In: Dammasch, F.; Teising, M. (2013): Das modernisierte Kind. Frankfurt am Main: Brandes & Apsel, 3. Auflage

Diamond, M. J. (2010): Söhne und Väter. Eine Beziehung im lebenslangen Wandel. Frankfurt am Main: Brandes & Apsel

Eisenberg, G. (2016): Zwischen Amok und Alzheimer. Zur Sozialpsychologie des entfesselten Kapitalismus. Frankfurt am Main: Brandes & Apsel, 3. Auflage

Enzensberger, H. M. (2014): Tumult. Frankfurt am Main: Suhrkamp

Esser, G. (2011): Lehrbuch der Klinischen Psychologie und Psychotherapie bei Kindern und Jugendlichen. Stuttgart; Thieme Verlag, 4. Auflage

Freud, A. (1965): Wege und Irrwege in der Kinderentwicklung. In: Die Schriften der Anna Freud, Band VIII, München: Kindler Verlag, 1980

Freud, S. (1930a): Das Unbehagen in der Kultur. Studienausgabe Bd. IX, Frankfurt am Main: S. Fischer Verlag, 1975

Fromm, E. (1941): Die Furcht vor der Freiheit, Gesamtausgabe Band I, München: dtv, 1995

Grobe, T. G.; Bitzer, E. M.; Schwartz F. W.: Barmer GEK Arztreport 2013: *https://www.barmer.de/blob/37498/b90488o1692f51c000ca13857d8d8a5a/data/pdf-arztreport-2013.pdf.* (12. 6. 2018)

Heinemann, E. (1995): Die Frauen von Palau. Zur Ethnoanalyse einer mutterrechtlichen Kultur. Frankfurt am Main: S. Fischer

Heinemann, E. (1997): Das Erbe der Sklaverei. Ethnopsychoanalytische Studie in Jamaika. Frankfurt am Main: S. Fischer

Heinemann, E.; Hopf, H. (2006): ADHS. Symptome. Psychodynamik. Fallbeispiele. Psychoanalytische Theorie und Therapie. Stuttgart: Kohlhammer

Heinemann, E.; Hopf, H. (2015): Psychische Störungen in Kindheit und Jugend. Stuttgart: Kohlhammer, 5. Auflage

Held, T. (2018): Das väterliche Gehirn. Psyche 72. Jahrgang, Heft 2, 146–164

Hüther, G.; Krens, I. (2010): Das Geheimnis der ersten neun Monate. Unsere frühesten Prägungen, Weinheim, Basel: Beltz Verlag, 3. Auflage

Hopf, H. (2017a): Die Psychoanalyse des Jungen. Stuttgart: Klett-Cotta, 3. Auflage

Hopf, H. (2017b): Flüchtlingskinder gestern und heute. Eine Psychoanalyse. Stuttgart: Klett-Cotta

Kohut, H. (1973): Narzissmus. Eine Theorie der psychoanalytischen Behandlung narzisstischer Persönlichkeitsstörungen. Frankfurt am Main: Suhrkamp

Mößle, T.; Pfeiffer, C. & Baier, D. (2014) (Hrsg.): Die Krise der Jungen. Phänomenbeschreibung und Erklärungsansätze. Baden-Baden: Nomos Verlag

Sachsse, U. (2002): Selbstverletzendes Verhalten. Göttingen: Vandenhoeck & Ruprecht

Schottlaender, F. (1975): Die Mutter als Schicksal. Bilder und Erfahrungen aus der Praxis eines Psychotherapeuten. Stuttgart: Klett, 7. Auflage

Tschuschke, V. (2018): Psychische Störungsbilder bei Kindern und Jugendlichen. Eine kritische Bestandaufnahme evidenzbasierter Diagnostik und Behandlung. Stuttgart: Kohlhammer-Verlag (im Druck)

Verhage, M. L., et al. (2016): »Narrowing the transmission gap: A synthesis of three decades of research on intergenerational transmission of attachment.« *Psychol Bull 142(4)*: 337–366

van Loh, J. (2018): Digitale Störungen bei Kindern und Jugendlichen. Stuttgart: Klett-Cotta

Wenke, M. (2006): ADHS: Diagnose statt Verständnis? Wie eine Krankheit gemacht wird. Eine phänomenologische Kritik. Frankfurt am Main: Brandes & Apsel

Der Autor

© privat

Hans Heinz Hopf, Dr. rer. biol. hum., analytischer Kinder- und Jugendlichen-Psychotherapeut, bis 1995 in eigener Praxis, danach Therapeutischer Leiter im Therapiezentrum »Osterhof«, Baiersbronn. Dozent, Supervisor und Ehrenmitglied an den Psychoanalytischen Instituten Stuttgart, Freiburg und Würzburg. 2013 Diotima-Ehrenpreis der deutschen Psychotherapeutenschaft. Veröffentlichungen bei Klett-Cotta: »Die Psychoanalyse des Jungen« sowie »Flüchtlingskinder gestern und heute«.

dr.hans.hopf@t-online.de
www.hans-hopf.de